229	6. 체용동정의 비결		406	3. 대정수 작괘법
232	7. 체용론 후기		424	4. 황극조수 작괘법
243	8. 앉아서 점을 칠 때 방향을 살피는 비결			
247	9. 극하는 응의 기일을 아는 비결		**제12부**	**선천팔괘 총정리**
252	10. 주역 효사를 이용한 해석			
254	11. 만물부		457	1. 건乾金 ☰
260	12. 음식편		461	2. 태兌金 ☱
267	13. 관물현묘가결		464	3. 리離火 ☲
273	14. 모든 일에 응하는 노래		467	4. 진震木 ☳
279	15. 모든 괘에 반대성정이 있음		470	5. 손巽木 ☴
			473	6. 감坎水 ☵
제 8부	**선천수 작괘법**		476	7. 간艮土 ☶
			479	8. 곤坤土 ☷
284	1. 연월일시 점례			
297	2. 그 밖의 점례		**부 록**	**점에 필요한 도본**
제 9부	**후천수 작괘법**		484	1. 팔괘의 오행 및 숫자 대응표
			484	2. 팔괘의 방위도〔후천팔괘방위도〕
308	1. 움직이는 물건으로 괘를 일으키는 법		485	3. 팔괘와 오행의 기수
318	2. 기타 점을 친 예		485	4. 숫자와 괘의 대응표
			486	5. 숫자와 동효의 대응표
제10부	**비전된 소강절선생의 절자수**		486	6. 천간의 오행 및 숫자 대응표
			486	7. 지지의 오행 및 숫자 대응표
327	1. 총론		487	8. 간지 숫자 환산표
350	2. 글자점		487	9. 시간과 지지의 숫자 대응표
365	3. 새로이 교정한 마음 밝히는 법		487	10. 숫자와 연월일시의 대응표
381	4. 오행체의 격식		488	11. 64괘의 오행배속표〔팔궁괘차도〕
			489	12. 384효와 황극조수
제11부	**그 밖의 작괘법**			
			491	※ 소강절 선생 약력
396	1. 안면 작괘법			
400	2. 시간 작괘법			

서 문 1

　송나라 경력慶曆2 중에 소강절선생이 산속에 은둔해 살면서, 겨울에도 화로불을 쬐지 않고 여름에는 부채질도 하지 않았으니, 아마도 마음이 주역연구에 있어서 춥고 더운 것을 잊었을 것이다. 그래도 주역연구가 미진하다고 생각하였는지, 주역을 벽에 발라놓고 마음 깊이 연구하고 눈으로 살피면서 역리易理에 깊숙히 빠져서 역의 수〔易數〕를 만들려고 노력하였으나 징후를 얻지 못하였다.

　하루는 낮잠을 자는데, 쥐가 어지러이 설쳐대서 베고 있던 흙으로 구워 만든 퇴침을 던졌는데, 쥐는 달아나고 퇴침만 깨져 버

1　이 서문의 본래 제목은 신전증정상자심역매화수서新鐫增定相字心易梅花數序이다. 즉 새로 증보해서 발간한 '글자의 상을 보는 법과 마음의 주역인 매화역수'의 서문이라는 뜻인데, 『상자심역매화수』라는 책이 있었던 것을 후세에 증보했다는 말이다. 서문 역시 소강절선생의 글이 아니라 후인의 글이며, 그 후인조차 이름이 밝혀진 바가 없다. 이 책을 보면서 중복된 곳이 많이 눈에 띠고, 또한 문체가 한 사람의 것이 아닌 것으로 보아 여러 사람의 집필을 통해 책이 이루어졌다고 생각한다.

2　경력慶曆 : 송宋나라 인종仁宗의 연호〔1041~1048〕. 이 때 중국의 국운이 극성기를 이루어 문물이 크게 발전하였다. 특히 인재가 많이 배출되었는데, 한기韓琦 범중엄范仲淹 부필富弼 구양수歐陽修 사마광司馬光 등의 명신과, 호원胡瑗 주돈이周惇頤 소옹邵雍 장재張載 정호程顥 정이程頤 등의 대학자 및 구양수歐陽修 소순蘇洵 증공曾鞏 매요신梅堯臣 소식蘇軾 소철蘇轍 형제와 왕안석王安石 등이 문명을 떨쳤다.

렸다. 그런데 깨진 퇴침 속에 글자가 있어서 보았더니, "이 퇴침은 소강절이라는 현인이 사가서, 몇년 몇월 몇일 몇시에 쥐를 잡다가 깨질 것이다"라고 쓰여 있었다. 소강절선생이 이상하게 여겨서 그 퇴침을 만든 옹기장이에게 물으니, 옹기장이가 말하기를 "전에 한 사람이 손에 주역책을 들고 앉아 쉬면서 퇴침을 갖고 만졌는데, 그 글은 그 노인이 썼을 것입니다. 지금은 그 노인이 오지 않은지 오래 되었지만, 그 집이 어디에 있는지 압니다"고 하였다.

그래서 소강절선생이 옹기장이를 앞세워 그 집에 갔더니, 노인은 이미 돌아가셨고 다만 책 한권을 남기면서 집사람들에게 유언하기를 "몇년 몇월 몇일 몇시에 한 선비가 찾아올 것이니, 이 책을 주면 내 후사를 마치게 해줄 것이다"고 했다면서, 노인의 집사람이 그 책을 소강절선생에게 주었다. 소강절선생이 책을 받아 보니, 그 책에는 주역의 글과 점하는 예가 있었다. 그래서 소강절선생이 그 법대로 점을 쳐서 그 집 아들에게 말하기를 "자네 아버지가 평시에 백금을 침상 서북쪽 땅속에 묻어 놓았으니, 그 돈을 가지면 장사를 지낼 수 있다"고 알려 주었다. 그 집 아들이 침상 서북쪽을 파보았더니, 과연 백금이 나왔다.

소강절선생이 책을 가지고 돌아 온 뒤에 매화꽃을 관람하던 중, 새가 싸우다가 떨어지는 것을 보고, 수를 계산하여 그 다음날 저녁에 이웃집 여자가 꽃을 꺾다가 떨어져서 다리를 다칠 것을 아니, 그 점치는 법이 여기에서 시작되었고, 후세에 서로 전하여져서 관매수觀梅數라고 했다.

  그 후에 꽃이 떨어지는 날을 점해서 "오시에 말에 밟혀 떨어질 것이다"라고 했고, 또 서림사西林寺의 현판을 보고 음인陰人의 화가 있을 것을 알았으니, 이것이 이른바 선천의 수先天數이다. 괘를 얻기 전에 먼저 수를 얻은 것이니, 수로써 괘를 일으킨 것이므로 선천先天이라고 하는 것이다.

  노인의 근심스러운 안색을 보고는 물고기를 먹고 화를 당할 것을 알았으며, 소년의 얼굴에 기쁜 빛이 있는 것을 보고는 장가드는 기쁨이 있을 것을 알았으며, 닭울음 소리를 듣고는 닭이 삶아져 죽을 것을 알고, 소울음 소리를 듣고는 소가 죽을 것을 아는 일 등은 다 후천의 수[後天數]이니, 수를 얻기 전에 먼저 괘를 얻은 것이다. 괘로써 수를 일으킨 것이므로 후천後天이라고 한다.

  하루는 소강절선생이 의자 하나를 두고 수를 미루어 계산한 후, 의자 밑에 쓰기를 "몇년 몇월 몇일에 신선이 앉아서 부숴질 것이다"라고 했는데, 과연 그 기일이 되어 도인道人이 찾아와서 앉다가 의자를 부숴뜨리고 부끄러워 하면서 소강절선생에게 사과하니, 소강절선생이 말하기를 "물건이 이루어지고 부숴짐에 수가 있는 것인데, 무엇을 개의하십니까? 또한 공은 신선이 아니십니까? 자리에 앉으셔서 가르침을 내려주십시오" 하고는 의자 밑에 쓴 것을 보여주니, 노인이 놀라면서 급히 일어나 홀연히 사라졌다고 한다. 수의 묘함이 비록 귀신이라도 피해갈 수 없는데, 하물며 사람이나 물건이 피할 수 있겠는가?

감 수 사

"알기는 邵康節이요 占書하면 梅花易數"라는 말은 일찍이 어른들께 들은바 있으되, 經學을 공부하다 보니 별로 접해 볼 수 있는 기회를 얻지 못하다가, 周易을 강의하면서 구해 보게되고 일부 수강생의 요청으로 두어 곳에서 강의도 하게 되었다. 비록 매화꽃을 관람하던 중 새가 싸우다 떨어지는 것을 보고 年月日時의 수를 계산하여 卦를 얻어, 다음날 저녁때 이웃집 처녀가 꽃을 꺾으러 나무에 올라 갔다가 떨어져 다리를 다치게 될 것을 미리 알게 됨으로 부터 점치는 법이 시작되어 觀梅數 또는 梅花易數라고 일컬어 왔지만, 天機를 逆數하여 미래를 豫知하는 奇法이야 말로 心易占卜의 玄機라 아니할 수 없다.

그런데 이 神祕의 梅易一書가 옛글인 한문으로만 되어있고, 作卦 斷易하는 방법 또한 어려우므로, 누구나 쉽게 해득하고 共有할 수 있도록 譯解書를 내놓았으면 하고 생각하던 중 德山 金秀吉과 乾元 尹相喆君이 다년간 深硏끝에 解譯出刊하기로 작업을 마치고 監修를 해보라는 것이다. "과학문명이 고도로 발달한 이때에 시대착오적인 占書를 내놓아 되겠느냐?"고 했더니, "오늘날 과학의 발전으로 인하여 살기는 편리한지 모르지만, 한치 앞을 내다볼 수 없을 정도로 재난이 속출하여 모두가 늘 불안속에서 살아야 하는 현실적 이유는, 바로 동양정신적 철학이 결여되었기 때문입니다. 그러므로 避凶趣吉하고 明哲保身하는 이 梅易書가 오늘날 사회에 더욱 절실히 요구되기 때문에, 정신적 바탕위에 미래를 멀리 내다보며 편안한 마음으로 지혜롭게 삶을 영위하라고 좀 미진한 곳이 없지 않지만 간행을 서두르는 것입니다."라고 力說하였다.

  난해한 글을 解釋하여 편집하는 것도 중대하지만 총체적으로 감수한다는 것 또한 중요하여 눈을 크게 뜨고 일일이 살펴보지 않을 수 없었다. 그런데 용어정의라든가 陰陽五行에 대한 설명 그리고 作卦法과 諸卦의 작용 기타 다양한 占斷法 등을 누구라도 이해할 수 있고 현대감각에 맞도록 쉽게 풀이하여, 곳곳에 심혈을 기울인 흔적이 역력하여 감수하는데도 크게 어려움이 없었다. 어떠한 학설이고 해석한다는 것이 완전할 수만은 없는 것이니까, 이만하면 독자가 연구하며 볼만한 책이라고 믿으며 過此以往은 精神之運如何에 있지않나 생각된다.

丙子 端陽에 屯山書齋에서
大山 金碩鎭

축 사

易學을 대하는 태도에는 두 가지 측면이 있다. 즉 긍정하는 태도와 부정하는 태도가 그것인데, 사람마다 시각이 달라 어떤 이는 역을 긍정하고 찬성하며, 어떤 이는 부정하고 반대한다. 孔子님은 긍정하는 입장에서 역을 예찬하는 태도를 보이셨고, 文豪 괴테도 긍정하는 입장을 취하였으며, 고대 천문학자 프톨레마이오스는 『테트라비블로스』라는 점성술서를 편찬함으로써 역학을 긍정하는 분명한 태도를 밝혔었다.

이와는 달리 『隨想錄』의 저자 몽테뉴는 역학을 비판하였고, 占星術史 연구가인 부셰르 끌레르끄도 부정하는 입장을 표명하였었다. 어느 시대이거나 사람은 각기 개성이 있는 것이므로, 찬성하는 이와 반대하는 이가 있겠지만, 반대하는 사람들이 보편적으로 갖고 있는 반대 이유가 易學이나 占은 '비과학적'이라는 것이다.

여기서 우리가 짚고 넘어가야 할 것은 "과학은 과연 완벽한가?"라는 물음이다. 현대 20세기 과학이 과거 中世때 과학적 지식을 많이 수정하였듯이 23세기 때 쯤 과학은 지금의 과학지식을 수정하지 않는다고 누가 자신있게 말할 수 있는가? 미래과학이 역설적으로 易學이론과 실체를 증명해 줄지도 모르지 않는가? 이 점은 현재도 현실로 다가서고 있다.

 역의 여러 분야 중 하나인 梅花易數는 占學의 대가인 邵康節선생이 크게 발전시킨 점법이다. 일상사의 조그마한 조짐을 살핌으로써 앞으로 전개될 과정을 예측할 수 있도록 한 논리적이고도 체계적인 학문으로, 이론체계가 간단한 데 비하여 적중률이 높은 좋은 학문이다. 그럼에도 불구하고 널리 보급되지 못하였던 점은, 좋은 연구서나 번역서가 없었기 때문으로, 항상 안타깝게 생각하던 중이었다.

 大山선생을 인연으로 알게 된 德山 金秀吉학형과 乾元 尹相喆학형은 어려서부터 漢學을 접해서 그런지 그 생각하는 틀이 크게 뛰어나다고 생각해 왔는데, 이번에 梅花易數의 여러 설을 하나로 정리하여 체계적으로 한, 그야말로 알차고 實한 번역서를 출간했기에 기쁜 마음으로 축사를 쓰게 되었다.

 소강절선생 이래로 꾸준히 발전해온 매화역수에 대한 비결을, 국내 최초로 번역과 동시에 체와 용의 큰 테두리로 묶어 정리했다는 점에서, 국내 占學이 보다 체계적인 자리를 잡아가는데 일조를 했다 할 것이다. 두 분의 깊은 학문을 다시 한 번 존경하며 붓을 놓는다.

丙子年 仲夏節에

鶴仙 柳來雄

증보판 일러두기

 이 책은 병자년에 소강절선생의 매화역수를 알기 쉽게 재구성하여 출판하였다가 글자점과 황극조수 부분을 증보하여 낸 증보판이다. 본래는 매화역수의 체제와 원문을 그대로 번역하려 하였으나, 내용을 살펴보니 중복된 내용이 많고, 문체 역시 한 사람의 글이 아니어서, 소강절선생이 단독으로 지은 글이 아니고, 후세 사람들이 매화역수에 관련된 내용을 소강절선생의 이름을 빌어 가필한 것이라는 판단이 섰다.

그래서 여러 번 수정을 해서 초보자도 쉽게 이해할 수 있도록 다시 편집하였다. 특히 병자년 판에 다음 기회로 미루고 빼두었던 글자점〔相字〕부분을 보충해 넣었고, 황극조수에 대한 기본적인 내용도 더 증보해서 넣음으로써 소강절 점학에 대한 이해를 넓혔다.

사람은 누구나 미래의 결과를 미리 알고 싶어한다. 왜냐하면 얼마나 빨리 그리고 정확히 미래를 예측하느냐에 따라 우리의 삶은 성공적이냐 그렇지 않느냐가 판가름되기 때문이다. 그러나 조그마한 단서에서 장차 벌어질 결과를 예측하기까지는 상당한 수준의 수련이 필요하다. 이러한 수련의 과정을 보다 합리적이고 체계적으로 설명한 것이 매화역수이다. 매화역수는 사물이나 그 조짐을 팔괘라는 부호로 형상화하고, 이를 상황에 맞도록 해석하는 과정을 설명하였다.

미래를 매화역수에 의해 예측하는 과정에는 두 가지 중요한 연결고리가 있다. 그중 하나는 사물의 조짐을 팔괘라는 부호로 형상화하는 과정인데, 매화역수에서는 이 과정이 정형화 되어 있어서, 누구나 정형화된 공식을 알면 사물이 우리에게 주는 신호를 쉽게 부호화할 수 있다.

다른 하나의 중요한 연결고리는 형상화한 부호를 어떻게 상황에 맞게 해석하느냐이다. 자신의 사욕이나 선입관에 영향받지 않고 객관적이고도 합리적인 판단을 한다는 것은 보통의 사람에게는 매우 어려운 일이다. 이 책에 나오는 삼요三要와 십응十應에 통하면 이러한 어려움이 없어질 것이지만, 보통 사람으로서는 가기 힘든 어려운 경지이다. 결국 자신의 마음을 객관화할 수 있는 수양의 문제로 귀착되는 것이다.

모든 학문이 그렇듯이 어느 정도의 수준이 지나면 결국 개개인의 능력에 따라 그 성취도가 나뉘게 된다. 특히 마음의 법을 공부하는 매화역수에 있어서는 수양의 중요성이 어느 학문보다 더 깊이 요구된다고 할 것이다.

☼ 본 책의 구성

본 책은 모두 10부와 부록으로 구성되어 있다.

1부는 초보자들을 위해서 팔괘의 개념부터 오행의 생극관계 등 주역의 기본적인 개념은 물론, 매화역수라는 점학적인 해석을 위한 용어의 해설을 실었다. 주역에 어느 정도 지식이 있는 사람은 그냥 읽어나가면 되겠지만, 상식이 없는 초보자들은 정독할 것은 물론, 꼭 외워야 될 것이라고 표시한 것은 반드시 외워야 다른 설명을 이해하기가 수월해질 것이다.

2부는 매화역수를 활용하여 미래를 예측하는데 필요한 두 가지 중요한 연결고리, 특히 사물의 조짐을 부호로 형상화하는 과정을 이론과 실제를 병행해서 실었다.

3부에서부터 7부까지는 형상화한 부호를 어떻게 상황에 맞게 해석하느냐 하는 점해석법에 대한 이론이다. 3부는 점해석의 일반론을, 4부와 5부는 매화역수의 핵심이라고 할 수 있는 체용론에 대한 개론부터 각론까지 심도있는 비결을, 6부는 일의 조짐을 살필 수 있는 구체적인 방법론으로 체용론과 더불어 매화역수의 또 다른 핵심이 되는 삼요三要와 십응十應에 대하여, 그리고 7부는 3부부터 6부까지의 점해석법을 종합적으로 판단하는 방법[비결]이 기술되어 있다.

8부와 9부는 구체적인 예를 들어 점해석법을 설명한 것으로, 8부는 선천의 방법이고, 9부는 후천의 방법에 의한 작괘 및 해설이다. 8부와 9부를 통해 앞서 익힌 매화역수를 복습할 수 있는 기회가 될 것이다.

10부는 병자년 판에서 미루어 두었던 글자점에 대한 내용으로, 오행학과 8괘 방위 등에 대해 그 길흉을 판단하는 것이다.

11부는 매화역수의 해석 방법을 활용할 수 있는 몇 가지 점치는 방법에 대해서 예시하고, 『대산주역점해』에 참고적으로 기술한 대정수작괘법에 대한 보완설명을 하였으며, 황극조수에 대한 개괄적인 설명을 하였다.

12부에서는 선천팔괘에 대한 종합적인 개괄을 실어 팔괘에 대해 정리하도록 하였다.

부록에서는 점치는데 필요한 도본을 실음으로써 매화역수 활용에 도움이 되고자 하였다.

목 차

- 3   서문
- 6   감수사
- 8   축사
- 10   증보판 일러두기

제 1부 ▮ 용어정의

- 22   1. 음과 양
- 25   2. 팔괘
- 35   3. 대성괘
- 43   4. 오행의 생극
- 48   5. 팔괘를 오행에 배속함
- 50   6. 괘 기운의 쇠왕
- 51   7. 천간 및 지지의 오행배속

제 2부 ▮ 기본적인 개념

- 55   1. 괘를 짓고 동효를 얻는 법
- 62   2. 괘를 일으키는 법
- 83   3. 체괘와 용괘
- 96   4. 내괘와 외괘

제 3부　점해석 일반론

- 102　1. 심역점복현기
- 104　2. 점복총결
- 107　3. 점복논리결
- 108　4. 선천과 후천
- 113　5. 점괘 판단에 있어서 체용론의 예외

제 4부　체용론 1

- 119　1. 팔괘심역체용결서문
- 121　2. 체용총결
- 129　3. 체용총결의 원칙대로 보는 점
- 146　4. 체용총결의 예외를 인정하는 점

제 5부　체용론 2

- 165　1. 체와 용
- 168　2. 체용류
- 170　3. 쇠왕론
- 171　4. 내외론
- 172　5. 동정
- 175　6. 향배
- 176　7. 정점
- 177　8. 관물통현가

제 6부 　삼요영응편三要靈應篇

- 185　1. 삼요영응서
- 188　2. 삼요영응편
- 202　3. 십응의 오묘함을 논함

제 7부 　종합적인 점해석법

- 219　1. 매화역수 비결 서문
- 221　2. 점괘결
- 223　3. 체괘·용괘·호괘·변괘의비결
- 225　4. 체용생극의 비결
- 228　5. 체용쇠왕의 비결
- 229　6. 체용동정의 비결
- 232　7. 체용론 후기
- 243　8. 앉아서 점을 칠 때 방향을 살피는 비결
- 247　9. 점에 있어서 극하는 응의 기일을 아는 비결
- 252　10. 주역 효사를 이용한 해석
- 254　11. 만물부
- 260　12. 음식편
- 267　13. 관물현묘가결
- 273　14. 모든 일에 응하는 노래
- 279　15. 모든 괘에 반대성정이 있음

제 8부 · 선천수 작괘법

- 284 1. 연월일시 점례
- 297 2. 그 밖의 점례

제 9부 · 후천수 작괘법

- 308 1. 움직이는 물건으로 괘를 일으키는 법
- 318 2. 기타 점을 친 예

제10부 · 비전된 소강절선생의 절자수

- 327 1. 총론
- 350 2. 글자점
- 365 3. 새로이 교정한 마음 밝히는 법
- 381 4. 오행체의 격식

제11부 · 그 밖의 작괘법

- 396 1. 안면 작괘법
- 400 2. 시간 작괘법
- 406 3. 대정수 작괘법
- 424 4. 황극조수 작괘법

제12부 ■ 선천팔괘 총정리

- 457 1. 건乾金 ☰
- 461 2. 태兌金 ☱
- 464 3. 리離火 ☲
- 467 4. 진震木 ☳
- 470 5. 손巽木 ☴
- 473 6. 감坎水 ☵
- 476 7. 간艮土 ☶
- 479 8. 곤坤土 ☷

부 록 ■ 점에 필요한 도본

- 484 1. 팔괘의 오행 및 숫자 대응표
- 484 2. 팔괘의 방위도〔후천팔괘방위도〕
- 485 3. 팔괘와 오행의 기수
- 485 4. 숫자와 괘의 대응표
- 486 5. 숫자와 동효의 대응표
- 486 6. 천간의 오행 및 숫자 대응표
- 486 7. 지지의 오행 및 숫자 대응표
- 487 8. 간지 숫자 환산표
- 487 9. 시간과 지지의 숫자 대응표
- 487 10. 숫자와 연월일시의 대응표
- 488 11. 64괘의 오행배속표〔팔궁괘차도〕
- 489 12. 384효와 황극조수

- 491 ※ 소강절 선생 약력

1부. 용어정의

1부. 용어정의

 이 편은 매화역수를 공부하는데 필요한 용어를 설명하는 난이다. 어떤 학문이나 사회에 들어가기 위해서는 그쪽의 언어 및 습관에 익숙해져야 하듯이, 매화역수를 공부하는 데는 몇 가지 기본용어를 알아야 한다.
 특히 음과 양의 개념, 팔괘의 성격 및 오행에의 배속관계, 오행의 생극작용 등은 반드시 이해하고 넘어가야 한다. 또 일반적인 설명과 함께 꼭 외워야 할 것을 표시하였으니, 일반적인 설명의 이해는 물론 외워야 할 것은 반드시 외워야 이 책의 이해에 도움이 될 것이다.

1. 음과 양

　역에서는 세상의 모든 일과 만물의 형상을 괘卦라고 하는 64개의 부호를 통해서 표현했다. 문자가 만들어지기 이전에 생성된 부호이므로, 이 부호에는 많은 의미가 함축되어 있고, 64개의 부호로 모든 일을 표현하고 의미를 전달하도록 되어있는데, 그 기본적인 구성이 음효와 양효이다.

1) 음과 양의 상대성

우주의 삼라만상에는 상대가 있다. 생성이 있으면 소멸이 있고, 높은 것이 있으면 낮은 것이 있으며, 긴 것이 있으면 짧은 것이 있고, 실한 것이 있으면 허한 것이 있다. 옛날 선현들의 우주관도 이와 같은 상대성 이론의 관점에서 출발했다. 주역의 음양은 곧 이 상대성을 의미하는 것으로서, 양과 음은 서로 비교해서만이 설명이 가능하다. 음과 양은 서로 상대적인 용어이기 때문이다.

실례를 들어 설명한다면 양이 높다면 음은 낮은 것이고, 양이 밝다면 음은 어두우며, 양이 현명하다면 음은 어리석고, 양이 단단하다면 음은 부드러우며, 양이 남자라면 음은 여자이고, 양이 동動적이라면 음은 정靜적이며, 양이 낮이라면 음은 밤이고, 양이 위로 올라가는 것이라면 음은 아래로 내려오는 것이며, 양이 드러나는 것이라면 음은 감추어진 것이고, 양이 차 있다면 음은 비어있는 것이며, 양이 건조하다면 음은 습기찬 것이다.

이러한 예는 이외에도 얼마든지 들 수 있다. 다만 주의할 것은 양이 항상 양이고 음이 항상 음노릇을 하는 것은 아니라는 점이다. 즉 앞서 말한 현명하다 어리석다 등의 평가는 상대적인 평가로써, 기준을 어디에 설정하느냐에 따라 지금의 양이라고 평가된 것이 음이 될 수도 있고, 지금의 음이라고 평가된 것이 양이 될 수도 있다. 이것은 궁극적으로 보면 양과 음은 어디까지나 상대적인 비교일 뿐이기 때문이다.

2) 양효陽爻와 음효陰爻

양효는 양을 표시하기 위한 부호이다. 앞서 언급한 양의 개념을 표현하여 일직선으로 주욱 그은 것이 양효▬이며, 중간을 비우고 두개의 선으로 표시한 것이 음효▬▬이다.[1] 양효는 하나로 연결되어 있기 때문에 강하고 실하며, 음효는 끊어져 있기 때문에 약하고 허하다.

그 비율은 양효가 3의 길이이고, 음효는 2의 길이로 삼천양지 參天兩地[2]의 표현이다. 일설에는 양효는 수컷의 성기를 나타내고, 음효는 암컷의 성기를 표현한 것이어서 두 개가 서로 합하여야 완전한 수 10十이 나온다고 한다.

---

[1] ▬는 양효의 표시이다. ▬▬는 음효의 표시이다.

[2] 삼천양지參天兩地 : 양은 모든 것을 다 포함하므로 원으로 상징하고, 음은 그 반만을 포함하므로 구체성을 갖춘 네모꼴(方)로 상징한다. 또 원은 그 비율에 있어서 직경이 1이라면 원주는 3이 조금 더 되고, 네모는 직경이 1이라면 둘레는 4가 된다. 또 홀수는 한 방향으로 나가므로 1은 1이고, 3은 3이며, 5는 5로 그 수가 줄지 않으나, 짝수는 쌍방향으로 나가므로 2는 1(2는 1과 1의 합)이 되고, 4는 2(4는 2와 2의 합)가 되어 그 수가 반으로 준다. 따라서 하늘은 그대로 3으로 표시하고, 땅은 4의 반인 2로 상징하는 것이다.

圓 : 圍=3   1→①   3→③   方 : 圍=4   2→①   4→②

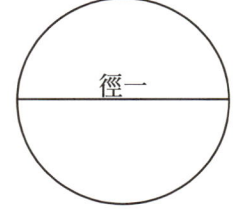
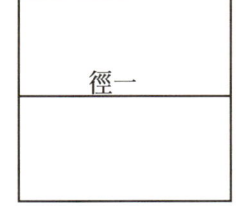

2. 팔괘八卦

　양효와 음효는 각기 세 효씩 모여서 한 개의 괘를 이루므로, 그 조합수가 8이 된다. 괘가 세 효로 이루어진 것은 천지인天地人을 상징하는 것이기도 하다. 제일 위에 있는 효가 하늘을 상징하므로 위치적으로 제일 높고, 가운데 있는 효는 사람을 상징하며 위치는 하늘과 땅의 중간에 있고, 제일 아래효는 땅을 상징하며 위치적으로도 제일 밑에 있다.[3]

　그러나 효는 아래에서 위로 그려 올라가는 것이므로, 시간적으로 따지면 아래효가 제일 먼저이고, 가운데 효가 그 다음이며, 제일 위에 효가 가장 늦은 것이 된다.[4]

　이렇게 해서 그려진 괘의 조합수는 모두 8이기 때문에 팔괘八卦라 부르며, 작게 이루었다는 뜻에서 소성괘小成卦라고도 하여, 여섯획으로 이루어진 대성괘[64괘]와 구분한다.[5]

---

[3] 팔괘의 세 효를 공간적으로 구분할 때, 밑의 효부터 각기 아래 중간 위로 구분하고, 또 가운데를 안속으로 보고 아래와 위의 효를 밖으로 보기도 한다.

[4] 팔괘의 세 효를 시간적으로 구분한 개념이다.

[5] 하늘이 운행을 하면, 이에 따라 땅이 생장수장을 하며 만물을 길러내고 간직한다. 이를 컴퓨터에 비유하면, 하늘은 컴퓨터를 운용하는 프로그램이고, 땅은 컴퓨터기계이며, 사람은 컴퓨터를 이용해 산출되는 각종자료에 해당한다고 볼 수 있다.

1) 팔괘의 생성순서

팔괘를 생성하는 순서는 다음과 같이 요약된다.

① 태극에서 양의로 분화됨

- 아직 음과 양이 분화되기 이전의 상태인 태극에서, 양과 음으로 분화된 것을 음의 모습[陰儀 ▪▪]과 양의 모습[陽儀 ━]의 두 모습이 있다하여 양의兩儀라고 한다. 아래 도면에서 칠한 부분은 음▪▪을 나타내고, 흰색은 양━을 나타낸다.

음	양	양의
태극		태극

② 양의에서 사상으로 분화됨

- 양의 모습━에서 음과 양이 분화되고, 음의 모습▪▪에서 음과 양이 분화되면 네 개의 형상이 되었다고 하여 사상四象이라고 한다.
- 양의 모습에서 또 양으로 분화된 것을 순수한 양의 형상이라고 해서 태양[太陽 ═]이라 하고, 양의 모습에서 음으로 분화된 것을 속성질은 양이지만 겉모습은 음이라고 하여 소음[少陰 ☳]이라고 하며, 음의 모습에서 양으로 분화된 것을 속성질은 음이지만 겉모습은 양이라고 하여 소양[少陽 ☱]이라 하고, 음의 모습에서 또 음으로 분화된 것을 순수한 음의 형상이라고 하여 태음[太陰 ☷]이라고 한다.

- 아래 도면에서 양의兩儀를 아래획으로 사상四象을 위의 획으로 삼으면 흰색은 양이고 칠한 부분은 음이다. 양은 ▬로 표시하고 음은 ▬ ▬로 표시한다. 태양은 ▬의 상이 되고, 소음은 ▬의 상이 되며, 소양은 ▬의 상이 되고, 태음은 ▬의 상이 된다.

태음	소양	소음	태양	사상
음		양		양의
태극				태극

③ 사상에서 팔괘로 분화됨

- 사상에서 다시 음과 양이 분화된 것이 팔괘이며, 그 형상은 오른쪽부터 건☰ 태☱ 리☲ 진☳ 손☴ 감☵ 간☶ 곤☷이 된다. 그래서 그 숫자 붙이기를 건은 1, 태는 2, 리는 3, 진은 4, 손은 5, 감은 6, 간은 7, 곤은 8이라고 하는 것이다.

8	7	6	5	4	3	2	1	숫자
곤	간	감	손	진	리	태	건	팔괘
태음		소양		소음		태양		사상
음				양				양의
태극								태극

☼ 꼭 외울 것

아래 도표에 요약된 팔괘의 이름과 형상 및 수는 매화역수를 공부하기 위해서는 꼭 외워두어야 한다.

건☰	태☱	리☲	진☳	손☴	감☵	간☶	곤☷
1	2	3	4	5	6	7	8

2) 팔괘의 요약

팔괘의 모양과 성질 그리고 숫자를 이해하는데 도움이 되게 하고자 설명한 난이다. 괘를 짓고 해석하는데 필수적인 내용이므로 여러번 읽고 완전히 이해하여야 한다.

① ☰ : 일건천一乾天 또는 건삼련乾三連

- 괘명은 건이다. '일건천'에서 '일'은 팔괘 중에서 첫 번째 나왔다는 뜻이고, '건'은 괘의 이름이며, '천'은 괘의 형상이 하늘이 된다는 뜻이다. 또 '건삼련'은 괘의 형상을 설명한 것으로 '건'은 괘의 이름이며, '삼련'은 세 효가 모두 이어졌다〔양효〕는 뜻이다.

- 乾〔하늘 건〕은 세 효가 모두 양이므로, 지극히 강건하고 광명하며 건조하다. 모든 것에 앞선다는 뜻과 모든 것을 다스린다는 뜻에서, 만물 중에는 하늘이며, 인사적으로 볼 때는 아버지에 해당한다. 물상으로서는 신체의 중추인 머리〔首〕·건장한 말〔馬〕·큰 나무위에 매달린 열매 등이 이에 속하고, 오행상으로는 단단한 금〔陽金〕이 된다. 후천팔괘로는 은벽하고 추운 서북방으로, 쾌청하고 추운 날씨를 뜻한다.

② ☱ : 이태택二兌澤 또는 태상절兌上絶

- 괘명은 태다. '이태택'에서 '이'는 팔괘 중에 두번째 나왔다는 뜻이고, '태'는 괘의 이름이며, '택'은 괘의 형상이 못澤이 된다는 뜻이다. 또 '태상절'에서 '태'는 괘의 이름이며, '상절'은 밑

의 두 효는 이어지고[양효] 위의 효만 끊어졌다[음효]는 뜻이다.

- 兌[기쁠 태]는 연약한 음 하나가 강건한 두 양의 위에 있는 상으로, 강한 것을 올라타는 기쁨을 누리는 뜻이 있다. 아래에는 양으로 막혀있고 위에는 유약한 음이 있어, 땅위에 모인 물[못]이 출렁이는 상이며, 인사적으로는 음이 제일 나중에 나온 것이므로 소녀에 해당한다. 유약하기는 하지만 부드러움으로 강한 양을 서서히 침범하여 훼손시키고 무너뜨리는 성질이 있다. 따라서 재앙 중에서도 가장 약한 구설수를 몰고 온다는 뜻이 있으니, 교태를 부리거나 아첨을 함으로써 굳건한 마음을 흔들리게 하는 것이다. 물상으로는 입[口]·양羊 등이 이에 속하고, 오행상으로는 연한 금[陰金]이 된다. 후천팔괘로는 서방이다.

③ ☲ : 삼리화三離火 또는 이허중離虛中

- 괘명은 리다. '삼리화'에서 '삼'은 팔괘 중에서 세번째 나왔다는 뜻이고, '리'는 괘의 이름이며, '화'는 괘의 형상이 불이 된다는 뜻이다. 또 '이허중'에서 '리[이]'는 괘의 이름이며, '허중'은 가운데 효만 비었다[끊어졌다 : 음효]는 뜻이다.
- 離[걸릴 리, 떠날 리]는 한 개의 음이 두 양 사이에 걸려있는 상으로, 밖은 밝고[양] 안은 어두우므로[음] 불이 환히 비추는 형태다. 해가 동에서 서로 떠난다는 뜻도 되지만, 해가 하늘에 걸려있다는 뜻도 되므로 '걸릴 리' 또는 '떠날 리'라고 한다. 인사적으로는 음이 두 번째로 나온 것이므로 중녀中女에 해당하

며, 밝은 해 또는 껍질은 단단하나 속은 연약한 거북, 조개 등이 이에 속한다. 오행상으로는 괘상 그대로 화火에 속한다. 후천팔괘로는 남방이다. 날씨로는 해가 나서 맑은 날씨이며, 그 밝음으로 인해 번개에 해당한다.

④ ☳ : **사진뢰**四震雷 **또는 진하련**震下連
- 괘명은 진이다. '사진뢰'에서 '사'는 팔괘 중에서 네번째 나왔다는 뜻이고, '진'은 괘의 이름이며, '뢰'는 괘의 형상이 우레가 된다는 뜻이다. 또 '진하련'에서 '진'은 괘의 이름이며, '하련'은 아래효만 이어졌다[양효]는 뜻이다.
- 震[우레 진, 움직일 진]은 두 음의 아래에 한 개의 양이 있는 상으로, 밖을 향해 문이 열려있는 모습이다. 양은 위로 올라가는 성질이 있으므로, 밑에 있는 한 개의 양이 밖으로 강건히 움직여 나가는 것이다. 따라서 우레가 진동하는 뜻이 있으며, 인사적으로는 양이 처음 나온 것이므로 장남長男에 해당한다. 또한 땅 속의 초목이 처음으로 싹터 나오는 상이다. 오행상으로는 밖으로 크게 성장하는 나무[陽木]에 속하며, 물상으로는 발[足]·용龍·큰 길 등 주로 움직이는 것이나 그 도구가 이에 해당한다. 후천팔괘로는 해뜨는 동방이다.

⑤ ☴ : **오손풍**五巽風 **또는 손하절**巽下絶
- 괘명은 손이다. '오손풍'에서 '오'는 팔괘 중에서 다섯번째 나왔다는 뜻이고, '손'은 괘의 이름이며, '풍'은 괘의 형상이 바람이 된다는 뜻이다. 또 '손하절'에서 '손'은 괘의 이름이며, '하

절'은 아래효만 끊어졌다[음효]는 뜻이다.
- 巽[손방 손, 공손할 손]은 한 개의 유약한 음이 두 양의 아래에 엎드려 숨어 있는 상이므로, 공손하고 겸양하여 자신을 낮추는 뜻이 있다. 아래가 허하여 부드러운 바람이 안으로 들어오는 상이다. 인사적으로는 음이 처음 나온 것이므로 장녀長女이며 노끈6·닭7 등 주로 안으로 숨는 무리가 이에 속한다. 따라서 병에 걸리더라도 몸의 기맥에 관련되는 중풍 등에 속하며, 오행상으로는 풀이나 채소 등 음목陰木에 해당한다. 후천팔괘로는 동남방이다.

⑥ ☵ : **육감수**六坎水 **또는 감중련**坎中連

- 괘명은 감이다. '육감수'에서 '육'은 팔괘 중에서 여섯 번째 나왔다는 뜻이고, '감'은 괘의 이름이며, '수'는 괘의 형상이 물이 된다는 뜻이다. 또 '감중련'에서 '감'은 괘의 이름이며, '중련'은 가운데 효만 이어졌다는 뜻이다.
- 坎[구덩이 감, 빠질 감]은 한 개의 양이 두 음 사이에 빠져 험난함을 뜻한다. 양이 비록 음 사이에 빠져 있으나 중심이 견실하고, 밖으로는 어둡지만 안은 밝은 상이므로, 물[水]로써 그 상을 대표한다. 인사적으로는 두 번 째로 양이 나온 것이므로 중남中男에 해당하며, 밤에 빛을 발하는 달·구덩이8·무지한 돼

---

6 끈은 덩쿨 등 음목으로 만든다.
7 닭은 안으로 파고드는 성질이 있다.
8 빠지고 어둡다는 뜻.

지9·도둑10 등이 이에 속한다. 오행상으로는 수水에 해당한다. 후천팔괘로는 추운 북방이다.

⑦ ☶ : **칠간산**七艮山 **또는 간상련**艮上連
- 괘명은 간이다. '칠간산'에서 '칠'은 팔괘 중에서 일곱번째 나왔다는 뜻이고, '간'은 괘의 이름이며, '산'은 괘의 형상이 산이 된다는 뜻이다. 또 '간상련'에서 '간'은 괘의 이름이며, '상련'은 위의 효만 이어졌다(양효)는 뜻이다.
- 艮(그칠 간)은 한 개의 양이 두 음의 위에 있는 모습으로, 양이 더 나아갈 곳이 없어 그치는 상이니, 후중히 그쳐있는 산으로 대표한다. 인사적으로는 양이 제일 나중에 나온 것이므로 소남少男이며, 집을 지키는 개·작은 길·작은 돌 등 주로 크게 움직이지 못하는 무리, 또는 어리거나 작은 물상들이 이에 속한다. 오행상으로는 양토陽土로써 높은 언덕 등을 뜻한다. 후천팔괘로는 새벽을 여는 동북방이다.

⑧ ☷ : **팔곤지**八坤地 **또는 곤삼절**坤三絶
- 괘명은 곤이다. '팔곤지'에서 '팔'은 팔괘 중에서 여덟번째 나왔다는 뜻이고, '곤'은 괘의 이름이며, '지'는 괘의 형상이 땅이 된다는 뜻이다. 또 '곤삼절'에서 '곤'은 괘의 이름이며, '삼절'은 세 효가 모두 끊어졌다(음효)는 뜻이다.

---

9   어리석다는 뜻.
10 은근히 움직임.

- 坤[땅 곤]은 세 효 모두 음陰이므로, 지극히 유순하고 광활하며 습하다. 안이 비어 물건을 담을 수 있는 상이므로 만물을 생육하는 땅으로써 대표하며, 인사적으로는 어머니가 이에 해당한다. 물상으로는 오장육부五臟六腑가 들어 있는 배[腹], 유순한 소 등이 이에 속한다. 인색하기는 하지만 따뜻한 성격이므로, 자신과 비슷한 종류는 포용해서 받아들인다. 오행상으로는 평탄한 대지를 뜻하는 음토陰土에 해당하므로, 모든 만물에 있어 다산多産과 관련이 있다. 후천팔괘로는 서남방이다.

3) 팔괘의 후천방위

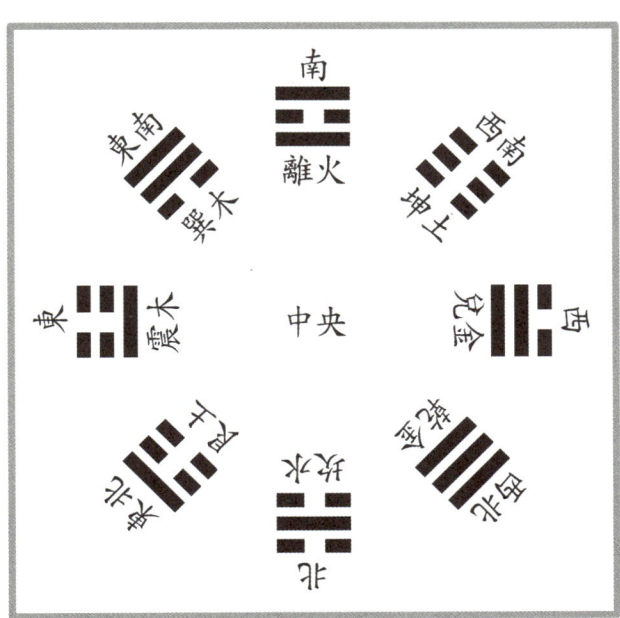

팔괘의 방위는 후천방위로 쓴다.

만들어지기는 선천팔괘의 순서로 만들어졌지만, 실제로 사용함은 현재 있는 상태를 쓰는 것이다. 이것은 마치 괘를 그릴 때 아래부터 그려 올라가지만, 실질적으로는 제일 위를 하늘, 중간을 사람, 아래를 땅으로 보는 것과 같은 이치이다.

팔괘의 후천방위는 매화역수에 있어서 매우 중요하므로 꼭 외워두어야 한다.

4) 팔괘의 요약표

괘상	☰	☱	☲	☳	☴	☵	☶	☷
괘명	건	태	리	진	손	감	간	곤
수	1	2	3	4	5	6	7	8
자연	하늘	연못	불	우레	바람	물	산	땅
인간	부	소녀	중녀	장남	장녀	중남	소남	모
성질	건장함	기쁨	걸림	움직임	들어감	빠짐	그침	순함
동물	말	양	꿩	용	닭	돼지	개	소
신체	머리	입	눈	발	허벅지	귀	손	배
오행	양금	음금	화	양목	음목	수	양토	음토

3. 대성괘大成卦 : 64괘

　세 획으로 이루어진 여덟가지 괘를 작게 이루었다는 뜻으로 소성괘〔小成卦 : 팔괘〕라 하고, 소성괘가 서로 짝을 지어 여섯 획으로 이루어진 괘를 크게 이루었다는 뜻으로 대성괘라고 한다. 또 그 조합수가 모두 64이므로 64괘라고도 한다.[11]

---

[11] 대성괘(64괘)는 소성괘인 8괘가 두 괘씩 거듭하여 이루어진다. 위와 아래로 합해 둘씩 이루어지니, 조합수가 8×8=64가 된다.

1) 대성괘 읽는 법

대성괘에서 위에 있는 괘를 상괘[12]라고 하고, 밑에 있는 괘를 하괘[13]라 한다. 괘를 읽을 때는 괘상卦象[14]을 먼저 읽고, 뒤에 그 괘상이 모여서 이루어진 괘의 이름〔괘의 상과 성정性情이 있음을 함축함〕을 읽는다.

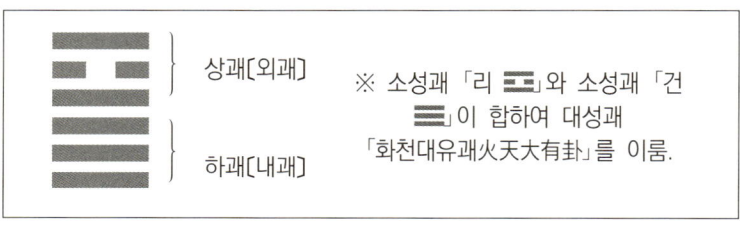

※ 참고
- 상괘 : 오후·후천·밖·쇠퇴·해체·成·용·객·상대방
- 하괘 : 오전·선천·안·도래·창조·生·체·주·나

① 동일괘가 거듭한 경우

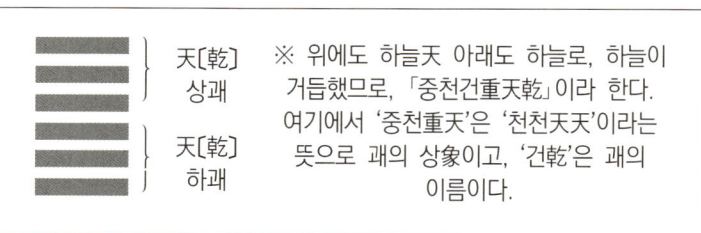

동일괘가 거듭한 괘는 중천건重天乾, 중지곤重地坤, 중뢰진重雷

---

12 또는 밖에 있다 하여 외괘라 한다.
13 또는 안에 있다 하여 내괘라 한다.
14 괘가 상징하는 사물.

震, 중풍손重風巽, 중수감重水坎, 중화리重火離, 중산간重山艮, 중택태重澤兌 등 모두 여덟괘가 있다.

② 다른 괘로 중첩한 경우

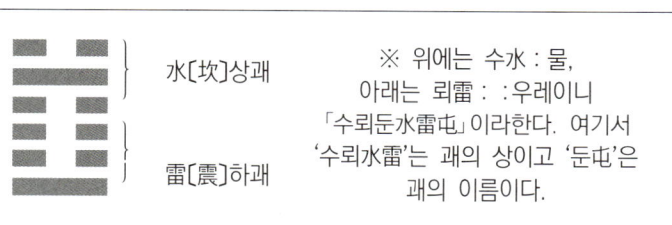

2) 효의 명칭

　효爻란 괘를 그릴 때 또는 그렸을 때의 획劃 하나 하나를 가리킨다. '효'는 '效[본받을 효]'를 의미하며, 고정적인 것이 아니라 변한다는 뜻이 있다.
　음효[陰爻▬▬]는 '육六'으로, 양효[陽爻▬]는 '구九'로 표시하고, 그 자리位에 따라 초初·이二·삼三·사四·오五·상上의 이름으로 지위를 표시한다.

〈효위〉	重天乾	효명	重地坤	효명	水雷屯	효명
上位	▬	상구	▬ ▬	상육	▬ ▬	상육
五位	▬	구오	▬ ▬	육오	▬	구오
四位	▬	구사	▬ ▬	육사	▬ ▬	육사
三位	▬	구삼	▬ ▬	육삼	▬ ▬	육삼
二位	▬	구이	▬ ▬	육이	▬ ▬	육이
初位	▬	초구	▬ ▬	초육	▬	초구

　예를 들어 주역에서 상구上九라고 하면 제일 위에 있는[上] 양효[九]라는 뜻이다. 또 육이六二라고 하면 두번째 있는 효[二]인데 음효[六]라는 뜻이다.
　괘의 처음 효와 마지막 효인 초初와 상上은 효의 위位를 먼저 말한 후 효의 음양을 나중에 말하며, 다른 효[二·三·四·五]는 그 반대로 한다. 이것은 초初와 상上은 시작이며 끝이므로 그 때가 중요한 것이고, 이·삼·사·오효는 일이 한창 진행되는 때이므로 그 재질[음 또는 양]이 중요하기 때문이다.
　효爻의 자리[位]에서 처음을 '일一'이라 하지 않고 '초初'라 하며, 맨 위를 '육六'이라 하지 않고 '상上'이라 한 것은, 하나의 괘 자체가 독립된 것으로 완전한 소우주로 존재하는 것을 상징한 것이다.

※ 각 효의 의미

	사회	인간	동물	가족	연령
상효	上王·國師 고문,자문위원	머리	머리	조부	61~72
오효	王·대통령	어깨	앞발	부	49~60
사효	公·卿국무총리,장관	몸통	몸의 앞부분	형자	37~48
삼효	大夫지방장관	넓적다리	몸의 뒷부분	제매	25~36
이효	士하급관리	정강이	뒷발	모	13~24
초효	民백성	발	꼬리	손자	0~12

3) 본괘本卦 지괘之卦 호괘互卦 및 체괘와 용괘

① 본괘本卦15

- 본체괘本體卦 또는 내괘[內卦 : 매화역수에서만 이런 뜻으로 쓰임]라고도 하며, 괘를 지었을 때 나온 괘로 아직 지괘로 변하지 않은 괘를 말한다.

② 지괘之卦16

- 본 괘에서 효爻가 동動하여 변해간 괘로서, 본래의 괘[本卦]에 상대해서 '갈 지之'자를 써서 지괘라 한다. 본괘는 어떤 일을 하려고 할 때의 현재 처해있는 상황을 말하며[體], 지괘는 자신의 노력과 주변의 환경에 따라 앞으로 진행되어 나가는 과정을 뜻한다[用].
- 일반적인 주역점이라면 본괘本卦를 7할 정도의 중요도로, 지괘는 3할 정도의 중요도로 괘를 분석하여 풀이하지만, 매화역수에서는 소성괘의 생극관계生克關係를 중시하기 때문에 지괘의 의미가 별로 없다.
- 중천건重天乾괘 효사에서 '九五[구오는]'하고 말했을 때는, 건乾괘 구오가 변해서 대유大有괘로 간다는 뜻이다[乾之大有]라고

---

15 매화역수에서는 주로 소성괘의 오행생극으로 점판단을 하기 때문에 본괘와 지괘의 구별은 별로 중요하게 여기지 않는다.
16 매화역수에서는 효가 하나만 동할 경우를 가정하기 때문에, 지괘로 변하게 한 괘를 변괘變卦라고 한다. 아래의 예에서 상괘인 건☰이 변해서 리☲가 되었으므로, 리☲가 변괘가 된다.

읽는다. 물론 '건지대유'는 변해서 가는 진행의 성격이 강하므로, 불완전하나마 대유大有괘의 뜻을 갖고 있을 뿐이지 완전한 대유괘는 아니다. 건괘 구오효사에 "나는 용이 하늘에 있으니, 대인을 봄이 이롭다"고 되어 있고, 대유괘 괘사에 대유는 "크게 착하고 형통하다"고 되어 있다. "나는 용이 하늘에 있음"은 이 세상의 부귀영화를 모두 누린다는 뜻이고, "크게 착하고 형통하다"는 것은 하는 일마다 잘될 뿐만 아니라 남의 원망도 없다는 뜻이니 서로 통한다.

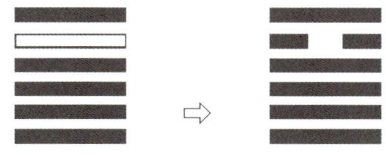

〈중천건〉 구오효 변 〈화천대유〉

③ **호괘**互卦

- 초효와 상효를 가리고, 2·3·4효를 하괘下卦로 하고 3·4·5효를 상괘上卦로 하여 이루어지는 괘이다.
- 또 2·3·4효로 이루어진 괘를 안의 호괘라는 뜻으로 내호괘內互卦라 하고, 3·4·5효로 이루어진 괘를 밖의 호괘라는 뜻으로 외호괘外互卦라고 한다. 지괘의 경우와 마찬가지로 매화역수의 점 판단에 있어서는, 대성괘로써의 호괘보다는 소성괘인 내호괘와 외호괘의 오행관계만이 중요시 된다.
- 매화역수에 있어서 호괘[내호괘와 외호괘]는 체괘·용괘·변괘와 더불어 괘를 판단하는 중요한 지침이 된다. 호괘가 체괘를

생하냐 극하냐에 따라 점의 판단이 달라지기 때문이다. 이 관계는 2부에서 다시 설명한다.

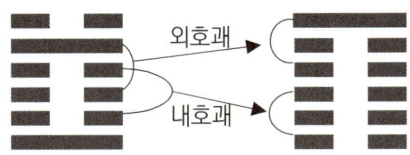

④ 체괘體卦와 용괘用卦

- 매화역수에 있어서 체괘가 주主가 되고 용괘는 일[事]이 된다. 일반적으로 체괘가 생함을 많이 받아 성하면 길하고 그렇지 않으면 흉하다. 체괘와 용괘를 구별하는 방법은 상괘와 하괘 중에 동효가 없는 괘를 체괘로, 동효가 있는 괘를 용괘로 보면 된다. 용괘는 효가 동한 후에는 변괘變卦가 된다.

- 예를 들어 수뢰둔괘☵☳의 이효가 동해서 수택절괘☵☱가 되었다면, 본괘는 수뢰둔괘이고, 지괘는 수택절괘이며, 체괘는 동효가 없는 괘인 감[상괘 ☵]이고 용괘는 동효가 있는 괘인 진[하괘 ☳]이 된다. 또 내호괘는 본괘의 2효와 3효 및 4효로 이루어진 곤☷이고, 외호괘는 본괘의 3효·4효·5효로 이루어진 간☶이다. 여기서 변괘는 진☳의 중효가 동한 태☱가 된다.[17]

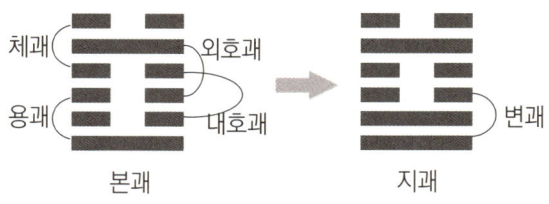

[17] 여기에 대한 내용은 제 2부의 3항[체괘와 용괘]에 자세한 예문이 실려 있음.

4. 오행의 생극生克

1] 오행五行이란

  오행이란 만물의 기본요소인 목화토금수의 다섯가지 기운이 행함을 말한다. 계절로 비유하면, 목은 봄에 해당하고, 화는 여름에, 금은 가을에, 수는 겨울에, 토는 사계절의 성질을 고루 갖추었다고 볼 수 있다.

  매화역수는 팔괘를 오행에 배속시키고, 그에 대한 생하고 극하는 작용으로 길흉 및 시기를 판단하기 때문에, 오행의 성질 및 상생·상극관계를 정확히 알아야 한다. 아울러 괘의 쇠하고 왕함을 연구해서 길흉의 정도를 판단할 수 있어야 한다.

① 목木
- 목은 나무의 성질로 밑에서 위로 자라는 성질이 있고, 봄의 성질로 모든 만물을 생해준다. 방위로는 동방에 속하고, 만물이 처음 발생하여 움직이는 것이다. 또 목은 감촉한다는 의미로 땅을 감촉하여 생한다는 뜻이다.
- 목木 자 역시 땅에서 싹이 처음 나온다는 뜻의 초屮가 뿌리[八]를 단단히 박은 모습이다.

② 화火

- 화는 불의 성질로 양의 기운이 활발히 움직이는 것이므로, 이에 따라 만물이 변화하게 된다. 역시 밑에서 위로 타오르는 성질이 있고, 여름의 성질로 목기운으로 생겨난 만물을 풍요롭게 길러준다. 목의 기운이 서서히 자라나는 것이라면, 화의 기운은 이를 급격히 자라게 하는 것이라고 볼 수 있다. 목과 화는 밖으로 팽창 발산하는 양의 기운이다.
- 방위로는 남방에 속하고, 만물을 포용해서 겉모습을 키우며 성장하게 함으로써, 물건이 각기 자신의 성정性情을 충분히 발휘하도록 하는 역할을 한다.

③ 토土

- 토는 흙의 성질로 땅속에 정기精氣를 머금었다가 토해냄으로써 만물을 생하며, 다른 한편으로는 이렇게 생한 만물을 다시 간직하는 일을 한다. 土토자에서 수평으로 그은 두 획二은 땅과 땅속이라는 뜻이 있다.
- 원래는 늦은 여름〔季夏〕의 성질이나, 목화금수에 고루 작용해 각 성질을 이루게 하므로, 늦은 봄〔季春〕 늦은 여름〔季夏〕 늦은 가을〔季秋〕 늦은 겨울〔季冬〕에 해당한다.
- 방위 역시 사방에 고루 작용할 수 있는 중앙에 위치하여 나머지 오행을 조절함으로써, 너무 성盛하게 되는 것을 막는 역할을 한다.

④ 금金
- 금은 쇠의 성질로 음의 기운이 처음 발동하여, 목에서 화로 이어지는 양의 활동을 막는 역할을 한다. 가을의 성질로 사방을 근심스럽게 살펴서 의리를 지키도록 하는 뜻이 있다. 엄하게 살피기 때문에 만물이 모두 엄숙하면서도 공경하는 태도를 보이지 않을 수 없다. 따라서 별 생각 없이 성장하던 자신을 돌아보고 반성하거나, 또는 자신의 내부로 들어가 단단하게 결실을 맺게 된다.
- 방위로는 음기가 처음으로 발생한다는 서방에 속하므로, 만물의 성장을 금지시키는 일을 한다.

⑤ 수水
- 수는 물의 성질로 물이 수평을 이루듯이 만물을 평준화하는 역할을 한다. 만물이 엎드려 숨어있는 겨울에 해당하므로, 귀하고 천함의 구별이 없어지며, 또 물이 스며들듯이 모르는 가운데 부드럽게 젖어들어 몰래 행한다는 뜻이 있다.
- 수는 땅의 혈기血氣에 해당하고, 오행의 시작이므로 보이지 않는 가운데 만물을 서로 통하게 하며, 방위로는 북방에 속하고 겨울에 해당하니, 만물을 잘 숨겨 간직하는 역할을 한다.
- 수水 자에도 두 사람이 서로 사귀면서 가운데에 하나를 잘 간직했다가 생한다는 뜻이 들어 있다.[18]

---

18 '人' 자가 등을 지고, 가운데에 'ㅣ' 자가 있다

2) 오행의 상생相生

오행은 서로 생하면서 순환반복한다. 그 순서는 금은 수를 생하고〔金生水〕, 수는 목을 생하며〔水生木〕, 목은 화를 생하고〔木生火〕, 화는 토를 생하며〔火生土〕, 토는 금을 생한다〔土生金〕.

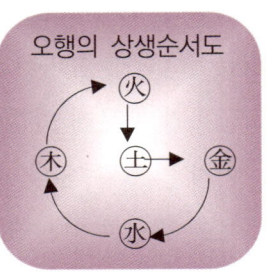

오행의 상생순서도

① 금생수金生水

- 단단한 쇠가 부드러운 물을 생한다는 말로, 안으로 끌어 모으는 금기운에 의해 물이 모이는 것이다. 열매가 맺히면 그 안에 단물이 생기고, 응고凝固된 것이 풀리면 액체가 된다. 또 단단하고 차가운 바위나 쇠에 물방울이 엉기게 되는 이치이다.

② 수생목水生木

- 물을 바탕으로 해서 생명이 태동하는 것으로, 물로 인해 풀이나 나무가 자라는 이치이다.

③ 목생화木生火

- 생명이 자라면 열이 발생한다는 것으로, 나무를 태우면 불이 생기고, 생명활동을 하면 열이 발생하는 이치이다.

④ 화생토火生土

- 열이 발생하면 그 뒤에 남는 열매가 있다는 뜻으로, 초목이 자

라 열매를 맺거나, 나무가 타면 재가 남고, 생명작용이 끝나면 육체만 남는 이치이다.

⑤ **토생금**土生金
- 땅속의 흙이 단단하게 응고되면 단단한 금속이 된다는 것으로, 열매는 그 안에 생명의 물을 간직하기 위해 더욱 단단해지고, 생명이 끝난 물질은 썩고 엉겨 단단한 금속이 된다는 이치이다.

3) 오행의 상극 相克

오행은 상생하며 서로 순환하지만, 상극도 하여 서로간에 조절작용을 하여, 그 지나치게 극성함을 막는 동시에 깎고 단련시켜 쓸모있게 만든다.

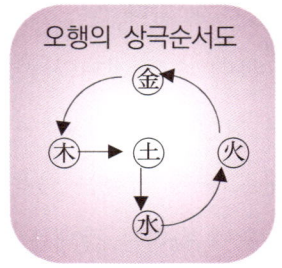
오행의 상극순서도

그 순서는 금은 목을 극하여 목이 지나치게 성장함을 막고〔金克木〕, 목은 토를 극하여 토의 기운을 흡수하며〔木克土〕, 토는 수를 극하여 물의 지나친 범람을 막으며〔土克水〕, 수는 화를 극하여 지나치게 타거나 건조해지는 것을 막고〔水克火〕, 화는 금을 극하여 지나치게 강해지는 것을 막는 동시에 쓸모있게 변화시킨다〔火克金〕.

5. 팔괘를 오행에 배속함

　건괘☰와 태괘☱는 금에 속하고, 곤괘☷와 간괘☶는 토에 속하며, 진괘☳와 손괘☴는 목에 속하고, 감괘☵는 수에 속하며, 리괘☲는 화에 속한다.

　이를 다시 세분하면, 금에 속한 건괘와 태괘에서 건괘는 세 효가 모두 강건한 양으로 되어 있으므로 양금陽金이 되고, 태괘는 아래의 두 효는 강건한 양으로 되어 있지만 위에 효는 유약한 음으로 되어 있으므로 음금陰金이 된다.

　토에 속한 곤괘와 간괘에서 곤괘는 세 효가 모두 음으로 되어 있으므로 음토陰土[19]가 되고, 간괘는 양효가 위에 있으므로 양토陽土[20]가 된다.

　목에 속한 진괘와 손괘에서 진괘는 음 밑에 양이 있으므로 위로 성장하는 양목陽木[21]이 되고, 손괘는 아래에 음이 있으므로 아래로 숨어 자라는 음목陰木[22]이 된다.

　수에 속하는 감괘는 양효가 중앙에 위치하여 어느 한쪽으로도 치우치지 않았으므로 음양을 나누지 않고, 화에 속하는 리괘도 음효가 중앙에 위치하여 어느 한쪽으로도 치우치지 않았으므로

---

[19] 습기를 갖춘 평지의 흙.
[20] 위로 볼록 솟은 산 또는 마른 흙.
[21] 크게 자라 재목이 되는 나무.
[22] 풀이나 채소류.

음양을 나누지 않는다.

이를 표로 요약하면 다음과 같다.

건☰	태☱	리☲	진☳	손☴	감☵	간☶	곤☷
금양	금음	화	목양	목음	수	토양	토음

6. 괘 기운의 쇠왕 卦氣衰旺

1) 괘의 기운이 왕성할 때 卦氣旺

진괘☳와 손괘☴는 나무니 봄에 왕성하고, 리괘☲는 불이니 여름에 왕성하며, 건괘☰와 태괘☱는 쇠니 가을에 왕성하고, 감괘☵는 물이니 겨울에 왕성하며,²³ 곤괘☷와 간괘☶는 흙이니 진술축미辰戌丑未²⁴에 해당하는 달에 왕성하다.

2) 괘의 기운이 쇠약할 때 卦氣衰

봄에는 토기운인 곤괘☷와 간괘☶가 쇠약하고[木克土],
여름에는 금기운인 건괘☰와 태괘☱가 쇠약하며[火克金],
가을에는 목기운인 진괘☳와 손괘☴가 쇠약하고[金克木],
겨울에는 화기운인 리괘☲가 쇠약하며[水克火],
진술축미辰戌丑未월에는 수기운인 감괘☵가 쇠약해진다[土克水].

---

23 진괘와 손괘는 목이니 수생목水生木을 받는 겨울에 왕성해야 하나, 생하는 기운이 효력을 발휘하는 것은 극하는 기운보다 늦기 때문에 봄이 되어서나 왕성하게 된다. 다른 괘도 마찬가지이다.

24 진월 술월 축월 미월은 사계절의 과도기에 해당한다.

7. 천간天干 및 지지地支의 오행배속

1) 천간天干의 오행배속

갑甲과 을乙은 동방이고 목이며, 병丙과 정丁은 남방이고 화이며, 무戊와 기己는 중앙이고 토이며, 경庚과 신辛은 서방이고 금이며, 임壬과 계癸는 북방이고 수에 속한다.[25]

천간	갑	을	병	정	무	기	경	신	임	계
수	1	2	3	4	5	6	7	8	9	10
오행	목	목	화	화	토	토	금	금	수	수
음양	양	음	양	음	양	음	양	음	양	음

2) 지지地支의 오행배속

자子는 동물로는 쥐[鼠]이고 오행으로는 수에 해당하며, 축丑은 동물로는 소[牛]이고 토에 해당하며, 인寅은 동물로는 범[虎]이고 목에 해당하며, 묘卯는 동물로는 토끼[兔]이고 목에 해당하며, 진辰은 동물로는 용龍이고 토에 해당하며, 사巳는 동물로는 뱀[蛇]이고 화에 해당하며, 오午는 동물로는 말[馬]이고 화에 해

---

[25] 천간은 순서대로 둘씩 짝을 지어 오행이 정해지되 상생순서이다. 또 그 음양의 나뉨은 양부터 시작하여 번갈아 음양이 갈마든다.

당하며, 미未는 양羊이고 토에 해당하며, 신申은 원숭이[猴]이고 금에 속하며, 유酉는 닭[鷄]이고 금에 속하며, 술戌은 개[犬]이고 토에 해당하며, 해亥는 돼지[猪]이고 수에 해당한다.

지지	자	축	인	묘	진	사	오	미	신	유	술	해
수	1	2	3	4	5	6	7	8	9	10	11	12
오행	수	토	목	목	토	화	화	토	금	금	토	수
음양	양	음	양	음	양	음	양	음	양	음	양	음

- 지지는 순서대로 둘씩 짝을 지어 오행이 정해지되, 그 사이 사이에 토가 끼어들어 조절작용을 한다. 또 그 음양의 나뉨은 천간과 마찬가지로 양부터 시작하여 번갈아 음양이 갈마든다.
- 목에 해당하는 인·묘월[음 1,2월]은 목기운이 왕한 목왕지절木旺之節이라 하고, 화에 해당하는 사·오월[음 4,5월]은 화기운이 왕한 화왕지절火旺之節이라고 하며, 금에 해당하는 신·유월[음 7,8월]은 금기운이 왕한 금왕지절金旺之節이라 하고, 수에 해당하는 해·자월[음 10,11월]은 수기운이 강한 수왕지절水旺之節이라고 하며, 토에 해당하는 축·진·미·술월[음 12,3,6,9월]은 토기운이 강한 토왕지절土旺之節이라고 한다.
- 봄[인·묘·진] 여름[사·오·미] 가을[신·유·술] 겨울[해·자·축]이 각기 90일씩이나, 각 계절 사이에 중재역할을 하는 토왕지절[진·미·술·축] 18일을 빼면 각기 72일이 된다. 따라서 오행이 각기 72일을 고르게 주관하게 된다.

2부. 기본적인 개념

2부. 기본적인 개념

1. 괘를 짓고 동효를 얻는 법

　매화역수는 괘를 짓고, 괘 안에서 주인이 되는 체[체괘]와 그와 상응하는 용[용괘, 내호괘, 외호괘, 변괘]과의 생하고 극하며 비화하는 관계를 설정하여 길흉을 판단한다. 물론 단순히 체와 용의 관계를 살피는 것에 그치지 않고, 점칠 당시의 상황에 대한 느낌[外應 : 기쁜 표정, 슬픈 소리, 계절, 처한 상황] 등 점칠 때의 느낌 및 조짐을 고려해서 판단한다.

　따라서 먼저 괘를 짓는 방법을 알아야 하고, 체와 용을 나누어야 하며, 체와 용을 오행에 배속시켜 그 생하고 극함을 판단해야 한다. 구체적인 방법은 뒤에서 설명하고, 여기서는 괘를 짓는 법과 동효를 잡는 법을 연습한다.

1〕 주역의 괘수周易卦數

　매화역수에 있어서 괘수卦數는, 팔괘가 만들어진 순서를 중시하여 선천팔괘의 숫자를 사용한다.
　즉 건금乾金은 1이고, 태금兌金은 2이며, 리화離火는 3이고, 진목震木은 4이며, 손목巽木은 5이고, 감수坎水는 6이며, 간토艮土는 7이고, 곤토坤土는 8이다.[1]

건 ☰	태 ☱	리 ☲	진 ☳	손 ☴	감 ☵	간 ☶	곤 ☷
1	2	3	4	5	6	7	8

2〕 점하는 마음법占法

　주역의 비밀은 천지를 연구하는데 있으니
　조화와 천기天機를 미리 알려주는 것이고
　그 중에서 신명神明의 복과 화를 주는 것이니
　뒤에 배우는 사람들은 함부로 전하지 말아야 한다.

---

[1] 대성괘〔64괘〕의 이름과 구별하고 또 점해석의 이해를 돕기 위해, 소성괘〔팔괘〕를 표현할 때는 소성괘의 이름 뒤에 해당하는 오행〔목화토금수〕을 붙였다. 이하 모두 이 원칙을 따른다.

3) 완미하는 법玩法2

한가지 물건은 하나의 몸이 있고
그 한 몸에는 건금☰과 곤토☷가 있으니
만물이 나의 몸안에 갖추어져 있는 것을 알면
삼재三才가 따로이 뿌리를 내릴 것이다.

하늘은 한 가운데를 향하여 조화가 나뉘고
사람은 마음 위에서 경륜을 일으킨다.

선인仙人이 또한 두어 가지 말을 했으니
도는 헛되이 전해지지 않으며 단지 사람에게 달려 있을 뿐이다.3

---

2 모든 만물은 팔괘로써 표현될 수 있고, 팔괘로써 표현된 만물은 팔괘의 특성 및 오행생극에 의해 그 길흉 및 상황에 대한 정보를 알 수 있다. 이렇게 사물의 정보를 알 수 있도록 한 매화역수는 천기天機를 알려주는 심법心法이라하여 사람에게서 사람으로만 전해졌으므로, 도가 헛되이 전해지지 않았다고 한 것이다.

3 하늘과 땅의 조화를 사람이 경륜을 쌓아 해석하는 것이다. 또 점은 마음에 따라 해석이 다르니, 마음을 수양하는 것이 중요하다.

4) 괘의 수卦數를 일으키는 법

어떤 사물이나 일을 수로써 환산하여 괘를 짓되, 8이 넘으면 8로 나눈 나머지를 사용한다〔괘는 모두 8가지가 있다〕. 따라서 괘를 일으키는데는 수의 다소를 상관하지 않는다. 또 숫자를 괘로 환산할 때는 선천팔괘의 숫자를 쓴다.

- 즉 숫자가 1이 나왔을 경우는 건금〔☰ 一乾天〕으로,
- 2가 나왔을 경우는 태금〔☱ 二兌澤〕으로,
- 3이 나왔을 경우는 리화〔☲ 三離火〕로,
- 4가 나왔을 경우는 진목〔☳ 四震雷〕으로,
- 5가 나왔을 경우는 손목〔☴ 五巽風〕으로,
- 6이 나왔을 경우는 감수〔☵ 六坎水〕로,
- 7이 나왔을 경우는 간토〔☶ 七艮山〕로,
- 8이 나왔을 경우는 곤토〔☷ 八坤地〕로 괘를 짓는다.

숫자가 8이 넘을 경우는 8로 나누어 남은 나머지를 사용하는데, 9가 나왔을 경우는 8로 나눈 나머지 1을 사용하므로 건금乾金으로, 10일 경우는 8로 나눈 나머지 2를 사용해 태금兌金으로, …, 16일 경우는 8로 나누고 남은 나머지 8〔0〕을 사용해 곤토坤土로, …, 20일 경우는 8로 나누고 남은 나머지 4를 사용해 진목震木으로 삼는 등, 그 나온 수가 아무리 많아도 같은 방법을 적용한다.[4]

※ 숫자와 괘의 대응표

괘명	숫자										
건 ☰	1	9	17	25	33	41	49	57	65	73	81	89	…
태 ☱	2	10	18	26	34	42	50	58	66	74	82	90	…
리 ☲	3	11	19	27	35	43	51	59	67	75	83	91	…
진 ☳	4	12	20	28	36	44	52	60	68	76	84	92	…
손 ☴	5	13	21	29	37	45	53	61	69	77	85	93	…
감 ☵	6	14	22	30	38	46	54	62	70	78	86	94	…
간 ☶	7	15	23	31	39	47	55	63	71	79	87	95	…
곤 ☷	8	16	24	32	40	48	56	64	72	80	88	96	…

2 기본적인 개념

4 하늘과 땅의 조화를 사람이 경륜을 쌓아 해석하는 것이다. 또 점은 마음에 따라 해석이 다르니, 마음을 수양하는 것이 중요하다.

5) 동효를 얻는 법[5]

동효는 체와 용을 결정하고, 아울러 변괘變卦를 알게하는 중요한 요소이다.

- 동효를 정할 때
- 1이 나오면 초효[1효]가 동한 것으로,
- 2가 나오면 2효가 동한 것으로,
- 3이 나오면 3효가 동한 것으로,
- 4가 나오면 4효가 동한 것으로,
- 5가 나오면 5효가 동한 것으로,
- 6이 나오면 상효[6효]가 동한 것으로 판단한다.[6]

여기서도 숫자가 6을 넘을 경우는, 한 괘에 모두 여섯 효가 있으므로 6으로써 나눈다. 즉 7일 경우는 6으로 나누고 난 나머지 1을 사용해 초효가 동한 것으로, 8일 경우는 6으로 나눈 나머지 2를 사용해 2효가 동한 것으로, …, 12일 경우는 6으로 나누고 난 나머지 6[0]을 사용해 상효가 동한 것으로, …, 23일 경우는 6으로 나눈 나머지 5를 사용해 5효가 동한 것으로 판단하는 등,

---

[5] 동효動爻란 효가 움직였다는 뜻이다. 움직이지 않으면 길하고 흉함도 없지만, 움직이면 그 행동의 잘잘못에 따라 길흉이 정해진다. 따라서 점을 칠 때는 동효가 중요하다. 동효에 따라 길흉이 판가름나기 때문이다. 효가 움직이면 양효는 음효로 변하고 음효는 양효로 변하기 때문에 동효를 변효變爻라고도 한다.

[6] 여기에서 6으로 나누어 떨어질 때, 즉 나머지가 0일 경우에는 나머지가 6인 것으로 계산한다.

아무리 숫자가 많더라도 같은 방법을 적용한다.

괘를 지을 때 8로 나누기 전의 총수에 시간에 해당하는 수[時數]를 더한 후, 이 수를 6으로 나눈 나머지를 동효로 삼는다. 물론 6이 안될 경우는 나눌 필요가 없다.

※ 숫자와 동효의 대응표

동효	숫자											
초효	1	7	13	19	25	31	37	43	49	55	61	67	…
2효	2	8	14	20	26	32	38	44	50	56	62	68	…
3효	3	9	15	21	27	33	39	45	51	57	63	69	…
4효	4	10	16	22	28	34	40	46	52	58	64	70	…
5효	5	11	17	23	29	35	41	47	53	59	65	71	…
상효	6	12	18	24	30	36	42	48	54	60	66	72	…

동한 효가 양효일 경우는 양효가 음효로 변하고, 음효일 경우는 음효가 양효로 변한다.

호괘는 초효와 상효를 뺀 중간의 네 효로 만든다.[7] 호괘를 활용할 때는 소성괘로만 사용할 뿐 대성괘를 만들 필요는 없다.

---

[7] 이효·삼효·사효로 괘를 지은 것이 내호괘이고, 삼효·사효·오효로 괘를 지은 것이 외호괘이다.

2. 괘를 일으키는 법

괘를 일으키는 법에는 여러가지가 있다. 숫자를 먼저 얻은 후 이를 바탕으로 괘를 짓는 방법을 선천[先天 : 선천의 방법]이라 하고, 괘를 일으킨 후 이를 바탕으로 수를 얻는 방법을 후천[後天 : 후천의 방법]이라고 한다. 수와 괘와의 상관관계를 알고, 사물의 형상 및 특징과 괘와의 상관관계를 아는 것은 괘를 짓고 해석하는데 꼭 필요하다. 여기서는 여러 가지 괘를 일으키는 방법을 간단히 예시하여 개념만을 익히게 하였다.

1] 연월일시의 수로 괘를 일으키는 법

연월일의 수를 합해서 상괘로 삼고, 연월일의 수에 시를 더한 수를 하괘로 삼으며, 연월일시를 모두 더한 수[하괘의 수]를 6으로 나눈 나머지를 동효로 삼는다.

- 년수年數 : 자子년은 1이고, 축丑년은 2, …, 해亥년은 12가 된다.
- 월수月數 : 정월은 1이고, 2월은 2, …, 12월은 12가 된다.
- 일수日數 : 1일은 1이고, 2일은 2, …, 30일은 30이 된다.[8]
- 시수時數 : 자시는 1이고, 축시는 2, …, 해시는 12가 된다.[9]

❖ 병자년 음력 9월 20일 오후 4시로 괘를 짓는다면, 먼저 연월일시의 수를 구한다.

- 년수 : 병자년의 수가 1이므로 1이다.
- 월수 : 9월의 수는 9이므로 9이다.
- 일수 : 20일의 수는 20이므로 20이다.
- 시수 : 오후 3시부터 5시까지는 신시申時이므로 9가 된다[시간지지 숫자 환산표 참조].
- 상괘수와 상괘 : 년수[1]+월수[9]+일수[20]=30이 된다. 30을 8로 나누면 나머지가 6이 되므로, 상괘는 감수[六坎水 ☵]가 된다.
- 하괘수와 하괘 : 상괘수[30]+시수[9]=39가 된다. 39를 8로 나누면 나머지가 7이 되므로, 하괘는 간토[七艮山 ☶]가 된다.
- 동효 : 총수[39]를 6으로 나누면 나머지가 3이 되므로, 3효가 동한 것이 된다.
- 득괘得卦 : 따라서 본괘는 수산건괘[水山蹇 ䷦]가 되고, 지괘는 수산건괘의 3효가 동한 수지비괘[水地比 ䷇]가 된다.

---

8   이상의 연월일수를 모두 더해서 8로 나누고 난 나머지를 상괘로 삼는다.
9   앞서 구한 연월일수에 시간수를 더한 수[총수]를 8로 나눈 나머지로 하괘를 삼는다.

※ 숫자와 연월일시의 대응표

숫자	1	2	3	4	5	6	7	8	9	10	11	12	13	…
년	자	축	인	묘	진	사	오	미	신	유	술	해		
월	1월	2	3	4	5	6	7	8	9	10	11	12		
일	1일	2	3	4	5	6	7	8	9	10	11	12	13	…
시	자	축	인	묘	진	사	오	미	신	유	술	해		

※ 시간 지지地支 숫자 환산표

숫자	1	2	3	4	5	6	7	8	9	10	11	12
시간	23~1	1~3	3~5	5~7	7~9	9~11	11~13	13~15	15~17	17~19	19~21	21~23
지지	자	축	인	묘	진	사	오	미	신	유	술	해

: 원래는 23시 30분부터 1시 30분까지가 자시이고, 그 나머지 시도 30분씩 늦추는 것이 맞지만, 이 도표에서는 편의상 30분씩을 염두에 두지 않았다.

※ 간지干支 숫자 환산표

1	2	3	4	5	6	7	8	9	10	11	12
갑자	을축	병인	정묘	무진	기사	경오	신미	임신	계유	갑술	을해
병자	정축	무인	기묘	경진	신사	임오	계미	갑신	을유	병술	정해
무자	기축	경인	신묘	임진	계사	갑오	을미	병신	정유	무술	기해
경자	신축	임인	계묘	갑진	을사	병오	정미	무신	기유	경술	신해
임자	계축	갑인	을묘	병진	정사	무오	기미	경신	신유	임술	계해

: 위 도표에서 첫째칸, 즉 갑자·병자·무자·경자·임자는 그 숫자가 1이다. 다른 칸도 이와 같이 계산한다.

주역점해 매화역수

【1】괘환산표

상괘	하괘	괘명		페이지	상괘	하괘	괘명		페이지
1	1	중천건	重天乾	85	5	1	풍천소축	風天小畜	141
1	2	천택리	天澤履	148	5	2	풍택중부	風澤中孚	505
1	3	천화동인	天火同人	169	5	3	풍화가인	風火家人	337
1	4	천뢰무망	天雷无妄	253	5	4	풍뢰익	風雷益	372
1	5	천풍구	天風姤	386	5	5	중풍손	重風巽	477
1	6	천수송	天水訟	120	5	6	풍수환	風水渙	491
1	7	천산돈	天山遯	309	5	7	풍산점	風山漸	449
1	8	천지비	天地否	162	5	8	풍지관	風地觀	218
2	1	택천쾌	澤天夬	379	6	1	수천수	水天需	113
2	2	중택태	重澤兌	484	6	2	수택절	水澤節	498
2	3	택화혁	澤火革	421	6	3	수화기제	水火旣濟	519
2	4	택뢰수	澤雷隨	197	6	4	수뢰둔	水雷屯	99
2	5	택풍대과	澤風大過	274	6	5	수풍정	水風井	414
2	6	택수곤	澤水困	407	6	6	중수감	重水坎	281
2	7	택산함	澤山咸	295	6	7	수산건	水山蹇	351
2	8	택지취	澤地萃	393	6	8	수지비	水地比	134
3	1	화천대유	火天大有	176	7	1	산천대축	山天大畜	260
3	2	화택규	火澤睽	344	7	2	산택손	山澤損	365
3	3	중화리	重火離	288	7	3	산화비	山火賁	232
3	4	화뢰서합	火雷噬嗑	225	7	4	산뢰이	山雷頤	267
3	5	화풍정	火風鼎	428	7	5	산풍고	山風蠱	204
3	6	화수미제	火水未濟	526	7	6	산수몽	山水蒙	106
3	7	화산려	火山旅	470	7	7	중산간	重山艮	442
3	8	화지진	火地晋	323	7	8	산지박	山地剝	239
4	1	뇌천대장	雷天大壯	316	8	1	지천태	地天泰	155
4	2	뇌택귀매	雷澤歸妹	456	8	2	지택림	地澤臨	211
4	3	뇌화풍	雷火豐	463	8	3	지화명이	地火明夷	330
4	4	중뢰진	重雷震	435	8	4	지뢰복	地雷復	246
4	5	뇌풍항	雷風恒	302	8	5	지풍승	地風升	400
4	6	뇌수해	雷水解	358	8	6	지수사	地水師	127
4	7	뇌산소과	雷山小過	512	8	7	지산겸	地山謙	183
4	8	뇌지예	雷地豫	190	8	8	중지곤	重地坤	92

* 위 표는 작괘를 한 후 상하괘의 숫자를 대입하여 괘를 찾는 방법이다.
예를 들어 상괘가 5, 하괘가 4가 나왔다면, 괘명은 풍뢰익, 372페이지에 설명이 있다.
(위의 페이지는 주역점해 기준)

【2】 간지 숫자 환산표

1	2	3	4	5	6	7	8	9	10	11	12
갑자	을축	병인	정묘	무진	기사	경오	신미	임신	계유	갑술	을해
병자	정축	무인	기묘	경진	신사	임오	계미	갑신	을유	병술	정해
무자	기축	경인	신묘	임진	계사	갑오	을미	병신	정유	무술	기해
경자	신축	임인	계묘	갑진	을사	병오	정미	무신	기유	경술	신해
임자	계축	갑인	을묘	병진	정사	무오	기미	경신	신유	임술	계해

【3】 시간 地支 숫자 환산표

숫자	1	2	3	4	5	6	7	8	9	10	11	12
시간	23~1	1~3	3~5	5~7	7~9	9~11	11~13	13~15	15~17	17~19	19~21	21~23
지지	자	축	인	묘	진	사	오	미	신	유	술	해

【4】 팔괘 숫자 환산표

괘명	오행	숫자
건(☰)	陽金	1
태(☱)	陰金	2
리(☲)	火	3
진(☳)	陽木	4

괘명	오행	숫자
손(☴)	陰木	5
감(☵)	水	6
간(☶)	陽土	7
곤(☷)	陰土	8

【5】 후천변수표

대정수	1	2	3	4	5	6	7	8	9
후천변수	7	2	6	3	4	5	7	8	1

대유학당 도서목록 **주역**▌주역입문, 대산주역강의, 대산주역강해, 주역전의대전역해, 주역인해 **주역활용**▌황극경세, 하락리수, 매화역수, 대산주역점해, 주역점 비결, 육효증산복역, 대산석과, 우리의 미래, 팔자의 시크릿, 시의적절 주역이야기, 초씨역림, 팔자의 시크릿 **자미두수**▌별자리로 운명 읽기 1,2, 자미두수입문, 자미두수전서, 중급자미두수123, 실전자미두수, 자미심전1,2 **육임**▌육임입문123, 육임실전, 육임필법부, 대육임직지 **음양오행**▌어디 역학공부 좀 해 볼까?, 운명 사실은 나도 그게 궁금했어, 오행대의, 연해자평, 기문둔갑신수결, 동이음부경강해 **전문가용 프로그램**▌하락리수, 자미두수, 육임

대유학당 02-2249-5630

대유학당 후원회원 모집

동양학의 보급과 발전에 힘써 온 대유학당에서 후원회원을 모집합니다.
더 좋은 강의와 도서로 보답하겠습니다. 유튜브·블로그 : '대유학당'으로 검색하세요.

1년 회비 100,000원   02-2249-5630
◎계좌 국민 805901-04-370471 (주)대유학당

회원특전
① 대유학보 1년분 / ② 개인운세력 / ③ 도서할인 20%
④ 프로그램할인 20% / ⑤ 수강료 할인 20%
⑥ 택일만력 증정 ⑦ 손에 잡히는 주역점비결 증정

대유학당 후원회원

개인운세력

개인운세력은 하락리수를 바탕으로 각자의 사주에 맞게 제작한 달력입니다. 항상 곁에 두고 살펴, 길한 날은 적극적으로 행동하고, 흉한 날은 조심한다면 웃을 일이 많아질 것입니다.

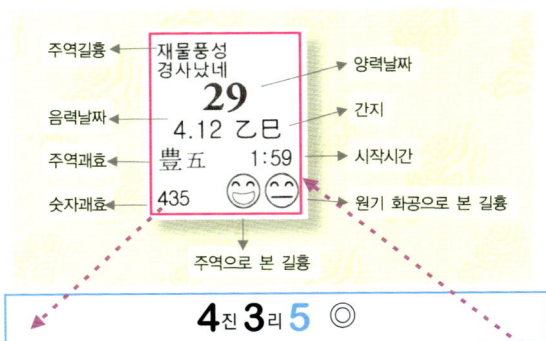

운세의 자세한 설명은 『주역점비결』에 나온 소망, 사업, 개업, 승진, 시험, 혼인, 출산, 매매, 재수, 소송, 출마, 증권, 여행, 가출, 실물, 질병, 기후, 의상, 음식, 사람, 장소의 21가지 항목을 참고한다.

4진 3리 5 ◎

소망 크게 이룬다.
사업 능력 있고 어진 사람을 영입하여 진전 된다.
개업 길하다. 앞날이 밝다.
승진 된다. 혹 좋은 사람의 추천으로 된다.
시험 합격이다.
혼인 좋은 혼처를 소개받는다.
출산 남아를 낳는다.
매매 성립된다.
재수 크게 얻는다.
소송 점차 유리해진다. 현명한 변호사를 선임하면 더욱 좋다.
출마 당선된다.

증권 공급량이 적어서 오른다.
여행 길하다.
가출 서쪽에 있다.
실물 서쪽에 있다.
질병 안면, 특히 눈이 안 좋아진다.
기후 흐리고 가끔 비 내린다.
의상 청록색과 흰색, 소박한 옷, 겸손하지만 위엄 있는 옷, 잘 재단된 옷.
음식 채소 겉절이, 물고기 회, 양고기, 매운맛.
사람 지원자, 배우자, 초대해서 만나는 능력 있는 사람.
장소 서방, 바닷가, 호수주변, 변두리 오지, 서향집, 밝고 환한 곳.

▲ 개인운세력 예시

개인운세력 보는 법

① 얼굴 위의 숫자는 그날의 운세 시작하는 시간이자, 그 전날 운세가 끝나는 시간이다. 예를 들어 5월 29일에 '1:59'이고 30일에 '2:55'라면 29일의 운세는 새벽 1시 59분에 시작해서 30일 새벽 2시 54분에 끝난다.
② 좌측 상단의 여덟 글자는 그 날의 주역운세를 요약해서 표현한 것이다.
③ 좌측 하단에 숫자가 세 자리로 되어 있는데, 예를 들어 '123'이면 상괘수는 1건天이고, 하괘수는 2태澤이고, 동효수는 3이므로 삼효동이다(괘환산표에서 가로로 1, 세로로 2가 만나면 천택리괘이다). 그러므로 천택리괘 3효가 동한 것이 된다.
④ 운세력의 길흉은 먼저 괘효를 보고, 두 번째로 화공과 원기를 본다. 왼쪽의 얼굴이 괘효의 길흉을 뜻하고, 오른쪽의 얼굴이 화공과 원기로 본 길흉이다. 원기는 윗사람의 도움, 화공은 동년배와 아랫사람의 도움을 뜻한다.
⑤ 길흉은 다음과 같이 다섯 단계(😊→🙂→😐→☹️→😣)로 되어 있다.
⑥ 😊😊 두 얼굴 모두 좋으면 하는 일이 잘 풀린다.
⑦ 😊☹️ 왼쪽 얼굴은 좋고 오른쪽 얼굴이 나쁘면 보통이다. 혹 생각지 않은 실수나 잘못이 생긴다.
⑧ ☹️😊 왼쪽 얼굴이 나쁘고 오른쪽 얼굴이 좋으면, 막히다가도 풀릴 기회가 생긴다.
⑨ ☹️☹️ 두 얼굴 모두 나쁘면 조심하고 또 조심해야 한다.

괘환산표

상괘 하괘	1건 天	2태 澤	3리 火	4진 雷	5손 風	6감 水	7간 山	8곤 地
1건 天	중천건	택천쾌	화천대유	뇌천대장	풍천소축	수천수	산천대축	지천태
2태 澤	천택리	중택태	화택규	뇌택귀매	풍택중부	수택절	산택손	지택림
3리 火	천화동인	택화혁	중화리	뇌화풍	풍화가인	수화기제	산화비	지화명이
4진 雷	천뢰무망	택뢰수	화뢰서합	중뢰진	풍뢰익	수뢰둔	산뢰이	지뢰복
5손 風	천풍구	택풍대과	화풍정	뇌풍항	중풍손	수풍정	산풍고	지풍승
6감 水	천수송	택수곤	화수미제	뇌수해	풍수환	중수감	산수몽	지수사
7간 山	천산돈	택산함	화산려	뇌산소과	풍산점	수산건	중산간	지산겸
8곤 地	천지비	택지취	화지진	뇌지예	풍지관	수지비	산지박	중지곤

● **대유학당 도서목록** 주역 ▮ 주역입문, 대산주역강의, 주역전의대전역해, 주역인해 **주역활용** ▮ 황극경세, 하락리수, 매화역수, 대산주역점해, 주역점 비결, 육효증산복역, 시의적절 주역이야기, 팔자의 시크릿, 초씨역림 **음양오행** ▮ 오행대의, 어디 역학공부좀 해 볼까?, 운명 사실은 나도 그게 궁금했어, 연해자평, 이것이 홍국기문이다 1~2, 박창원의 구성학 강의 **전문가용 프로그램** ▮ 하락리수, 자미두수, 육임

● **서적구매** www.daeyou.or.kr   ● **주소** 서울 성동구 아차산로 17길 48 SK V1 센터 1동 814호
● **대유학당 블로그** https://blog.naver.com/daeyoudang

2) 물건의 수로 괘를 일으키는 법 物數占

 물건의 갯수를 헤아려 상괘수로 삼고, 여기에 시간수를 더한 총수를 하괘수로 삼는다. 또 총수를 6으로 나눈 나머지를 동효로 삼는다.

> 물건의 갯수 : 상괘수.
> 물건의 갯수+시간수 : 하괘수[총수].
> 총수÷6의 나머지 : 동효

❖ **물건의 갯수가 5개이고, 오전 7시 40분에 점을 쳤다면,**

- ① 상괘수와 상괘 : 물건의 갯수가 5이므로 상괘수는 5이다. 따라서 상괘는 손목[五巽風 : ☴]이 된다.
- ② 하괘수와 하괘 : 오전 7시 40분은 진시辰時에 해당하므로, 그 수는 5이고, 앞서의 상괘수[5]와 합하면 10이다. 8을 넘으므로 8로 나누면 나머지가 2가 된다. 따라서 하괘는 태금[二兌澤 ☱]이 된다.
- ③ 동효 : 앞서 구한 하괘수[10]를 6으로 나눈 나머지가 4이므로, 4효가 동한 것이다.
- ④ 득괘得卦 : 따라서 본괘는 풍택중부괘[風澤中孚 ䷼]가 되고, 지괘는 풍택중부괘 4효가 동한 천택리괘[天澤履 ䷉]가 된다.

3) 소리의 수로 괘를 일으키는 법〔聲音占〕10

　소리의 수를 세어서 상괘로 삼고, 여기에 시간수를 더한 총수를 하괘로 삼는다. 또 총수를 6으로 나눈 나머지를 동효로 삼는다.

❖ **오전 10시 20분에 북을 치는 소리가 10번 울렸다면,**

- ① 상괘수와 상괘 : 북을 치는 소리가 10번이므로 상괘수는 10이 되고, 10을 8로 나눈 나머지가 2이므로 상괘는 태금〔二兌澤 ☱〕이 된다.
- ② 하괘수와 하괘 : 오전 10시 20분은 사시巳時에 해당하고 숫자는 6이므로, 앞서의 상괘수와 합한 16이 하괘수가 된다. 16을 8로 나누면 나머지가 8〔0〕이 되므로, 곤토〔八坤地 ☷〕가 하괘가 된다.
- ③ 동효 : 하괘수〔총수 : 16〕를 6으로 나눈 나머지가 4이므로, 4효동이 된다.
- ④ 득괘得卦 : 본괘는 택지취괘〔澤地萃 ䷬〕가 되고, 택지취괘 4효가 동한 수지비괘〔水地比 ䷇〕가 지괘이다.

---

10 여기서 성음이라 하면, 동물의 울음소리나 손뼉치는 소리, 두드리는 소리 등을 말한다.

4) 글자의 수로 괘를 일으키는 법〔字占〕11

글자의 획수를 세어서 점을 하는 방법이다. 글자수가 둘로 나누어질 경우는12 고르게 반으로 나눈 후, 앞의 글자를 상괘로 삼고, 뒤의 글자를 하괘로 삼는다.

만약 자수가 고르지 못할 경우는13 하늘은 맑고 가볍다는 뜻에서 적은 수를 상괘로 삼고, 땅은 무겁고 탁하다는 뜻에서 많은 수를 하괘로 삼는다.

① 글자수가 하나일 경우

글자수가 하나일 경우는 태극이 아직 음양으로 나뉘기 전과 같아서, 글자를 나누어 보아야 하는데, 초서草書일 경우는 글자를 나눌 수가 없기 때문에 괘를 얻을 수 없다. 그러나 해서楷書일 경우는 둘로 나누어 좌측에 있거나 좌측을 향한 획의 획수를 상괘로 삼고〔좌측을 양으로 본다〕, 우측에 있거나 우측을 향한 획수를 하괘로 삼는다〔우측을 음으로 본다〕.14

또 좌우측의 획수를 모두 합해서 6으로 나눈 후 나머지를 동효로 삼는다.

---

11 글자의 수로 괘를 일으키는 법에서 동효를 잡을 때는, 상괘수와 하괘수를 합한 수에 시수時數를 더해서 6으로 나눈 나머지로 잡는 방법과, 단순히 상괘수와 하괘수를 합한 수를 6으로 나눈 나머지를 동효로 잡는 두 가지 방법이 있다.

12 짝수 : 두 글자나 네 글자 등.

13 홀수 : 세 글자나 다섯 글자 등.

14 亻, ノ 등은 좌측획이 되고, 一, 乀, 丶, 乙 등은 우측획이 된다.

❖ 人〔사람 인〕 자로 괘를 짓는다면,

- ① 상괘수와 상괘 : 왼쪽으로 내려 그은 'ノ'는 1획이므로 상괘수는 1이고, 상괘는 건금〔一乾天 ☰〕이 된다.
- ② 하괘수와 하괘 : 오른쪽으로 그은 'ヽ'는 1획이므로 하괘수는 1이고, 하괘는 건금〔一乾天 ☰〕이 된다.
- ③ 동효 : 상괘수〔1〕와 하괘수〔1〕를 합하면 2가 되므로, 2효가 동한 것이다.[15]
- ④ 득괘得卦 : 따라서 본괘는 중천건괘〔重天乾 ䷀〕이고, 지괘는 중천건괘의 2효가 동한 천화동인괘〔天火同人 ䷌〕이다.

② 글자수가 둘일 경우

글자수가 둘일 경우는 태극에서 양의兩儀로 나뉜 것이다. 한 글자는 상괘로 삼고, 다른 한 글자는 하괘로 삼는다.

❖ 人間인간의 두 글자로 괘를 짓는다면,

- ① 상괘수와 상괘 : 왼쪽의 사람 인人자는 두 획이므로 상괘수는 2이고, 상괘는 태금〔二兌澤 ☱〕이 된다.
- ② 하괘수와 하괘 : 오른쪽의 사이 간間자는 16획〔曲劃 포함〕[16] 이므로 하괘수는 16이고, 하괘는 곤토〔八坤地 ☷〕가 된다〔16을

---

15 보다 정확한 점을 하려면 하괘수에 시수를 더한 수로 하괘를 정하고 동효도 정해야 한다. 이하 마찬가지로 푼다.

16 곡획曲劃 : 구부러진 획수라는 뜻으로, 한 번이라도 꺾어지거나 삐친 획을 뜻한다. 글자점을 칠 때는 일반적인 획수를 쓰지 않고, 곡획도 포함한 획수를 쓴다.

8로 나누면 나머지가 8].

- ③ 동효 : 상괘수〔2〕와 하괘수〔16〕를 합하면, 18이 되므로 상효〔6효〕가 동한 것이다〔18을 6으로 나누면 나머지가 6〕.
- ④ 득괘得卦 : 따라서 본괘는 택지취괘〔澤地萃 ䷬〕가 되고, 지괘는 택지취괘의 상효가 동한 천지비괘〔天地否 ䷋〕이다.

③ 글자수가 셋일 경우

글자수가 셋일 경우는 천지인天地人의 삼재三才가 된 것이다. 한 글자는 상괘로 삼고, 나머지 두 글자를 하괘로 삼는다.

❖ 天地人천지인의 세 글자로 괘를 짓는다면,

- ① 상괘수와 상괘 : 첫 글자인 하늘 천天자는 4획이므로 상괘수는 4이고, 상괘는 진목〔四震雷 ䷲〕이 된다.
- ② 하괘수와 하괘 : 중간의 따 지地자는 10획〔曲劃포함〕이고, 끝의 사람 인人자는 두 획이므로 하괘수는 12〔10+2〕가 되며, 하괘는 진목〔四震雷 ䷲〕이 된다〔12를 8로 나누면 나머지가 4〕.
- ③ 동효 : 상괘수〔4〕와 하괘수〔12〕를 합하면, 16이 되므로 사효가 동한 것이다〔16을 6으로 나누면 나머지가 4〕.
- ④ 득괘得卦 : 따라서 본괘는 중뢰진괘〔重雷震 ䷲〕가 되고, 지괘는 중뢰진괘의 사효가 동한 지뢰복괘〔地雷復 ䷗〕이다.

④ 글자수가 넷일 경우

글자수가 넷일 경우는 사상四象이 된 것이다. 둘로 나누어서 각기 상하괘로 삼는다. 또 네 자 이상일 경우는 획수를 셀 필요없이, 평측平仄성음으로써 점을 한다. 즉 평성일 경우는 1, 상성일 경우는 2, 거성일 경우는 3, 입성일 경우는 4로 계산한다.[17]

❖ 四象平仄 **사상평측**의 네 글자로 괘를 짓는다면,

- ① 상괘수와 상괘 : 앞의 두 글자로 상괘를 짓는다. 넉 사四자는 거성이고[3] 코끼리 상象자는 상성[2]이므로, 이 두 글자의 평측성음수를 합하면 5가 된다. 따라서 상괘수는 5이고, 상괘는 손목[五巽風 ☴]이 된다.
- ② 하괘수와 하괘 : 뒤의 두 글자로 하괘를 짓는다. 평평할 평平자는 평성[1]이고 기울 측仄자는 입성[4]이므로, 이 두 글자의 평측성음수를 합하면 5가 된다. 따라서 하괘수는 5이고, 하괘는 손목[五巽風 ☴]이 된다.
- ③ 동효 : 상괘수[5]와 하괘수[5]를 합하면 10이 되므로 4효가 동한 것이다[10을 6으로 나누면 나머지가 4].
- ④ 득괘得卦 : 따라서 본괘는 중풍손괘[重風巽 ䷸]가 되고, 지괘는 중풍손괘의 4효가 동한 천풍구괘[天風姤 ䷫]이다.

⑤ 글자수가 다섯일 경우

다섯자는 오행五行이 된다. 앞의 두 자를 상괘로 삼고, 나머지

---

17 평측성음은 옥편에 글자마다 표시되어 있다.

세자는 하괘로 삼는다.

⑥ 글자수가 여섯일 경우

여섯자는 육효六爻가 된다. 똑같이 둘로 나누어 각기 상하괘로 삼는다.

⑦ 글자수가 일곱일 경우

일곱자는 칠정七政이 된다. 앞의 세 자를 상괘로 삼고, 나머지 네 자를 하괘로 삼는다.

⑧ 글자수가 여덟일 경우

여덟 자는 팔괘八卦가 된다. 똑같이 둘로 나누어 각기 상하괘를 삼는다.

⑨ 글자수가 아홉일 경우

아홉 자는 9주九疇가 된다. 앞의 네 자를 상괘로 삼고, 나머지 다섯 자를 하괘로 삼는다.

⑩ 글자수가 열일 경우

열 글자는 성수成數가 된다. 똑같이 둘로 나누어 각기 상하괘를 삼는다.

⑪ 글자수가 열하나일 경우

열한 자 이상부터 100자까지 모두 괘를 지을 수 있다. 다만 열한 자 이상은 평측平仄성음으로 하는 것이 아니라, 단지 글자수만 세어서 점을 한다.

❖ 大山周易講解 編解梅花易數 大有學堂刊**의 17자로 괘를 짓는다면,**
- ① 상괘수와 상괘 : 17은 8과 9로 나누어지므로, 적은 수인 8이 상괘수가 되고, 상괘는 곤토〔八坤地 ☷〕가 된다.
- ② 하괘수와 하괘 : 큰 수인 9가 하괘수가 되고, 하괘는 건금〔一乾天 ☰〕이 된다〔9를 8로 나누면 나머지가 1이 된다〕.
- ③ 동효 : 상괘수〔8〕와 하괘수〔9〕를 합하면 17이 되므로 5효가 동한 것이다〔17을 6으로 나누면 나머지가 5〕.
- ④ 득괘得卦 : 따라서 본괘는 지천태괘〔地天泰 ䷊〕가 되고, 지괘는 지천태괘의 5효가 동한 수천수괘〔水天需 ䷄〕이다.

5) 장과 척수로 괘를 일으키는 법〔丈尺占〕

　장과 척 등으로 재는 물건으로 점을 칠 경우는, 큰 단위인 장으로 세는 것을 상괘로 삼고, 작은 단위인 척으로 세는 숫자를 하괘로 삼는다. 또 장수와 척수를 합해서 동효로 삼는다.

❖ 10장丈 3척尺의 길이로 괘를 짓는다면,
- ① 상괘수와 상괘 : 큰 단위인 장을 상괘로 삼으므로, 10이 상괘수가 되고, 상괘는 태금〔二兌澤 ☱〕이 된다〔10을 8로 나누면 나머지가 2〕.
- ② 하괘수와 하괘 : 작은 단위인 척이 하괘가 되므로, 3이 하괘수가 되고, 하괘는 리화〔三離火 ☲〕가 된다.
- ③ 동효 : 상괘수〔10〕와 하괘수〔3〕를 합하면 13이 되므로 초효가 동한 것이다〔13을 6으로 나누면 나머지가 1〕.
- ④ 득괘得卦 : 따라서 본괘는 택화혁괘〔澤火革 ䷰〕가 되고, 지괘는 택화혁괘의 초효가 동한 택산함괘〔澤山咸 ䷞〕이다.

6) 척과 촌수로 괘를 일으키는 법〔尺寸物占〕

　큰 단위인 척수를 상괘로 삼고, 촌수를 하괘로 삼는다. 척과 촌의 수를 합한 후 다시 시간수를 합해서 동효를 삼는다.

7) 남을 위해 괘를 일으키는 법〔爲人占〕

사람을 위해 점을 하는 방법은 여러가지다. 혹 말소리를 듣고 점하기도 하고, 인품을 보고 점하기도 하며, 신체의 일부에서, 입은 복장의 모습이나 색깔, 바깥으로 감촉되는 느낌, 연월일시, 점치려는 뜻을 쓴 글을 보고 점치는 등 여러 방법을 쓴다.

① 말소리의 수로 괘를 일으키는 법
- 한 마디를 들으면 자수를 나누어 괘를 짓고, 두 마디를 들으면 먼저 말한 한 마디를 상괘로 나중 말한 한 마디를 하괘로 삼는다. 많은 말을 들었을 때는 처음 말한 한 마디만 쓰거나 제일 끝에 말한 말만 쓴다.

② 인품으로 괘를 일으키는 법
- 할아버지는 건금乾金으로 할머니는 곤토坤土로, 소녀는 태금兌金으로 소남은 간토艮土로 등등의 방법으로 괘를 짓는다.

③ 신체로 괘를 일으키는 법
- 머리가 움직이고 있으면 건금乾金, 발이 움직이면 진목震木, 눈이 움직이고 있으면 리화離火 등으로 괘를 짓는다.

④ 복장으로 괘를 일으키는 법
- 푸른색 옷을 입고 있으면 진목震木, 붉은색 옷을 입고 있으면 리화離火, 검은색 옷을 입고 있으면 감수坎水 등으로 괘를 짓는

다.

⑤ 감촉으로 괘를 일으키는 법
- 눈으로 보고 점을 할 때, 물을 보았으면 감수坎水, 개를 보았으면 간토艮土, 큰 수레를 보았으면 리화離火 등으로 괘를 짓는다.

⑥ 연월일시로 괘를 일으키는 법
- 연월일시의 숫자로 괘를 일으키는 방법으로 뒤에 다시 설명. 〔※ 제8부 선천수작괘법 참조〕

⑦ 그림이나 글씨로 괘를 일으키는 법
- 사람을 만났을 때, 그 사람이 가져온 그림이나 글씨를 보고 점을 하는 방법이다.

8) 자기를 위해 스스로 괘를 일으키는 법

　스스로 점을 하고자 할 때는, 연월일시를 보고 한다든가, 혹 성음聲音을 듣는 다든가, 당시에 상관되는 물건을 보고 괘를 짓는다. 이상의 예는 앞의 남을 위해 점을 칠 때와 같은 방법을 쓴다.

9) 움직이는 물건으로 괘를 일으키는 법

여러 마리가 움직인다면 점을 할 수 없지만, 동물의 움직임과 방위를 이용하여 괘를 짓는다.[18] 동물을 보고 그에 해당하는 상괘를 짓고, 그 동물이 오는 방위를 하괘로 삼는다. 또 동물의 괘수卦數와 방위의 수, 그리고 그때의 시간수를 합해서 동효를 삼는다. 이러한 방법은 후천점後天占에서 말하는 소울음이나 닭울음을 듣고 점을 치는 것과 같은 것이다. 소나 말 개 돼지 등을 처음 낳으면 그 연월일시로 점치고, 매매한 동물이라면 매매한 때로 점을 친다.

10) 그쳐있는 물건으로 괘를 일으키는 법

그쳐있는 물건 즉, 강이나 하천 또는 산이나 바위를 보고는 점을 할 수 없다. 그러므로 집이나 수목을 보고 점을 할 때는, 집을 처음 지었을 때나 수목을 처음 심었을 때 점을 치는 것이다. 그릇을 보고 점을 할 때는 그릇이 처음 만들어졌을 때, 혹은 처음 샀을 때 점을 한다.[19]

---

[18] 후천단법端法은 물건을 상괘로 삼고, 방위를 하괘로 삼되, 물건수와 방위수에 시간수를 합하여 동효를 삼는다.

[19] 이러한 점의 원칙은 연고가 없이 점을 하지 않는다는 것이다. 즉 소강절선생이 매화나무를 보았을 때, 참새가 서로 가지를 놓고 다투다가 땅에 떨어졌다든지, 모란꽃을 보았을 때 무성한 나뭇잎 중의 하나가 말라서 땅에 떨어졌다는 등의 연고가 있어야 시점을 생각해서 점을 할 수 있다.

11) 풍각점風覺占

　풍각점이란 바람 부는 것에 의해 깨닫는 것이다. 바람과 새를 보고 점치는 것을 풍각조점이라고 하는데, 괘를 물건에 의하여 일으키는 것을 통칭한다. 역수易數를 관매점觀梅占이라고 하는 것과 같다.

① **방향**方向

- 바람 부는 것을 보고 점을 하고자 할 때는, 먼저 바람이 불어 오는 방향을 살펴 괘를 짓는다. 또 계절과 색깔을 봄으로써, 그 소리와 함께 풍세風勢를 알아낸 후 길흉을 추단한다. 만약 남방에서 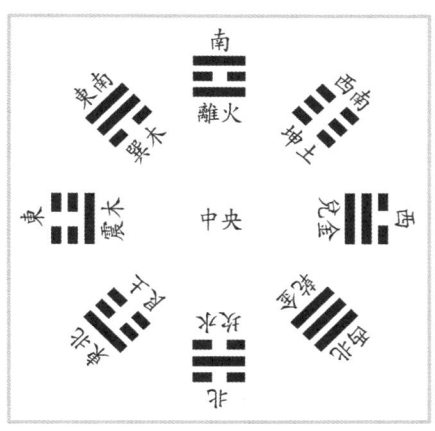 바람이 불어왔다면, 풍화가인괘가 된다. 또 동쪽에서 불어왔다면 풍뢰익괘가 된다.

- 남방은 리화〔離方 ☲〕이고, 바람은 손목〔巽卦 ☴〕에 해당한다. 풍각점에서도 바람이 상괘가 되고 방향이 하괘가 된다. 리화의 방이 바람을 얻었으므로 풍화가인風火家人괘가 되는 것이다.

- 동쪽은 진목〔震方 ☳〕의 방이다. 진방震方에서 바람☴을 얻었으므로 풍뢰익風雷益괘가 된다.

② 계절

- 계절을 살핀다는 말은 사계절에 따른 바람이 다르기 때문이다.
- 즉 봄에 바람이 불었다면, 이는 화창한 바람이다. 여름에 바람이 불었다면, 장양〔長養 : 만물을 무성하게 기름〕하는 바람이다. 가을에 불었다면, 숙살肅殺하는 바람이다. 겨울에 불었다면, 늠렬〔凜冽 : 추위가 살을 에는 듯한 매서움〕한 바람이다.

③ 색깔

- 색깔을 살핀다는 말은 먼지나 노을빛을 띠어서 색이 다른 것을 말한다.
- 즉 누런색을 띠면 상서로운 기운이고, 푸른색을 띠면 길흉이 반반이며, 흰색을 띠면 칼로 인한 살기殺氣이고, 검고 어두우면 흉하며, 같은 붉은색이라도 적赤색을 띠면 재앙이 있고, 홍자紅紫색을 띠면 길하다.

④ 소리와 풍세

- 소리와 풍세를 살핀다는 말은 바람의 세기를 관찰하는 것이다.
- 즉 바람소리가 진중陣中의 마차소리와 같다면 전쟁을 예고하는 것이고, 파도소리와 같다면 놀라는 일이 생기며, 슬픈소리가 나면 근심과 우환이 있고, 음악을 연주하는 것 같으면 즐거운 일이 생기며, 떠드는 소리 같으면 시끄러운 일이 생기고, 맹렬한 불꽃 같으면 큰 화재가 있을 것이며, 소리가 양양洋洋하면서도 서서히 불어오면 길하고도 경사가 있게 된다.

12) 조점鳥占

조점이란 새를 보고 점을 하는 것이다. 여러 마리 새가 있는 것을 보고 그 마릿수를 세며, 그 방소를 살피고, 소리를 들으며, 그 깃털을 살펴 수를 일으켜 괘를 짓는다. 또 새의 이름과 뜻 그리고 우는 형태에 따라 길흉을 추단한다.

① 마릿수

- 마릿수를 살핀다는 것은, 한 마리는 건금〔乾卦 ☰〕, 두 마리는 태금〔兌卦 ☱〕, …, 여덟 마리는 곤토〔坤卦 ☷〕, 아홉 마리는 건금〔乾卦 ☰〕으로 본다는 말이다.

② 방소

- 방소를 살핀다는 말은, 남방은 리화〔離卦 ☲〕, 북방은 감수〔坎卦 ☵〕, 동북방은 간토〔艮卦 ☶〕 등, 후천팔괘방위에 의거한다는 것이다.

③ 소리

- 소리를 듣는다는 것은, 한 번 울면 건금〔乾卦 ☰〕, 두 번 울면 태금〔兌卦 ☱〕, 세 번 울면 리화〔離卦 ☲〕 등으로 본다는 말이다.

④ 우는 형태

- 우는 형태라 하는 것은, 떠들썩하면 구설이 생기고, 슬프면 우환이 생기며, 맑고 밝으면 길하고도 경사가 있게 된다는 말이

니, 이것은 소리로 인해 길흉을 판단하는 것이다.

⑤ 새의 이름 및 뜻

- 이름과 뜻을 살핀다는 것은, 갈가마귀가 울면 재앙이 있고, 까치가 울면 기쁜 일이 있으며, 난새〔鸞 : 봉황의 일종〕나 학은 상서롭고, 물수리〔鶚〕나 복새〔鵩 : 부엉이 종류〕는 요사스러움으로 인한 재앙의 징조를 나타낸다.

13〕 청성음점 聽聲音占

소리를 듣는다는 것은 고요한 방안일 경우, 보이는 바가 없으므로 귀안에 들리는 소리만으로 괘를 짓는 것이다. 혹은 그 수를 헤아려서 그 방소方所를 점치고, 혹은 그 물건이 내는 소리를 듣고 그 소속된 바를 헤아려 괘를 짓되, 소리의 즐거움과 슬픔을 헤아려 길함과 흉함을 판단하여야 한다.

① 소리의 수

- 그 수를 헤아린다는 것은 한 번의 소리는 건금☰에 속하고, 두 번의 소리는 태금☱에 속하는 등이다.

② 방소

- 그 방소를 점친다는 것은 남방에서 들리는 소리는 리화☲이고, 북방에서 들리는 소리는 감수☵로 하는 등이다.

③ 물건이 내는 소리에 따른 소속

- 사람의 언어부터 동물 또는 새의 지저귀는 소리 같은 것은 입에서부터 나오므로 태금☱에 속한다. 그러나 생명이 없는 물건의 두드리는 소리는 대부분 진목☳에 속하며, 판때기나 북을 두드리는 소리가 이에 해당한다. 쇳소리는 건금☰에 속하며, 종소리 징소리 등이 이에 속한다. 불타는 소리는 리화☲에 속하며, 치열하게 타오르는 소리나 폭죽 등이 이에 속한다. 흙소리는 곤토☷에 속하는데, 축대를 쌓는 소리나 집터나 둑을 다지는 소리, 또는 흙이 무너지는 소리[산사태 등] 등이 이에 속한다. 이러한 것들은 그 물건의 소리를 잘 변별해서 그 소속되는 괘를 판단해야 한다.

④ 즐거움과 슬픔을 헤아림

- 그 즐거움과 슬픔을 헤아려 길함과 흉함을 판단하여야 한다는 것은, 사람의 말중에 기뻐하는 소리나 축복하는 소리 또는 오락 등으로 웃는 소리는 길한 소리이고, 사람이 슬프게 우는 소리 원망하는 소리 수심어린 소리 욕하는 소리 탄식하는 소리 등은 불길한 소리이다.

14〕 형물점 形物占

형물점이라는 것은 물건의 형체를 보아서 괘를 짓는 것을 말한다.

물건이 둥글면 건금〔☰ 하늘은 둥글다〕에 속하고, 단단하면 태금〔☱ 쇠붙이 등은 단단하다〕에 속하며, 모난 것은 곤토〔☷ 땅은 방정하다〕에 속하고, 부드러운 것은 손목〔☴ 바람이나 음목은 부드럽다〕에 속하며, 그릇 중에 위를 향하여 열린 것은 진목〔☳ 진괘의 모습이 위를 향해 열려있는 것 같다〕에 속하고, 덮어 씌운 것처럼 아래를 향해 열린 것은 간토〔☶ 간괘의 모습이 위는 양효로 덮어 씌웠고 아래로는 열려있다〕에 속한다.

긴 것은 손목〔☴ 손괘에 길다는 뜻이 있다〕에 속하고, 속은 강하고 밖은 부드러운 것은 감수〔☵ 감괘의 밖은 음효로 부드럽고 속은 양효로 단단하다〕에 속한다. 안은 부드럽고 밖은 단단한 것은 리화〔☲ 리괘의 밖은 양효로 단단하고 안은 음효로 부드럽다〕에 속하고, 건조하여 마른 것 역시 리화〔☲ 리괘는 불에 속한다〕에 속한다.

또 문채가 나서 화려한 것은 리화〔☲ 불은 화려하며 빛난다〕에 속하고, 그 쓰임에 장애가 있거나 손상된 것은 태금〔☱ 태는 훼손시키는 뜻이 있다〕에 속한다.

15〕 색을 보고 치는 점 驗色占

점을 칠 때에 푸른색은 진목〔☳ 나무는 푸르다〕에 속하고, 붉은색 계통은 리화〔☲ 불은 붉다〕에 속하며, 누런색은 곤토〔☷ 땅은 누렇다〕에 속하고, 흰색은 태금〔☱ 쇠는 흰색이다〕에 속하며, 검은색은 감수〔☵ 물은 검다〕에 속한다.

3. 체괘와 용괘[20]

체와 용은 움직임과 그쳐있음의 관계를 말하는 것으로, 체는 주인이고 용은 그 상대되는 일이 된다. 특히 매화역수에 있어서는 상괘와 하괘 중에서 동한 효가 없는 괘를 체괘로 삼고, 동한 효가 있는 괘를 용괘로 삼아 점판단의 준칙으로 하고 있다.

체괘는 자신에 대한 조짐이고, 용괘는 자신에 응하는 일의 단서가 되므로, 이들의 생하고 극하는 관계를 잘 살펴야 올바른 점판단을 할 수 있다. 또 체괘는 주인괘이므로 하나지만, 용괘는 여러 개가 될 수 있으니, 용괘는 물론 내호괘 외호괘 변괘 외응괘 등을 모두 용괘라고 한다. 자세한 내용은 체용론에서 살피고 여기서는 체괘와 용괘〔용괘·호괘·변괘〕를 구별하는 연습과, 체용의 생극에 대한 개론, 그리고 내괘와 외괘의 간단한 구별만을 설명한다.

---

[20] 체괘와 용괘에 대한 오행생극관계는 매화역수를 푸는데 가장 핵심적인 내용이다. 이후로 전개되는 3·4·5·6·7부가 모두 이에 대한 실질적인 비결로 되어 있다. 또 이를 응용한 점례가 바로 8부의 선천수작괘법과 9부의 후천수작괘법이다.

1) 체괘 용괘[용괘·호괘·변괘]를 구별하는 방법[연습]

 이 대목은 매화역수를 푸는데 꼭 알아 두어야 할 사항이다. 아래의 12가지 예[수뢰둔괘와 뇌풍항괘]를 공부하는 동안 체괘와 용괘를 구별하고, 아울러 호괘 및 변괘를 구하는 방법을 꼭 알아 두어야 한다.

※ 수뢰둔괘의 상괘는 감수坎水이고 하괘는 진목震木이다.

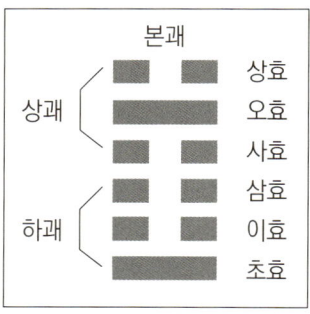

① 수뢰둔괘의 초효가 동해서 수지비괘가 되었다면

- 동효가 하괘에 있으므로 상괘인 감수☵가 체괘가 되고, 하괘인 진목☳이 용괘가 된다.
- 내호괘는 2효와 3효 및 4효로 이루어진 곤토☷이며21, 용괘와

---

21 호괘는 본괘에서만 구하고 지괘의 호괘는 구하지 않는다.

가까우므로 용호괘라고도 한다. 외호괘는 3효와 4효 및 5효로 이루어진 간토☶이며, 체괘와 가까우므로 체호괘라고도 한다.
- 하괘 진목☳의 초효가 동했으므로 변괘[22]는 곤토☷가 된다.

② 수뢰둔괘의 이효가 동해서 수택절괘가 되었다면

- 동효가 하괘에 있으므로 상괘인 감수☵가 체괘가 되고, 하괘인 진목☳이 용괘가 된다.
- 내호괘는 2효와 3효 및 4효로 이루어진 곤토☷이며[23], 용괘와 가까우므로 용호괘라고도 한다. 외호괘는 3효와 4효 및 5효로 이루어진 간토☶이며, 체괘와 가까우므로 체호괘라고도 한다.
- 하괘 진목☳의 이효가 동했으므로 변괘는 태금☱이 된다.[24]

③ 수뢰둔괘의 삼효가 동해서 수화기제괘가 되었다면

- 동효가 하괘에 있으므로 상괘인 감수☵가 체괘가 되고, 하괘인

---

[22] 용괘에서 동한 효의 음양이 바뀐 괘가 변괘이다. 진목☳의 초효는 양효이므로 음으로 바뀌게 된다. 따라서 세 효 모두 음효로 이루어진 곤토☷가 되는 것이다.
[23] 같은 괘에서는 어떤 효가 동하더라도 호괘는 같다.
[24] 진목☳의 중효는 음효이므로 양으로 바뀌게 된다. 따라서 태금☱이 된다.

진목☳이 용괘가 된다.
- 내호괘는 2효와 3효 및 4효로 이루어진 곤토☷이며, 용괘와 가까우므로 용호괘라고도 한다. 외호괘는 3효와 4효 및 5효로 이루어진 간토☶이며, 체괘와 가까우므로 체호괘라고도 한다.
- 하괘 진목☳의 상효가 동했으므로 변괘는 리화☲가 된다.[25]

④ **수뢰둔괘의 사효가 동해서 택뢰수괘가 되었다면**

- 동효가 상괘에 있으므로 하괘인 진목☳이 체괘가 되고, 상괘인 감수☵가 용괘가 된다.
- 내호괘는 2효와 3효 및 4효로 이루어진 곤토☷이며, 체괘와 가까우므로 체호괘라고도 한다. 외호괘는 3효와 4효 및 5효로 이루어진 간토☶이며, 용괘와 가까우므로 용호괘라고도 한다.[26]
- 상괘 감수☵의 초효둔괘에서는 사효가 동했으므로 변괘는 태금☱이 된다.[27]

---

[25] 진목☳의 상효는 음효이므로 양으로 바뀌게 된다. 따라서 리화☲가 된다.
[26] 체괘가 하괘가 되었으므로, 내호괘가 체호괘가 되고, 외호괘는 용호괘가 된다.
[27] 감수☵의 초효는 음효이므로 양으로 바뀌게 된다. 따라서 태금☱이 된다.

⑤ 수뢰둔괘의 오효가 동해서 지뢰복괘가 되었다면

- 동효가 상괘에 있으므로 하괘인 진목☳이 체괘가 되고, 상괘인 감수☵가 용괘가 된다.
- 내호괘는 2효와 3효 및 4효로 이루어진 곤토☷이며, 체괘와 가까우므로 체호괘라고도 한다. 외호괘는 3효와 4효 및 5효로 이루어진 간토☶이며, 용괘와 가까우므로 용호괘라고도 한다.
- 상괘 감수☵의 중효〔둔괘로 보면 오효〕가 동했으므로 변괘는 곤토☷가 된다.28

⑥ 수뢰둔괘의 상효〔6효〕가 동해서 풍뢰익괘가 되었다면

- 동효가 상괘에 있으므로 하괘인 진목☳이 체괘가 되고, 상괘인 감수☵가 용괘가 된다.
- 내호괘는 2효와 3효 및 4효로 이루어진 곤토☷이며, 체괘와 가까우므로 체호괘라고도 한다. 외호괘는 3효와 4효 및 5효로 이루어진 간토☶이며, 용괘와 가까우므로 용호괘라고도 한다.
- 상괘 감수☵의 상효〔둔괘로 보면 상효〕가 동했으므로 변괘는 손목☴이 된다.29

---

28 감수☵의 중효는 양효이므로 음으로 바뀌게 되어 곤토☷가 된다.

※ 뇌풍항괘 상괘는 진목震木이고 하괘는 손목巽木이다.

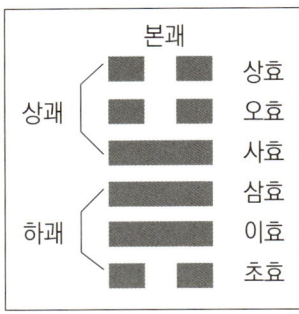

⑦ 뇌풍항괘의 초효가 동해서 뇌천대장괘가 되었다면

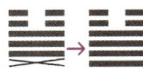

- 동효가 하괘에 있으므로 상괘인 진목☳이 체괘가 되고, 하괘인 손목☴이 용괘가 된다.
- 내호괘는 2효와 3효 및 4효로 이루어진 건금☰이며, 용괘와 가까우므로 용호괘라고도 한다. 외호괘는 3효와 4효 및 5효로 이루어진 태금☱이며, 체괘와 가까우므로 체호괘라고도 한다.
- 하괘 손목☴의 초효가 동했으므로 변괘는 건금☰이 된다.[30]

---

29 감수☵의 상효는 음효이므로 양으로 바뀌게 된다. 따라서 손목☴이 된다.
30 용괘에서 동한 효의 음양이 바뀐 괘가 변괘이다. 손목☴의 초효는 음효이므로 양으로 바뀌게 된다. 따라서 세 효 모두 양효로 이루어진 건금☰이 되는 것이다.

⑧ 뇌풍항괘의 이효가 동해서 뇌산소과괘가 되었다면

☳☴ → ☳☶

- 동효가 하괘에 있으므로 상괘인 진목☳이 체괘가 되고, 하괘인 손목☴이 용괘가 된다.
- 내호괘는 2효와 3효 및 4효로 이루어진 건금☰이며, 용괘와 가까우므로 용호괘라고도 한다. 외호괘는 3효와 4효 및 5효로 이루어진 태금☱이며, 체괘와 가까우므로 체호괘라고도 한다.
- 하괘 손목☴의 중효가 동했으므로 변괘는 간토☶가 된다.31

⑨ 뇌풍항괘의 삼효가 동해서 뇌수해괘가 되었다면

☳☴ → ☳☵

- 동효가 하괘에 있으므로 상괘인 진목☳이 체괘가 되고, 하괘인 손목☴이 용괘가 된다.
- 내호괘는 2효와 3효 및 4효로 이루어진 건금☰이며, 용괘와 가까우므로 용호괘라고도 한다. 외호괘는 3효와 4효 및 5효로 이루어진 태금☱이며, 체괘와 가까우므로 체호괘라고도 한다.
- 하괘 손목☴의 상효가 동했으므로 변괘는 감수☵가 된다.32

---

31 손목☴의 중효는 양효이므로 음으로 바뀌게 된다. 따라서 간토☶가 된다.
32 손목☴의 상효는 양효이므로 음으로 바뀌게 된다. 따라서 감수☵가 된다.

⑩ 뇌풍항괘의 사효가 동해서 지풍승괘가 되었다면

- 동효가 상괘에 있으므로 하괘인 손목☴이 체괘가 되고, 상괘인 진목☳이 용괘가 된다.
- 내호괘는 2효와 3효 및 4효로 이루어진 건금☰이며, 체괘와 가까우므로 체호괘라고도 한다. 외호괘는 3효와 4효 및 5효로 이루어진 태금☱이며, 용괘와 가까우므로 용호괘라고도 한다.
- 상괘 진목☳의 초효〔항괘에서는 사효〕가 동했으므로 변괘는 곤토☷가 된다.[33]

⑪ 뇌풍항괘의 오효가 동해서 택풍대과괘가 되었다면

- 동효가 상괘에 있으므로 하괘인 손목☴이 체괘가 되고, 상괘인 진목☳이 용괘가 된다.
- 내호괘는 2효와 3효 및 4효로 이루어진 건금☰이며, 체괘와 가까우므로 체호괘라고도 한다. 외호괘는 3효와 4효 및 5효로 이루어진 태금☱이며, 용괘와 가까우므로 용호괘라고도 한다.
- 상괘 진목☳의 중효〔항괘에서는 오효〕가 동했으므로 변괘는

---

[33] 진목☳의 초효는 양효이므로 음으로 바뀌게 된다. 따라서 세 효 모두 음효인 곤토☷가 된다.

태금☱이 된다.³⁴

⑫ 뇌풍항괘의 상효6효가 동해서 화풍정괘가 되었다면

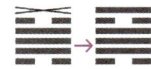

- 동효가 상괘에 있으므로 하괘인 손목☴이 체괘가 되고, 상괘인 진목☳이 용괘가 된다.
- 내호괘는 2효와 3효 및 4효로 이루어진 건금☰이며, 체괘와 가까우므로 체호괘라고도 한다. 외호괘는 3효와 4효 및 5효로 이루어진 태금☱이며, 용괘와 가까우므로 용호괘라고도 한다.
- 상괘 진목☳의 상효[항괘에서는 상효]가 동했으므로 변괘는 리화☲가 된다.³⁵

---

34 진목☳의 중효는 음효이므로 양으로 바뀌게 되어 태금☱이 된다.
35 진목☳의 상효는 음효이므로 양으로 바뀌게 된다. 따라서 리화☲가 된다.

2) 체와 용의 생극

본괘의 팔괘가 서로 주인체과 객용이 되어 오행에 의해 생하고 극하게 된다. 체괘는 자신에 대한 조짐이 되고, 용괘는 자신에 응하는 일의 단서가 된다.

용괘는 지금 현재의 상태를 말해주고, 호괘는 일의 중간쯤의 상태를 알려주며, 변괘는 일의 마지막 결과를 알려준다[체괘는 모든 때에 응함]. 따라서 용괘가 길했으나 변괘가 흉하면 먼저는 길하나 나중은 흉한 것이고, 용괘가 흉했으나 변괘가 길하면 먼저는 흉하고 나중은 길하게 된다[용괘가 변한 것이 변괘이다]. 길흉의 전체적인 예측은, 체를 생하는 괘가 많은가 극하는 괘가 많은가에 따라 종합적으로 판단한다.

① 체와 용의 생36

- 체괘가 용괘用卦의 생을 받으면 항상 좋으며 또 점차 늘어나는 기쁨이 있고, 체괘가 용괘를 생하면 기운이 빠지게 되어 이롭지 않으며 또 점차 줄어드는 근심이 있다. 이러한 원칙은 용괘 자신은 물론 넓은 의미의 용괘인 호괘 및 변괘를 포함한다.

---

36 체와 용의 생극에 있어서의 일반론이다. 여기서 생극과정을 이해한 후에는 강약을 구별하는 방법을 체득해야 한다. 즉 체괘가 용괘의 생을 받는다 하더라도, 용괘가 약할 경우는 별 도움이 되지 않는다. 이 점은 극하는 경우에도 마찬가지인데, 금박 입힌 것으로 태금兌金을 삼고 커다란 나무로 진목震木을 삼았다면, 금이라고 해서 목을 극하기는 어려운 것이다.
또 그릇 안의 물로 감수坎水를 삼고 크게 불붙은 산불을 리화離火로 삼았다면, 수라고 해서 화를 극하기는 어려운 것이다. 제 7부의 2[점괘결]·3[체괘·용괘·호괘·변괘의 비결]·4[체용생극의 비결] 참조.

② 체와 용의 극
- 체괘가 용괘를 극하면 대부분의 일이 길하고, 용괘가 체괘를 극하면 모든 일이 흉하다. ①에서와 마찬가지로, 이러한 원칙은 용괘 자신은 물론 넓은 의미의 용괘인 호괘 및 변괘를 포함한다.

③ 체와 용의 비화
- 체괘와 용괘〔용괘 및 호괘 변괘〕가 서로 같은 체일 경우 비화比和라고 하는데, 이러할 경우는 모든 일이 순조롭게 잘된다.
- 그러므로 체괘가 용괘用卦의 생을 받으면 항상 좋고, 체괘가 용괘體卦를 극하면 대부분의 경우에 있어서 좋다. 체괘가 성하면 길하고 체괘가 쇠하면 흉하며, 용괘가 체괘를 극하면 극히 나쁘며, 체괘가 용괘를 생하면 기운이 빠지게 되어 이롭지 않다. 체괘와 같은 기운의 괘가 많으면 체괘의 세력이 성하고, 용괘와 같은 기운의 괘가 많으면 체괘의 세력이 쇠하게 된다.
- 예를 들어 체괘가 목체〔木體 : ☳ 또는 ☴〕일 경우 호괘와 변괘가 모두 목체이면 체괘와 같은 기운의 괘가 많은 것이고, 용괘가 수체〔水體 : ☵〕일 경우 호괘와 변괘가 모두 수체이면 용괘와 같은 기운의 괘가 많은 것이다. 체괘가 용괘를 생하면 설기〔泄氣 : 기운이 빠져나감〕되는 것이니, 체가 화체〔火體 : ☲〕의 괘일 때 용이 토체〔土體 : ☷ 또는 ☶〕의 괘일 경우가 그런 것이다〔火生土〕.
- 뒤에 설명되는 외응괘外應卦도 넓은 의미의 용괘에 해당한다.

2 기본적인 개념

④ 길흉의 판단 및 수명의 판단

- 선천의 방법에 의해서 괘를 얻었을 때는 체괘를 생하고 극하는 괘의 기수氣數에 의해서 기일을 판별한다. 즉 재물점에서 재물을 얻는 날, 병점에서 쾌유되는 날, 명성 및 직업을 얻는 날 등은 길한 날에 해당한다. 이러한 날짜를 아는 것은 체를 생하는 괘의 기수에 의한다. 또 재물을 잃는 날, 병이 악화되는 날, 명성 및 직업을 잃는 날 등은 흉한 날에 해당한다. 이러한 날짜를 아는 것은 체를 극하는 괘의 기수에 의한다. 이러한 길흉점 말고도 집의 수명 또는 물건의 수명 등을 판별하는 것은 괘를 얻은 총수[37]와 체괘를 생하고 극하는 괘의 기수[38]를 병행해서 판별한다.[39]

---

[37] 괘를 얻은 총수란 선천수 작괘법에서는 동효를 얻기 위한 총수를 말하고, 후천수 작괘법에서는 상괘의 기수와 하괘의 기수 및 동효수를 합한 수를 말한다.

　선천수 작괘법 중 연월일시 작괘에서 병자년 9월 20일(음력) 오후 4시로 괘를 지었다면, 년수[1] 월수[9] 일수[20] 시수[9]를 합한 39가 괘를 얻은 총수이므로, 39시간 혹은 39일 혹은 39달 혹은 39년 등으로 수명을 결정한다.

　또 후천수 작괘법에서 수뢰둔괘 5효가 동했다면 상괘인 감수[6]와 하괘인 진목[4]에다 동효수[5]를 합한 15가 괘를 얻은 총수가 된다. 따라서 15시간 혹은 15일 혹은 15달 혹은 15년 등으로 수명을 판단한다.

　이 외에도 태금은 다른 물건을 훼상시키는 성질이 있으므로, 태금이 괘 안에 있으면 금金의 날(申이나 酉일 등)에 훼상되는 것으로 판명하기도 한다.

[38] 괘의 기수란 괘가 해당하는 오행의 배속에 따른 계절 및 연월일시를 뜻한다. 즉 건금은 계절로는 가을(음 9월 10월)이고, 연월일시로는 술戌·해亥 및 끝수가 1·4·9인 연월일시에 해당하며, 금요일과도 관련이 있다. 태금은 가을(특히 음 8월)에 해당하고 유酉 및 끝수가 2·4·9인 연월일시 또는 금요일과 관련이 있다.

　이러한 기수는 점괘의 길흉이 발생하는 시기를 판단하는데 유용한 자료가 된다. 그 기일을 년으로 할 것인지 월로 할 것인지 등 길고 짧음은 그 때의 상황에 따라 정한다. 나머지 여섯 괘에 대한 내용은 12부의 선천팔괘 총정리에서 '때'에 관한 사항을 참조하고, 이에 대한 정리는 부록의 「팔괘와 오행의 기수」에 되어있고, 그 활용법은 제 3부의 4항(선천과 후천)에 설명되어 있다.

- 후천의 방법에 의해서 괘를 얻었을 때는 괘를 얻은 총수로써 기일을 판별한다.

---

39 선천수 작괘법의 집의 운세점⟨291p⟩ 참조.

4. 내괘內卦와 외괘外卦[40]

매화역수에서 내괘란 내응괘內應卦를 뜻하는 것으로 본괘와 지괘를 말한다. 본괘는 다시 동효가 없는 괘인 체괘와 동효가 있는 괘인 용괘, 그리고 본괘의 내호괘 및 외호괘, 용괘가 변해서 된 변괘의 다섯괘로 나뉜다. 대개의 경우에 있어서 점의 판단은 이 내괘만으로도 가능하다. 그러나 좀 더 정확하고 깊이 판단하기 위해서는, 점칠 때의 상황이라고 할 수 있는 외괘의 도움이 필요하다.

※ 내괘의 체괘 용괘 내호괘 외호괘 변괘의 예〔수뢰둔괘 오효가 동해서 지뢰복괘가 된 경우〕

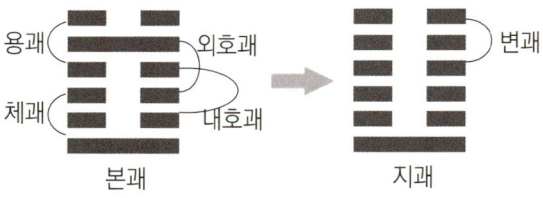

---

40 일반적으로 주역에서 말하는 내괘 외괘란 각기 하괘와 상괘를 뜻하나, 여기서는 내응괘와 외응괘를 말한다.

내괘의 각괘에 있어서 중요성을 나누면, 체괘는 기준이 되는 괘이고 길흉의 주체가 되는 괘이므로 가장 중요하고, 그 다음으로는 변괘 용괘 호괘의 순이며, 길흉의 기일이 응함은 용괘 호괘 변괘의 순으로 빠르고 늦음이 결정된다. 즉 용괘가 체괘를 생하거나 극할 때의 효과가 가장 크며, 동시에 그 효과가 나타나는 기일도 가장 빠르게 나타나고, 그 다음이 호괘 변괘의 순이 되는 것이다.

일례로 용괘가 체괘를 생하지만 변괘가 체괘를 극한다면 처음은 길하고 나중에 가서는 흉하게 된다고 판단한다. 또 용괘가 체괘를 극하고 호괘가 체괘를 생한다면 처음에는 흉하다가 중간쯤에 가서는 길하다고 판단한다.

외괘란 외응괘外應卦를 뜻하는 것으로, 점칠 당시의 여러 조짐을 말한다. 이러한 조짐은 주로 삼요〔三要 : 눈·귀·마음〕와 십응十應을 통해 괘로 형상화된다. 내응괘로만 점을 치면 모든 해석이 똑같아지나, 외응괘의 도움을 받으면 같은 괘와 같은 동효가 발동했다 하더라도 그 점해석이 달라진다.

즉 같은 괘를 얻었어도, 외응괘가 즐거운 조짐이면 즐거운 쪽으로 해석하고, 슬픈쪽이면 슬프게 해석해야 하며, 또 시기에 있어서도 앉아 있으면 기일을 두 배로 늘려서 해석하고, 뛰어가고 있으면 반으로 줄여서 해석하여야 하니, 외응괘는 내응괘의 해석 방향을 지시한다고도 볼 수 있다.

※ 제 5부의 4항〔내외론〕·5항〔동정〕·6항〔향배〕 참조.

3부. 점해석 일반론

3부. 점해석 일반론

먼저 괘효卦爻의 길흉을 보고
오행의 생극生克을 살피며
외응外應을 살피되
색色·방소[方]·늦고 빠름·날의 쇠왕을 보라.

용이 체를 생하면 이루어지고
용과 체가 비화하면 좋게 이루어지며
호괘가 체를 생하면 점차 이루어지고
변괘가 체를 생하면 조금 늦어지네

체가 용을 생하면 점차 어려워지며
용이 체를 극하면 이루어지지 않고
호괘가 체를 극하면 중간이 좋지 않으며
변괘가 체를 극하면 나중이 흉하니
모든 괘의 극과 생을 살피되, 늦고 빠름을 살피라.

1. 심역점복현기 心易占卜玄機[1]

　천하의 모든 일에는 길함과 흉함이 있으니, 점에 의지해서 그 기미를 밝히는 것이고, 천하의 모든 이치에는 형체와 자취가 없으니, 그 형상을 가설해서 그 뜻을 밝히는 것이다.

　그러므로 건금☰의 '굳건하다'는 이치는 굳건한 말馬을 빌려 나타내는 것이고, 점복占卜속에 숨어 있는 '길하다 흉하다'하는 이치는 괘상卦象을 빌려 나타내는 것이다. 그러나 괘상이 일정해서 바뀌는 이치가 없거나 변통하는 도가 없으면 이 또한 옳지 않으니, 역이라는 것은 바뀌고 변화할 뿐이다.

　오늘 매화가 핀 것을 보고 혁괘☱의 조짐을 얻음에 여자가 꽃을 꺾을 것을 알았다고 해서, 다른날도 여자가 꽃을 꺾을 것이라고 하면 옳을 것인가? 오늘 모란꽃의 명수를 세어 구괘☴의 조짐을 얻음으로써 말馬에 의해 짓밟힐 것을 알았다고 해서, 다른 날도 말에 의해 짓밟혀 훼상된다고 하면 옳은 판단이겠는가?

　또한 태금☱이 반드시 여자에게만 국한되고, 건금☰이 반드시 말에만 국한된 것이 아닐진대, 여자가 꽃을 꺾을 것이라고 한 것은 반드시 어떤 조짐을 얻었기 때문일 것이니, 이것은 반드시 근

---

[1] 심역점복현기心易占卜玄機란 마음의 역에 통해서 현묘한 조짐을 점치는 방법이라는 뜻이다.

거된 바가 있을 것이다. 점복의 도는 변하고 통하는 것에 있으니, 변통의 도를 아는 것은 심역心易의 묘를 아는데 있다.

2. 점복총결 占卜總訣

이 장은 괘를 지은 후의 판단하는 방법을 네 가지의 비결로써 설명한 것이다.

1) 점복하는 법은 괘를 지은 후에 먼저 주역周易의 효사爻辭를 보고 길함과 흉함을 판단하여야 한다[2]

점을 쳐서 건괘䷀ 초구효가 동했을 경우 그 효사에 "잠긴 용이니 쓰지 말라〔潛龍勿用〕"고 하였으니, 모든 일에 있어 아직 할 때가 안되었으므로 마땅히 감추고 숨어 있어야 한다. 또 건괘 구이 효가 동했을 때는 그 효사에 "나타난 용이 밭에 있으니 대인을 봄이 이롭다〔見龍在田 利見大人〕"고 하였으니, 자신을 도와줄 귀인을 만나 뵈어야 되는 것이다.

---

[2] 주역의 효사를 보고 길흉을 판단하는 경우는 후천수작괘일 때 쓰는 방법이다. 대부분의 매화역수 해석에 있어서는 『주역』의 효사를 참고로 할 뿐이다. 뒤의 「선천후천론 108p」 참조.

2) 다음은 괘의 체용體用관계로 오행의 생하고 극함을 따져야 한다[3]

체와 용은 움직임[動]과 그쳐있음[靜]의 관계를 말하니, 체괘는 주인이 되고 용괘는 그 상대되는 일이 된다. 용괘가 체괘를 생하거나 도우면[比和] 길하고, 체괘가 용괘를 생하거나 체괘가 극을 받게 되면 길하지 않다.[4]

3) 다음은 극응克應[外應의 극응]을 살핀다

길한 소리를 듣거나 길한 조짐을 보면 길하고, 흉한 소리를 듣거나 그러한 조짐을 보게 되면 흉하다. 또 둥근물건을 보면 일이 쉽게 성사되고, 결함이 있는 물건을 보면 끝내 일이 이루어지지 않는 것이다.[5]

---

[3] 체용론은 이 책의 전반에 걸쳐 설명되어 있으며, 특히 4부와 5부에 중점적으로 선현들의 비결이 있다. 이를 합하여 놓고자 하였으나, 설명이 많은 것은 많고 적은 것은 적게 되어 중요도에 따라 설명의 양을 설정하기가 어려웠고, 또 각 기술자記述者의 비결을 임의로 가감한다는 것이 어려운 문제로 작용하여, 다만 4부와 5부에 추가 이론이 있다는 것을 밝힘에 그치게 되었다.

[4] 본괘[내괘]의 체용관계에 있어서의 오행생극을 말한 것이다.

[5] 외괘[외응괘]가 본괘의 점판단에 미치는 영향을 말한 것이다.

4] 자기자신의 동정을 살핀다[6]

앉아 있으면 일이 더디게 응하고, 다니고 있을 때는 일이 빠르게 응하며, 달리고 있을 때는 더욱 빠르게 응한다. 마찬가지로 누워 있을 때는 더욱 더디게 응한다.

앞서 말한 두어 가지가 이미 갖추어 있으면 점복의 도를 다할 수 있으니, 반드시 『주역』의 괘를 위주로 하고, 다음은 극응을 보아 다 길하면 크게 길하고, 다 흉하면 크게 흉하다. 길함도 있고 흉함도 있으면 괘사를 상세히 살피고 체용의 극응을 살펴서 길함과 흉함을 판단한다. 중요한 것은 고루 살피고 객관적으로 보는 것이니, 한쪽으로 고집하는 것은 옳지 않다.

---

[6] 3의 경우와 마찬가지로 외응괘가 본괘에 미치는 영향을 말한 것이다. 3]이 길흉의 판단이라면 여기서는 그 시기의 판단에 관한 것이다. 제 5부의 5항[동정] 참조.

3. 점복논리결 占卜論理訣

    수에 대한 학설은 반드시 이치로써 논한 뒤에 갖추었다고 할 수 있으니, 수를 논함에 이치로 하지 않으면 한쪽면에 매여 전체적인 조짐을 못보게 된다.
    예를 들어 음식에 대한 점에 있어서 진목☳을 얻었을 때, 진목은 용龍에 해당하지만 용은 잡아먹을 수 없으니, 잉어〔鯉魚〕같은 큰 물고기로 대신 생각하여야 한다.
    또 천시天時에 대한 점에 있어서 진목☳을 얻으면, 〔진목으로 상징되는 여러 가지 중에서〕 마땅히 우레소리로 생각해야 한다. 다만 겨울에 점을 쳤다면 겨울에 뇌성벽력이 생길리 없으니, 삭풍이 거세게 불어 천지를 진동시킨다고 생각하여야 한다. 앞서 말한 몇 가지 점치는 법을 알고, 여기에 다시 이치로 논할 수 있다면 더이상 바랄 것이 없을 것이다.

4. 선천과 후천 先天後天論

선천은 괘卦로써 길하고 흉함을 판단하는 것이니, 단지 괘에 대한 이론만 있을 뿐이고 주역의 효사爻辭는 쓰지 않으나, 후천은 효사 및 괘사卦辭를 쓴다.

1) 선천은 괘의 오행생극관계로만 판단한다.

선천은 괘를 얻기 전에 먼저 수를 얻은 것이다. 이는 주역의 괘사나 효사가 나오기 이전을 뜻하므로 역에 대한 이치만 있을 뿐이다. 그러므로 주역의 괘사나 효사를 필요로 하지 않고 오직 괘에 대한 판단만 하는 것이다.

2) 후천은 괘의 오행생극관계와 주역의 괘사 및 효사를 겸해서 판단한다.

후천은 수보다 먼저 괘를 얻은 것이므로, 괘에 해당하는 괘사와 효사를 쓰는 것이 합당하다. 그러므로 해당하는 효사를 쓰고 아울러 괘사를 병용함으로써 판단한다. 또 후천은 괘를 일으키는 방법이 선천과 달라서 그 수가 한 가지가 아니다.

3) 괘의 수는 선천팔괘의 수를 쓰고 후천팔괘의 수는 쓰지 않는다.

지금 사람들은 감수≡≡로 1을, 곤토≡≡로 2를, 진목≡≡으로 3을, 손목≡으로 4를, 중앙中으로 5를, 건금≡으로 6을, 태금≡으로 7을, 간토≡≡로 8을, 리화≡로 9를 많이 쓰나, 성인이 역을 짓고 괘를 지을 때 태극에서 양의가 나오고, 양의에서 사상이, 사상에서 팔괘가 나오듯이 한 배씩 더해서 괘를 지었으므로, 건금≡이 1이 되고, 태금≡이 2가 되며, 리화≡가 3이 되고, 진목≡≡이 4가 되며, 손목≡이 5가 되고, 감수≡≡는 6이 되며, 간토≡≡가 7이 되고, 곤토≡≡는 8이 되는 것이다. 그러므로 점복占卜에 있어서 괘를 일으킬 때는 이러한 수를 써야 한다.

※ 선천팔괘와 수

건≡	태≡	리≡	진≡≡	손≡	감≡≡	간≡≡	곤≡≡
1	2	3	4	5	6	7	8

4) 후천괘와 동효를 일으킬 때는 반드시 시時를 포함해야 한다.

지금 사람들이 후천괘後天卦를 일으킬 때 시時를 더하지 않는 사람이 많으나, 일단 하나의 괘를 얻어서 단지 한 효가 동하면 여기에서 다시는 옮기고 바뀌며 변통하는 도가 없으므로, 후천의 괘를 짓고 동효를 정할 때는 반드시 시를 더해야 한다.

※ 시간 지지地支 숫자 환산표

숫자	1	2	3	4	5	6	7	8	9	10	11	12
시간	23~1	1~3	3~5	5~7	7~9	9~11	11~13	13~15	15~17	17~19	19~21	21~23
지지	자	축	인	묘	진	사	오	미	신	유	술	해

5) 선천의 기한을 알고자 할 때는 팔괘가 해당하는 오행의 날을 사용하거나, 후천팔괘의 방위에 해당하는 날에 의한다.

선천의 괘에서 길흉이 응하는 기한을 정하려면 괘의 기운을 취해야 한다. 즉 건금☰과 태금☱은 경庚과 신辛에 응하고 동시에 금金의 날에 해당한다. 혹은 건금을 그 후천방위를 따라서 술해戌亥의 날에 해당하고, 태금을 유酉의 날에 해당한다고도 한다.

진목☳과 손목☴은 갑甲과 을乙에 응하고 동시에 목木의 날에 해당한다. 이 역시도 진목을 묘卯의 날에, 손목을 진辰의 날에 해당한다고도 한다.

※ 팔괘와 오행의 기수氣數[7]

괘상	☰	☱	☲	☳	☴	☵	☶	☷
괘명	건	태	리	진	손	감	간	곤
수[8]	1/4/9	2/4/9	3/2/7	4/3/8	5/3/8	1/6	7/5/10	8/5/10
계절	가을/겨울 사이	가을	여름	봄	봄/여름 사이	겨울	겨울/봄 사이	진/술/축/미월
지지	술/해	유	오	묘	진/사	자	축/인	미/신
요일	금요일	금요일	화요일	목요일	목요일	수요일	토요일	토요일
방위	서북	서	남	동	동남	북	동북	서남
월陰	9/10월	8월	5월	2월	3/4월	11월	12/1월	6/7월
오행	양금	음금	화	양목	음목	수	양토	음토

[7] 팔괘의 기운이 있는 날을 알려면, 위의 도표 또는 이 책 부록의 선천팔괘총정리에서 「때」에 대한 항목을 보면 된다.

[8] 수는 선천팔괘의 차서와 하도 낙서수이고, 요일과 오행을 뺀 나머지는 후천팔괘에서 얻은 것이다.

6) 후천에서는 다니고[行] 누워있으며[臥] 앉아있고[坐] 서있는[立] 것으로 빠르고 더딤을 결정한다.

후천의 괘에서는 괘수卦數에다 시수時數를 더한 총수를, 다니고[行] 누워있으며[臥] 앉아있고[坐] 서있는[立] 것으로 빠르고 더딜것을 나누어 일이 발생할 때를 기약한다. 괘수와 시수 등이 가까워서 멀리 있는 것을 판단하지 못할 때는 반드시 선후의 괘수를 합한 후에 판단함이 옳다.

이상에서와 같이 점괘 중에 길하고 흉함을 통찰함은 체용體用의 생극生克 이치와, 주역의 괘사나 효사를 참조하면 될 것이다.[9]

---

[9] 이제 후천괘로 60갑자 일진에서, 그 때와 방위의 괴파패망멸적魁破敗亡滅迹 등을 취해서 판단하는데 도움으로 쓰니, 대개 책력상의 때를 짓는 것이 주역과 서로 돕지 않으면 쓸 수 없는 것이다.[본문 각주임]

5. 점괘 판단에 있어서 체용론의 예외 卦斷遺論

1〕 체와 용이 비화해도 불길한 경우

　점괘의 결단에 있어서 체용을 주로 삼아야 하나, 체용에 구애받지 않는 것이 있으니, 다음에 예를 든 것 중에 서림사西林寺 현판점 같은 것이 그것이다. 즉 산지박괘山地剝[䷖]를 얻어[10] 체괘와 용괘 호괘 변괘가 함께 비화比和가 되니, 길해야 하나 불길하게 된 것은 어째서인가? 이것은 절寺이라는 데는 순양인純陽人이 거주하는 곳인데, 하나밖에 없는 양효가 여러 음에 의해 깎이는 뜻이 불을 보듯 뻔한 까닭에 체용에 구애받지 않는 것이다.[11]

2〕 용이 체를 극해도 해롭지 않은 경우

　어떤 사람이 있어 "오늘의 동정動靜은 어떠한가?"라는 질문의 예가 그러한 것이다. 지풍승괘[地風升 ䷭]의 초효가 동해 용이 체를 극하는 괘가 되었으니,[12] 음식을 누릴 수 없는 데도, 청하는

---

[10] 산지박괘의 3효가 동해서 중산간괘[䷳]가 되었으므로, 체괘는 간토[艮土 ☶]이고 용괘는 곤토[坤土 ☷]가 되며, 내호괘나 외호괘가 모두 곤토[☷]며, 변괘 역시 간토[☶]로 토기운의 괘이다. 따라서 체괘를 비롯한 용괘 호괘 변괘가 모두 토土로 서로 비화한다.

[11] 제 8부 선천수작괘법의 「관자점觀字占」 참조.

사람이 있어 또한 비록 풍부하지는 않으나 마침내 음식을 누리게 되는 것은 어째서인가? 이는 당시의 사람에게는 반드시 당일의 응함이 있는 것이며, "어떠한가〔如何〕"라는 질문속에 이미 '입 구口' 자가 둘이 있어 자연히 태금☱이 둘이나 들어있는 뜻을 내포하고 있기 때문이다.[13]

3〕 용괘가 체괘를 생하지 않아도 길한 경우

또한 용괘가 체괘를 생하지는 않으나 호괘와 변괘가 생해주어 길한 예는, 소년이 기쁜 빛을 띠었다는 점에서 산화비괘〔山火賁☲〕를 얻은 것이 그러하다.[14] 소년이 기쁜 빛을 띠었다는 점에서 그 기쁜 빛을 알았고, 주역의 효사에도 또한 '비단 묶음을 올림〔속백잔잔束帛戔戔〕'의 길함이 있으니, 이 두 가지 길함에 호괘와 변괘가 서로 생해주니 더욱더 그 길함을 알 수 있다. 비록 용괘가 체괘를 생해주지 않아 불길한 점이 있으나, 그 길함을 해치지는 못하는 것이다.[15]

---

[12] 체괘는 곤토〔坤土 ☷〕이고 용괘는 손목〔巽木 ☴〕이며, 외호괘는 진목☳이고 내호괘는 태금☱이며, 변괘는 건금乾金 ☰이 된다. 따라서 용괘인 손목巽木이 체괘인 곤토坤土를 극한다.

[13] 제 8부 선천수 작괘법의 「금일의 신수점 299p」 참조.

[14] 산화비괘〔山火賁 ☲〕의 오효가 동해서 풍화가인괘〔風火家人 ☲〕가 되었으므로, 체괘는 리화〔離火 ☲〕이고 용괘는 간토〔艮土 ☶〕가 되며, 외호괘는 진목〔震木 ☳〕이고 내호괘는 감수〔坎水 ☵〕이며, 변괘는 손목〔巽木 ☴〕이 된다. 따라서 체괘인 리화離火가 오히려 용괘인 간토艮土를 생하여 기운이 빠지나, 외호괘인 진목震木과 변괘인 손목巽木이 체괘를 생해준다.

4) 용괘가 체괘를 극하지 않아도 흉한 경우

　용괘가 체괘를 극하지 않으면서도 호괘와 변괘가 극함으로써 흉한 예는 소가 슬피우는 점에서 지수사괘〔地水師 ䷆〕를 얻은 것이 그러하다.16 소가 슬피우는 것에서 그 흉함을 알았고 『주역』의 효사 역시 '수레에 시체를 가득싣고 온다〔여시輿尸〕'는 흉함이 있는데다, 호괘와 변괘가 함께 극하니 더욱 그 흉함을 알 수 있다. 비록 용괘가 극하지 않는다 해도 그 흉함을 막을 수는 없는 것이다.17

　괘를 판단하는 데는 그 조짐에 대한 이치의 판단이 필요한 것이니, 당시에 나타나는 조짐을 한 가지로만 생각해서는 안된다.

15　제 9부 후천수 작괘법의 「관소점觀少占」 참조.
16　지수사괘〔地水師 ䷆〕의 3효가 동해서 지풍승괘〔地風升 ䷭〕가 되었으므로, 체괘는 곤토〔坤土 ☷〕이고 용괘는 감수坎水가 되며, 외호괘는 곤토坤土이고 내호괘는 진목〔震木 ☳〕이 되며, 변괘는 손목巽木 ☴이 된다. 체괘인 곤토坤土가 용괘인 감수坎水를 극하는 괘나, 내호괘인 진목震木과 변괘인 손목巽木이 체괘를 극한다.
17　제 9부 후천수작괘법의 「관우점觀牛占」 참조.

4부. 체용론1

4부. 체용론 1

1. 팔괘심역체용결서문 八卦心易體用訣

　심역의 수를 얻은 자는 많으나, 체용의 비결을 얻은 자는 드물다. 내가 어려서부터 주역을 읽었으나, 어른이 되어서야 수에 대한 학문을 배워 비로소 심역의 괘수를 얻었다. 처음에 괘를 일으켜 길흉을 판단할 때는, 마치 달팽이가 망망해서 끝이 없는 큰 바다를 측량하는 것 같더니, 후에 지혜로운 사람으로부터 체용심역결을 전수받은 후로는, 점치는 일에 있어서 의심되던 바가 비로소 밝게 되었다.

　조짐에 의거한 예측이 마치 양유기養由基[1]가 화살을 쏘아서 백발백중하는 것 같았는데, 그 요점은 괘를 체괘와 용괘로 나눈 후 오행의 생극과 비화比和의 이치로 살펴보는 데 있으니, 오호라! 길흉과 회린悔吝의 기틀인져! 여기에서 역수易數의 묘리가 비로소 나타나고, 역도易道의 괘의卦義가 갖추어지니, 세상에 이에 통달

---

[1] 춘추시대 초楚나라의 대부, 활의 명인으로 백보 밖에서도 버드나무 잎새를 쏘아서 백발백중이었다고 함.

한 자가 있지만 만나기 어려울 뿐이다. 다행히 이를 얻은 자는 깊이 감출 것이로다.[2]

---

[2] 이 글은 전후문맥으로 보아 소강절선생의 글이라고 생각된다.

2. 체용총결 體用總訣

1〕 체용을 논함

주역의 괘와 복서卜筮에 있어서는 주역의 괘가 체가 되고 복서가 용이 되나, 여기서는 체용이라는 두 글자를 빌려 동動하는 괘를 용用으로, 동하지 않은 괘를 체〔體:主〕로 하여 점의 준칙으로 삼는 것이다. 대개 체용의 학설은 체괘는 주인主이 되고 용괘는 일〔事〕이 되며, 호괘互卦는 일의 중간이 되며, 그 순간의 응함과 변괘變卦는 일의 끝이 된다. 또 체를 응하는 괘는 성하여야 좋고 쇠하면 좋지 않다.

2〕 체괘에 응하는 괘의 기운은 성해야 좋고 쇠하면 나쁘다[3]

① 괘는 자신의 기운과 같은 계절에 성해진다

- 성하다는 것은 봄에는 목기운木氣運의 괘인 진목☳과 손목☴이 성하고, 가을에는 금기운金氣運의 괘인 건금☰과 태금☱이 성하며, 여름에는 화기운火氣運의 괘인 리화☲가, 겨울에는 수기운水氣運의 괘인 감수☵가 성하며, 계절에서 계절로 넘어가는

---

[3] 제 5부의 3항〔쇠왕론〕 참조.

사계절의 과도기〔土旺之節〕엔 토기운土氣運의 괘인 곤토☷와 간토☶가 성하게 된다.

② 괘는 자신의 기운을 극하는 계절에 쇠해진다
- 또 쇠하다는 것은 봄에는 목기운의 극을 받는 토기운의 괘인 곤토坤土와 간토艮土가 쇠하고, 가을에는 금기운의 극을 받는 목기운의 괘인 진목震木과 손목巽木이 쇠하며, 여름에는 불기운의 극을 받는 금기운의 괘인 건금乾金과 태금兌金이 쇠하고, 겨울에는 수기운의 극을 받는 화기운의 괘인 리화離火가 쇠하게 되며, 사계절의 과도기에는 토기운의 극을 받는 수기운의 괘인 감수坎水가 쇠하게 된다.

3) 다른 괘의 생을 받으면 좋고 극을 받으면 좋지 않다

다른 괘라는 것은 용괘用卦와 호괘互卦 및 변괘變卦를 말하며, 생한다는 것은, 금체金體인 건금과 태금은 토체土體인 곤토와 간토가 생하고〔土生金〕, 토체인 곤토와 간토는 화체火體인 리화가 생하며〔火生土〕, 화체인 리화는 목체木體인 진목과 손목이 생하는 것〔木生火〕 등등을 말한다.
극한다는 것은 금체의 괘〔☰, ☱〕는 화체의 괘☲가 극하고〔火克金〕, 화체의 괘는 수체水體의 괘☵가 극하는〔水克火〕 등등을 말한다.

4) 체용의 학설은 동정動靜의 기틀이 된다

팔괘가 서로 주인[체]과 객[용]이 되어 오행에 의해 생하고 극하게 된다. 체괘는 자신에 대한 조짐이 되고, 용괘는 자신에 응하는 일의 단서가 된다. 그러므로 체괘가 용괘用卦의 생을 받으면 좋고, 용괘가 체괘體卦의 극을 받으면 좋으며, 체괘가 성하면 길하고 체괘가 쇠하면 흉하며, 용괘가 체괘를 극하면 극히 나쁘며 체괘가 용괘를 생하는 것 역시 이롭지않다. 체괘와 같은 기운의 괘가 많으면 체괘의 세력이 성하고, 용괘와 같은 기운의 괘가 많으면 체괘의 세력이 쇠하게 된다.

예를 들어 체괘가 금체金體일 경우 호괘와 변괘가 모두 금체이면 체괘와 같은 기운의 괘가 많은 것이고, 용괘가 금체일 경우 호괘와 변괘가 모두 금체이면 용괘와 같은 기운의 괘가 많은 것이다. 체괘가 용괘를 생하면 설기4되는 것이니, 여름에 화체火體의 괘가 토체土體의 괘를 만나는 경우가 그런 것이다.

5) 체괘와 용괘가 비화比和하면 길하다

호괘는 일의 중간쯤의 상태를 알려주고, 변괘는 일의 마지막 결과를 알려준다. 따라서 용괘가 길했으나 변괘가 흉하면 먼저는 길하나 나중은 흉한 것이고, 용괘가 흉했으나 변괘가 길하면 먼

---

4 설기洩氣 : 기운이 빠져나감.

저는 흉하고 나중은 길하게 된다〔용괘가 변한 것이 변괘이다〕.
　체괘가 용괘를 극하면 모든 일이 길하고, 용괘가 체괘를 극하면 모든 일이 흉하다. 체괘가 용괘를 생하면 점차 줄어서 없어지는 근심이 있고, 용괘가 체괘를 생하면 점차 늘어나는 기쁨이 있다. 체괘와 용괘가 비화하면 모든 일이 순조롭게 이루어진다.

6) 괘를 보았을 때 체괘를 생하는 괘가 있으면 어떻게 해석할 것인가?

① 건금☰이 체괘를 생하면 주로 공공기관에서의 기쁜 일이 일어나게 된다.
- 공과 명예가 따르게 되거나, 혹은 관직 때문에 재물이 불어나고, 혹은 송사에 유리한 판결을 받으며, 혹은 금은 보화의 이익이 따르고, 혹은 노인老人이 재물을 바치며, 혹은 원로급 인사로부터 은혜를 입게 되고, 혹은 승진하는 기쁨이 있게 된다.

② 곤토☷가 체괘를 생하면 주로 토지로 인한 기쁨이 있게 된다.
- 토지로 인해 재물이 불거나, 혹은 마을사람들의 이익이 있으며, 혹은 음인[5] 등에 의한 이익이 있고, 혹은 과일이나 곡식을 얻게 되며, 혹은 포나 비단 등 옷감을 얻는 기쁨이 있다.

---

5 음인陰人 : 여인이나 소인.

③ 진목☳이 체괘를 생했을 때는 주로 산림山林에 의한 이익이 있게 된다.

- 산림으로 인한 재물의 이익이 있게 되거나, 혹은 동쪽으로 나아가면 재물을 얻게 되며, 혹은 활동함으로 인해서 기쁨이 있고, 혹은 산림에서 얻어진 재화를 교역하는데 이로움이 있으며, 혹은 초목草木과 관련된 성씨姓氏를 만나면 좋다.

④ 손목☴이 체괘를 생하면 진목☳과 마찬가지로 산림에 의한 이득이 있게 된다.

- 산림으로 인한 재물을 얻게 되거나, 동남방으로 나아가면 재물을 얻게 되며, 혹은 초목草木과 관련된 성씨姓氏에 의해 이득을 얻으며, 차와 과일로 인한 이익이 있으며, 역시 차나 과일 혹은 채소 등을 쌓고 보내는 일로 인한 기쁨이 있게 된다.

⑤ 감수☵가 체괘를 생하면 북쪽방면과 관련된 기쁜 일이 있게 된다.

- 북방의 재물을 받게 되거나, 혹은 성씨에 수水가 들어간 사람〔氵자 또는 氺자〕과의 사귐이 있으며, 혹은 물고기나 소금 술 등 주로 물에 관한 재물과 문서를 주고받거나 유통하는 일에 이익이 있다.

⑥ 리화☲가 체괘를 생하면 남쪽방면과 관련되어 기쁜 일이 있게 된다.

- 문서文書에 의한 기쁜 일이 생기거나, 혹은 용광로나 불무질 등

불과 관련되어 이로움이 있으며, 혹은 화火와 관련된 성씨에 의해 이득이 생기게 된다.

⑦ **간토☷가 체괘를 생하면 동북방과 관련된 기쁜 일이 있게 된다**
- 산山이나 밭[田]에 기쁜 일이 있거나, 혹은 산림이나 전토田土에서 재물을 얻으며, 궁음宮音이 나거나 토土자가 들어간 성씨에 의해 재물을 얻고, 사람이나 사물이 안온하게 되며, 일에 있어서는 처음과 끝이 분명해지게 된다.

⑧ **태금☱이 체괘를 생하게 되면 서방의 재물과 연관이 있게 된다**
- 기쁨과 즐거움을 주는 일이 생기거나, 혹은 음식을 먹게 되거나 금은보화를 얻게 되며, 상음商音이거나 구口자가 들어가는 성씨의 사람과 기쁘게 만나게 된다. 혹은 시장의 상품선전하는 사람을 만나게 되며, 혹 손님과 주인이 서로 즐거워하는 것이 되며, 혹은 학우들끼리 열심히 경쟁하며 공부하는 기쁨이 있게 된다.

7) 괘를 보았을 때 체괘를 극하는 괘가 있으면 어떻게 해석할 것인가?

체괘를 생하는 괘가 있을 때와 반대의 현상이 일어난다. 체괘에 대한 생이나 극이 없으면 단지 본괘만 가지고 그 길흉 및 시기를 논하면 된다.

① 건금☰이 체괘를 극했을 때는 주로 관공서에 안좋은 소란이 있게 된다
- 관공서 인사에 좋지 않은 소란이 있게 되거나, 혹은 재물이나 보물을 잃게 되며, 혹은 금전이나 양곡에 손해가 있게 되고, 혹은 원로급 인사의 분노를 사며, 혹은 귀한 신분의 사람에게 죄를 짓는다.

② 곤토☷가 체괘를 극하면 주로 전토田土에 대한 안좋은 소란이 있게 된다
- 전토田土에 손실이 있거나, 혹은 소인에 의한 해코지가 있으며, 혹은 음인陰人의 침범이 있고, 혹은 비단이나 베 등의 재물에 손실이 있고, 혹은 곡식 등에 해가 있게 된다.

③ 진목☳이 체괘를 극하면 주로 헛되게 놀라는 일이 발생하거나 항상 두려운 일이 많이 생긴다
- 마음이나 몸이 안정을 취하지 못하거나, 혹은 집안에 요사스런 재앙이 있거나, 혹은 초목草木과 관련된 성씨에 의한 침해가 있고, 혹은 산림에 손실이 있게 된다.

④ 손목☴이 체괘를 극하면 진목☳과 마찬가지로 초목과 관련된 성씨에 의한 침해가 있게 된다
- 산림에 관한 문제로 우환이 생기거나, 혹은 꾀하는 일에 동남방쪽의 사람에 의한 방해가 있고, 집안에 있을 때는 음인陰人의 이간질에 의한 재액을 받게 된다.

⑤ **감수☵가 체괘를 극하면 주로 험하고 함정에 빠지는 일이 생기게 된다**

- 도적에 의한 근심이 있게 되거나, 수[水:氵, 氺]자가 들어 가는 성씨에 의해 그 하고자 하는 뜻을 잃게 되며, 혹은 술을 마신 후에 재앙이 생기고, 혹은 수水자가 들어 가는 성씨에 의해 침해를 받게 되며, 혹은 북쪽 사람에 의해 재앙을 입게 된다.

⑥ **리화☲가 체괘를 극하면 주로 문서에 의한 잘못이 있게 된다**

- 실화失火로 인해 놀랄 일이 생기거나, 혹은 남쪽방면과 관련된 근심이 생기고, 화[火:灬]와 관련된 성씨에 의한 피해가 있게 된다.

⑦ **간토☶가 체괘를 극하면 모든 일에 연고가 많게 되어, 백가지 꾀하는 일에 장애가 있게 된다**

- 산림이나 전토를 잃게 되거나, 혹은 토土자가 들어가는 성씨에 의해 침해가 있고, 동북방과 관련된 앙화와 피해가 있으며, 혹은 분묘산소의 자리가 잘못 들어 편치않게 된다.

⑧ **태금☱이 체괘를 극하면 서방쪽의 일이 좋지 않으며, 주로 구설이나 분쟁이 일어나게 된다**

- 구口자가 들어가는 성씨의 감언이설에 의해 침해가 있게 되거나, 혹은 부숴지고 해지는 근심이 생기고, 혹은 음식으로 인한 걱정거리가 생기게 된다.

3. 체용총결의 원칙대로 보는 점

점을 판단할 때 일반적인 체와 용의 생극작용에 의해 판단하는 점이 있고, 약간의 예외를 두고 판단하는 점이 있다. 둘 사이에 큰 차이점은 없지만, 상황에 따른 특성이 조금씩 가감된다. 먼저 체용총결의 원칙대로 점판단을 하는 예를 들면 다음과 같다.

1〕 인사점 人事占

인사점은 체용관계를 잘 살펴야 하는데, 체가 주인이 되고 용이 손님이 된다. 인사점에서 말하는 체용론은 모든 점占의 기준이 되므로, 꼭 이해하고 넘어가야 한다.

① 체괘와 용괘가 극할 때
- 용괘가 체괘를 극하면 좋지 않고, 체괘가 용괘를 극하면 길하게 된다.

② 체괘와 용괘가 생할 때
- 용괘가 체괘를 생하면 시간이 지날수록 나아지게 되고, 체괘가 용괘를 생하면 시간이 지날수록 줄어들면서 잃게 된다.

③ 체괘와 용괘가 비화할 때

- 체괘와 용괘가 비화比和하면 꾀하는 일이 길하게 된다. 여기에 호괘와 변괘를 자세히 살펴서 길하고 흉함을 판단하는데, 그 괘상의 성하고 쇠함을 연구해서 판단하면 잘못 판단함이 없다.

④ 길흉의 판별

- 인사점에 있어서는 「체용장」을 잘 터득해 살펴서 길흉을 판단한다. 만약 체괘를 생하는 괘가 있으면 앞서 설명한 「괘를 보았을 때 체괘를 생하는 괘가 있으면 어떻게 해석할 것인가?」장을 보고, 만약 체괘를 극하는 괘가 있으면 앞서 설명한 「괘를 보았을 때 체괘를 극하는 괘가 있으면 어떻게 해석할 것인가?」장을 보면 된다. 생하고 극함이 없으면 단지 본괘만으로 판단한다. 이 아래에 기술한 다른 점에 있어서도 이 내용은 그대로 적용된다.

2〕 가택점家宅占〔집의 길흉을 보는 점〕

가택에 대해 점을 할 때는 체가 주인이 되고 용이 가택이 된다.

① 체괘와 용괘가 극할 때
- 체괘가 용괘를 극하면 집안에 길함이 많고, 용괘가 체괘를 극하면 집안에 흉한 일이 많다.

② 체괘와 용괘가 생할 때
- 체괘가 용괘를 생하면 줄어들고 없어지는 것이 많으며, 혹 도적으로 인해 재물의 손실이 있을 수도 있다. 용괘가 체괘를 생하면 나아갈수록 이익이 많아지고, 혹 음식물이나 재물을 선물 받을 수가 있다.

③ 체괘와 용괘가 비화할 때
- 체괘와 용괘가 비화하면 집안이 편안하다.

④ 길흉의 판별
- 체괘를 생하는 괘나 극하는 괘가 있으면, 앞서 말한 인사점체괘를 생하는, 또는 극하는 괘가 있을 때의 판단점으로 그 길흉을 판단한다.

3) 옥사점屋舍占〔재물창고에 대해 길흉을 보는 점〕

재물창고에 대해 점을 칠 때는 체가 주인이 되고 용이 재물창고가 된다.

① 체괘와 용괘가 극할 때
- 체괘가 용괘를 극하면 재물창고에 길함이 많고, 용괘가 체괘를 극하면 창고에 흉함이 많다.

② 체괘와 용괘가 생할 때
- 체괘가 용괘를 생하면 재물이 줄어들으며, 용괘가 체괘를 생하면 창고의 출입이 빈번하며 번창한다.

③ 체괘와 용괘가 비화할 때
- 체괘와 용괘가 비화하면 모든 일이 순조롭다.

4) 구재점 求財占

재물을 구하는 점은 체가 주인이 되고 용이 재물이 된다.

① 체괘와 용괘가 극할 때
- 체괘가 용괘를 극하면 재물을 얻게 되고, 용괘가 체괘를 극하면 재물을 얻지 못한다.

② 체괘와 용괘가 생할 때
- 체괘가 용괘를 생하면 차츰 재물이 손실되고, 용괘가 체괘를 생하면 점차 재물이 늘어난다.

③ 체괘와 용괘가 비화할 때
- 체괘와 용괘가 비화하면 순조롭게 재물이 늘어나게 된다.

④ 기일의 판별
- 재물을 얻는 날을 알고 싶으면 체괘를 생하는 괘의 기수 氣數[6]를 살피고, 재물을 잃는 날을 알고 싶으면 체괘를 극하는 괘의 기수를 살피면 된다.
- 또 만약 체괘가 용괘를 극하거나 체괘를 생하는 괘가 있으면, 그 극하거나 생하는 괘의 기수를 살펴 얻는 일짜를 판단하고, 체괘가 용괘를 생하거나 체괘를 극하는 괘가 있으면 그 생하거나 극하는 괘의 기수를 살펴 잃는 날짜를 판단한다.

---

[6] 괘의 기수는 부록의 선천팔괘 총정리에서 「때」에 관한 항목 참조.

5) 출행점 出行占

여행(또는 외출점)은 체가 주인이 되고 용이 여행하는 일이 된다.[7]

① 체괘와 용괘가 극할 때
- 체괘가 용괘를 극하면 순조롭게 출발하여 소득이 많게 되고, 용괘가 체괘를 극할 때 나가면 화를 입게 된다.

② 체괘와 용괘가 생할 때
- 체괘가 용괘를 생하면 여행하여 알지 못하는 가운데 손실을 입게 되고, 용괘가 체괘를 생하면 의외의 재물을 얻게 된다.

③ 체괘와 용괘가 비화할 때
- 체괘와 용괘가 비화하면 여행이 순조롭다.

---

[7] 여행에 있어서 체괘가 왕성하거나 모든 괘가 체괘를 생하면 좋고, 그렇지 않은 경우는 좋지 않다. 건금☰이나 진목☳이 많으면 많이 움직이게 되고, 곤토☷나 간토☶가 많으면 한 곳에 머무르게 된다. 손목☴이 있으면 배로 여행하게 되고, 리화☲가 있으면 육로로 가게 된다. 감수☵가 있으면 막히거나 길을 잃을 수가 있고, 태금☱이 있으면 분쟁에 말려든다.

6) 알현점 謁見占

알현점[8]은 체가 주인이 되고 용이 만나볼 사람이 된다.

① 체괘와 용괘가 극할 때
- 체괘가 용괘를 극하면 만날 수 있고, 용괘가 체괘를 극하면 만나지 못한다.

② 체괘와 용괘가 생할 때
- 체괘가 용괘를 생하면 만나기 어렵고 만난다 하더라도 소득이 없으며, 용괘가 체괘를 생하면 만나게 되고 소득도 있게 된다.

③ 체괘와 용괘가 비화할 때
- 체괘와 용괘가 비화하면 화기애애한 분위기에서 서로 만나게 된다.

---

8 지체가 높은 사람을 찾아 봄.

7) 관송점官訟占

송사에 있어서는 주인이 체가 되고 용이 상대방 또는 송사가 된다. 따라서 체괘가 왕성해야 좋고, 용괘는 쇠할수록 좋다.

① 체괘와 용괘가 극을 할 때
- 체괘가 용괘를 극하는 것이 좋고, 용괘의 극을 받으면 좋지 않다. 체괘가 용괘를 극하고 있으면 자신이 상대방을 이기는 것이고, 용이 체를 극하면 상대방이 자신을 이기는 것이다.

② 체괘와 용괘가 생을 할 때
- 체괘는 용괘의 생을 받으면 좋고 용괘를 생해주는 것은 좋지 않다. 체괘가 용을 생하면 지는 것은 아니지만 소송으로 인해 손실을 보는 바가 있으며, 용이 체괘를 생하면 이길 뿐만 아니라 송사로 인해 이득이 있게 된다.

③ 체괘와 용괘가 비화할 때
- 체괘와 용괘가 비화하면 송사에서는 제일 좋은 것으로, 송사를 잘 끌어갈 수 있을 뿐만 아니라 화해하는 뜻도 있다.

8) 분묘점墳墓占

산소에 관한 점은 체가 주인이 되고 용이 산소[墳墓]가 된다.

① 체괘와 용괘가 극을 할 때
- 체괘가 용괘를 극하면 길한 것이고, 용괘가 체괘를 극하면 흉한 터가 된다.

② 체괘와 용괘가 생을 할 때
- 체괘가 용괘를 생하면 장사지냄으로 인해 점차 쇠퇴하는 뜻이 있고, 용괘가 체괘를 생하면 음덕으로 인해 점차 흥기하는 뜻이 있다.

③ 체괘와 용괘가 비화할 때
- 체괘와 용괘가 비화하면 길한 터로 편안하면서도 번창하게 된다.

9) 질병점疾病占

질병점은 체가 병든 사람이 되고 용이 병의 증세가 된다. 따라서 체괘가 왕성해야 환자에게 좋고 그렇지 않으면 좋지 않다. 마찬가지로 체괘를 극하는 괘가 있으면 병이 악화되며, 체괘를 생해주는 괘가 있으면 병세가 호전된다.

① 체괘와 용괘가 극할 때
- 체괘가 용괘를 극하면 병세가 호전되고, 용괘가 체괘를 극하면 악화된다. 체괘가 용괘를 극하면 약을 쓰지 않아도 호전되고, 용괘가 체괘를 극하면 약을 쓰더라도 효험이 없다. 만약에 체괘가 극을 당하더라도 왕성하다면 그런대로 회복될 조짐이 보이지만, 체괘가 극을 당하면서 쇠하다면 며칠 안가서 사망하게 된다. 그 흉한 가운데서 혹시 구할 방도가 있나를 알고자 한다면 체괘를 생하는 괘가 있나를 살펴야 한다.

② 체괘와 용괘가 생할 때
- 용괘가 체괘를 생하면 호전되고, 체괘가 용괘를 생하면 시일을 끌어도 호전되지 않는다.

③ 체괘와 용괘가 비화할 때
- 체괘와 용괘가 비화하면 쉽게 호전된다.

④ 기일의 판별

- 쾌유되는 시기를 알고자 한다면 체괘를 생하는 괘의 기수氣數를 살피고, 그 악화되는 시기를 알고자 하면 체괘를 극하는 괘의 기수를 살피면 된다.

⑤ 의약의 처방

- 의약의 종류를 살피고자 하면 체괘를 생하는 괘의 성질을 살펴야 한다. 즉 리화☲가 체괘를 생하면 열이 많은 약을 써야 하고, 감수☵가 체괘를 생하면 차가운 약을 써야 하며, 간토☶가 체괘를 생하면 따뜻하게 보해주는 약을 쓰고, 건금☰이나 태금☱이 체괘를 생하면 서늘한 약을 써야 한다.

⑥ 귀신으로 인한 질병과 그 처방

- 만약 귀신을 믿는 사람이 있으면, 이는 역도易道와는 다르지만 또한 주역에 포함되지 않았다고 할 수 없으니, 이럴때도 이치로써 추론하여 대처하여야 한다. 즉 체괘를 극하는 괘가 있으면 그 괘에 해당하는 귀신이 들었다고 하면 된다.

- ㉠ **건금☰이 체괘를 극할 때** 건금이 체괘를 극하면 서북쪽의 신이다. 혹은 무력을 쓰는 귀신이고, 혹은 하늘의 운행에 의한 귀신계절병, 혹은 바름을 사칭하는 귀신에 해당한다.

- ㉡ **곤토☷가 체괘를 극할 때** 곤토가 체괘를 극하면 서남쪽의 신이다. 혹은 넓은 들판의 귀신이고, 혹은 친척의 귀신이며, 혹은 물가 마을의 토지신, 특정한 연고지가 없는 떠돌이 귀신에 해당

한다.

- ⓒ **진목☳이 체괘를 극할 때** 진목이 체괘를 극하면 동쪽의 귀신이다. 혹은 나무귀신이며, 뭇 요괴를 총칭하며, 혹은 도깨비를 보는 것에 해당한다.

- ㉣ **손목☴이 체괘를 극할 때** 손목이 체괘를 극하면 동남쪽의 귀신이다. 혹은 목을 매서 죽은 귀신이며, 혹은 형틀에 매여서 죽은 귀신에 해당한다.

- ㉤ **감수☵가 체괘를 극할 때** 감수가 체괘를 극하면 북방의 귀신이다. 혹은 물가의 귀신이며, 익사해서 죽은 귀신, 혈액에 관한 병으로 죽은 귀신에 해당한다.

- ㉥ **리화☲가 체괘를 극할 때** 리화가 체괘를 극하면 남쪽의 귀신이다. 혹은 용맹무쌍한 귀신이며, 부엌귀신, 제사 기일을 어김으로 인한 노함, 화재 등 불귀신, 혹은 열병으로 죽은 귀신에 해당한다.

- ㉦ **간토☶가 체괘를 극할 때** 간토가 체괘를 극하면 동북쪽의 귀신이다. 혹은 산이나 숲에서 숭배를 받는 귀신이며, 산에 사는 요괴나 땅의 요괴 또는 바위의 정령에 해당한다.

- ㉧ **태금☱이 체괘를 극할 때** 태금이 체괘를 극하면 서쪽의 귀

신이다. 혹은 전쟁터에서 죽은 귀신이고, 혹은 몹쓸 병으로 죽은 귀신이며, 목 베어 죽은 귀신에 해당한다. 괘가운데에 체괘를 극하는 괘가 없는 경우는 말할 필요가 없다.

10) 질병점 풀이의 예〔천지비괘 ䷋〕

"건금☰이 위에 있고 곤토☷가 아래에 있는 괘의 병점판단은 어떠합니까?"하고 물으니, 소강절선생이 답하기를

① 천지비괘의 첫번째 효가 변했을 때

- "먼저 첫번째 효가 변했을 때를 말하면, 건금이 체괘가 되고 곤토가 용괘가 되므로 체괘를 생하는 뜻이 있다〔土生金〕. 곤토의 초효가 변해서 진목☳이 되고, 외호괘는 손목☴이고 내호괘는 간토☶로 모두 생하는 뜻이 많으므로, 이를 일러 재앙이 없다고 하는 것이다. 생하는 날[9]을 맞아 즉시 회복될 것이다."

상괘	하괘	동효	득괘	호괘 및 변괘
건☰	곤☷	초효	비 → 무망	외호괘:손☴ 내호괘:간☶ 변괘:진☳

---

[9] 생하는 날이란, 용괘인 곤토坤土 및 호괘인 간토艮土를 생하는 날을 뜻한다. 즉 진술축미辰戌丑未월이나, 미未·신申이 들어가는 연월일시, 또는 7·8·5·10인 월과 일, 토요일 등이 이에 해당한다. 이러한 날들은 모두 토기운이 강하므로 결국 체괘인 건금을 왕하게 해준다〔土生金〕.

- 하괘가 동했으므로 상괘인 건금이 체괘가 되고, 하괘인 곤토가 용괘가 된다.
- 변괘인 진목☳이나 외호괘인 손목☴은 체괘인 건금乾金에게 극을 당하는 괘이고, 내호괘인 간토☶는 건금을 생하는 괘이다. 따라서 생하는 뜻이 많다고 한 것이다.

② 천지비괘의 두번째 효가 변했을 때
- "또 두번째 효가 변하면 곤토가 변해서 감수〔水 ☵〕가 된다. 이렇게 되면 체괘☰가 기운이 빠져〔金生水〕금기운이 망하는 뜻이 있다. 체괘의 건금乾金은 수로 들어가고〔金生水〕하여 수기운으로 화함, 외호괘는 손목〔風 ☴〕이고 내호괘는 리화〔火 ☲〕로 바뀌니 바람과 불이 서로 기세를 좋게 하여〔木生火〕체괘〔金〕를 극하는 뜻이 있다〔火克金〕."
- 여기에 점칠 때 주변의 상황이 어떠한가 하고 살펴보니, 집이 불타는 상이므로 단정하여 말씀하기를 "죽을 것이 뻔하다"고 하였다.
- 춘하추동의 사계절 중 어떤 계절에 점했는가를 다시 이치로 살펴볼 필요가 있다.

상괘	하괘	동효	득괘	호괘 및 변괘
건☰	곤☷	이효	비 → 송	외호괘:손☴ 내호괘:간☶→리☲ 변괘:감☵

- 하괘가 동했으므로 상괘인 건금이 체괘가 되고, 하괘인 곤토가 용괘가 된다.

- 일반적으로 호괘가 변해서 된 괘는 따지지 않는다. 여기서는 체괘인 건금乾金이 용괘인 곤토坤土의 생함을 받다가, 용괘가 변해서 감수坎水가 되자 오히려 변괘를 생해주므로, 처음에는 길하다가 나중에 흉하게 되는 뜻을 살린 것이다.
- 만약 가을점이면 체괘인 건금이 왕성하게 되므로, 혹 살아날 수 있다.

③ 천지비괘의 세번째 효가 변했을 때
- "또 세번째 효가 변했을 때는 곤토☷가 변해서 간토〔土 ☶〕가 된다. 용괘나 변괘가 모두 체괘☰를 생하는 뜻이 있으므로〔土生金〕, 호괘를 볼 필요없이 길할 것이 확실하다."

상괘	하괘	동효	득괘	호괘 및 변괘
건☰	곤☷	삼효	否 → 遯	외호괘:손☴→건☰ 내호괘:간☶→손☴ 변괘:간☶

- 하괘가 동했으므로 상괘인 건금이 체괘가 되고, 하괘인 곤토가 용괘가 된다.

④ 천지비괘의 네번째 효가 변했을 때
- "또 네번째 효가 변했을 때는 건금☰이 변해서 손목〔木 ☴〕이 된다. 이 때는 상괘가 변했으므로 하괘인 곤토☷가 체괘가 되고 상괘인 건금이 용괘가 되는데, 건금이나 손목이 모두 체괘인 곤토를 극하는 뜻이 있으므로, 설사 호괘가 길하더라도 흉하게 된다. 또 나무에는 시신을 메고 간다는 뜻이 있고, 쇠에는

돌로 된 제단10의 뜻이 있으므로 그 이치가 맞는 것이다."

상괘	하괘	동효	득괘	호괘 및 변괘
건	곤	사효	否 → 觀	외호괘:손→간 내호괘:간→곤 변괘:손

- 변괘인 손목巽木은 체괘인 곤토坤土를 목극토木克土하여 극하고, 용괘인 건금乾金은 체괘에게 생함을 받아 그 기운을 뺏으므로, 모두 체괘〔곤괘〕를 극하는 뜻이 있다고 하였다.

⑤ 천지비괘의 다섯번째 효가 변했을 때

- "또 다섯번째 효가 변했을 때는 건금이 변해서 리화〔火〕가 됨으로써 오히려 체괘를 생해준다. 호괘가 변해서 같이 체괘를 생해주므로 길할 것이 틀림없다. 여기에 길한 조짐이 있으면 쾌차할 것이고, 흉한 조짐이 있으면 오래 끌면서 죽을 고비를 넘길 것이다."

상괘	하괘	동효	득괘	호괘 및 변괘
건	곤	오효	否 → 晉	외호괘:손→감 내호괘:간 변괘:리

---

10 변괘인 손목에서 관을 짜는 재료가 나오고, 용괘인 건금에서는 돌로 된 제단이라는 뜻이 나온다.

- 외호괘인 손목☴이 체괘인 곤토☷를 극했으나, 변해서 감수☵가 되어 오히려 체괘에게 극을 당하므로, 체괘를 생해주는 뜻이 있다고 하였다. 대부분에 있어 호괘가 변해서 된 괘는 따지지 않으나, 앞서의 이효가 동한 예에서와 마찬가지로 용괘가 체괘의 생함을 받다가, 변해서 오히려 체괘를 생해주므로, 처음에는 흉하다가 나중에 길하게 되는 뜻을 살린 것이다.

⑥ 천지비괘의 여섯번째 효가 변했을 때

- "또 여섯번째 효가 변하면 건금☰이 변해서 태금〔金 ☱〕이 된다. 체괘가 토생금土生金 하느라고 기운이 빠지고, 외호괘는 손목〔巽木 ☴〕으로 흉하며〔木克土〕, 내호괘는 간토〔艮土 ☶〕로 길하니〔체괘와 같은 토이므로 비화함〕, 죽지는 않지만 위태한 지경에 이르는 것이다.

상괘	하괘	동효	득괘	호괘 및 변괘
건☰	곤☷	상효	否 → 萃	외호괘:손☴ 내호괘:간☶ 변괘:태☱

- 여기에 길한 조짐이 있으면 길하다고 할 것이나, 흉한 조짐이 있으면 흉하다고 하여야 할 것이니, 이러한 경우가 가장 판단하기 어렵다. 다른 괘의 판단에 있어서도 이러한 예를 모방하면 판단이 틀리지 않을 것이다."

4. 체용총결의 예외를 인정하는 점

점치는 대상에 따라서는 체용총결의 원칙대로 보기 힘든 점판단도 있다. 여기에서는 그러한 예외를 예로 들면서 그 이유를 설명하였다.

1] 천시점天時占

천시天時를 점할 때는 체괘와 용괘를 나누지 않고[체용총결의 원칙을 무시함], 모든 괘를 고루 살펴서 그 오행의 관계를 상세하게 추론한다.[11]

① 어느 괘가 많은가에 따라 판단해야 한다

- 리화가 많으면 맑게 되고 감수가 많으면 비가 오게 되며, 곤토가 많게 되면 그늘지고 어두우며, 건금이 많으면 맑고 밝으며, 진목이 많으면 봄과 여름에는 뇌성벽력이 치고, 손목이 많으면 사계절 모두 바람이 불게 된다. 또 간토가 많으면 오랜 비끝에 반드시 맑게 되고, 태금이 많으면 그늘지지 않으면 역시 비가 오게 된다.

---

[11] 제 6부의 2항[삼요영응편]의 「천문이 인사에 응함」과 3항십응의 오묘함을 논함의 「천시의 응」참조.

② 계절에 따라 하여야 한다
- 여름점에서 리화☲가 많고 감수☵가 없으면 드센 가뭄에 불볕 더위가 되는 것이고, 겨울점에 감수☵가 많은데 리화☲가 없으면 비와 눈이 몰아치는 것이다. 금기운에 속하는 건금☰과 태금☱은 가을에는 맑고 밝음이 되나, 겨울에는 눈보라 속에 추위가 살을 에는듯한 날씨를 뜻한다.
- 토기운에 속하는 곤토☷와 간토☶는 봄에는 비나 이슬이 되지만, 여름에는 찌는 듯한 무더위가 된다.『주역』에 말하기를 "구름은 용을 좇으며 바람은 범을 따른다"고 하였으며, 또 "간토☶는 구름이 되고 손목☴은 바람이 된다"고 했으니, 간토와 손목이 서로 거듭 만나면, 바람과 구름이 만나 모래와 자갈이 날리며 해가 가려지고 산이 감추어지나, 사계절에 항상 그런 것이 아니고 또 두 가지 괘만으로 되는 것도 아니다.

③ 체괘와 용괘 및 호괘 변괘의 배속된 특성을 살펴야 한다
- 모든 괘를 고루 살핀다는 것은 호괘와 변괘를 말한다. 그리고 오행이란 리화☲는 불에 속하니 맑음을 주관하고, 감수☵는 수에 속하니 비를 주관하며, 곤토☷는 땅의 기운[地氣]이 되니 습기찬 것을 주관하고, 건금☰은 하늘이 되니 주로 맑고 밝음을 주관한다. 진목☳은 우레이고 손목☴은 바람이 되니, 가을이나 겨울에 진목☳이 많고 진목을 막는 것이 없으면 또한 비정상적인 우레가 있게 되고, 손목☴이 있으면 바람이 진동하듯 거센 것을 뜻한다.
- 간토☶는 산에 피어오르는 구름의 기운이지만, 만약 비가 오랫

동안 온 상태에서 간토艮土를 얻었으면 마땅히 그치게 되니, 간토는 그치는 뜻이고 또한 토극수土克水한다는 뜻도 있기 때문이다. 태금☱은 연못〔澤〕이 되므로 비가 되지 않으면 또한 그늘 지게 된다. 이러한 조화에 대한 판별은 실로 예측하기가 어렵지만 수리數理의 신묘함에 의해 또한 믿고 기댈 수 있는 것이다.

- 이 때문에 건금☰은 하늘을 표상했으므로 사계절 모두 맑고 밝음으로 판별하는 것이고, 곤토☷는 땅을 본받았기 때문에 습기 차고 어두운 기운이 있는 것이다. 건금과 곤토의 수가 같을 경우는 맑고 비옴이 때에 따라 변하는 것이고, 곤토와 간토☶가 같이 있으면 습기차고 어두움에 변덕이 많은 것이다. 오랫동안 비가 오면서도 개이지 않더라도, 간토☶를 만나면 그치게 된다. 또 오랫동안 맑아서 비가 오지 않더라도 간토☶를 만나면 비오게 된다.

④ 괘와 효의 음양을 살펴야 한다

- 점복의 수는 양이 있고 음이 있으며, 괘의 상에는 홀과 짝이 있으니, 음은 비가 되고 양은 맑은 것이고, 홀과 짝에는 어둡고 무거운 것이 있다. 곤토☷는 노음老陰으로 극한 것이므로, 오랫동안 맑았다면 필히 비가 올 것이고, 음산하고 비가 오랫동안 왔다면 맑게 되는 것이다.

- 만약 감수☵가 둘이고 리화☲가 둘이 있다면, 또한 때로 맑고 때로 비가 올 것이다. 감수는 물이니 반드시 비가 오는 것이고, 리화는 불이니 반드시 맑게 되는 까닭이다.

⑤ 다른 괘와의 관계를 살펴야 한다
- 감수☵가 간토☶의 위에 있으면 안개가 덮이고 구름이 크게 일어난다. 만약 태금☱의 위에 있다면 서리가 엉기고 눈이 내리게 될 것이다. 건금☰과 태금☱은 서리가 되고 눈이 되며 싸라기눈과 우박이 된다.
- 리화☲는 해가되고 번개가 되며 무지개가 된다. 리화는 번개가 되고 진목☳은 우레가 되므로 둘이 만나면 번개와 우레가 같이 일어나게 된다.
- 감수☵는 비가 되고 손목☴은 바람이 되므로 둘이 만나면 비바람이 크게 일어난다. 진목☳과 진목이 만나면 뇌성벽력이 크게 일어나 놀라게 하며, 감수☵가 차례로 나타나면 윤택함이 국토의 끝까지 미치게 된다.
- 리화☲가 간토☶의 위에 있으면 저녁에는 비오고 다음날 아침에는 개게 되고, 리화의 호괘가 간토면 저녁에 맑았다가 아침에 비오게 된다. 손목☴과 감수☵의 호괘가 리화면 무지개가 나타나게 되고, 손목과 리화의 호괘가 감수일 경우에도 역시 무지개가 나타난다.

⑥ 대성괘의 특성을 살펴야 한다.
- 괘체가 둘이 만나는 것은 또한 효상을 총체적으로 판단하여야 한다. 즉 지천태괘䷊와 수천수괘䷄는 어둡고 흐릿한 상이 되고 〔지천태괘는 하늘이 땅에 가리우고, 수천수괘는 하늘이 물에 가리운 상이다〕, 천지비괘䷋와 수지비괘䷇는 칠흙같이 어두운 상이다〔천지비괘는 하늘과 땅이 서로 막혀서 교통이 되지 않는

상이고, 수지비괘는 땅위에 물이 처음 흐르기 시작한 상이다). 순수하게 리화離火로만 된 것[重火離卦 ䷝]은 여름에는 반드시 가뭄을 뜻하며, 사계절에 걸쳐 맑음이 된다. 순수하게 감수坎水로만 된 것[重水坎卦 ䷜]은 겨울에는 반드시 한파가 일고 사계절에 걸쳐 많은 비를 뜻한다.

- 수화기제괘䷾나 화수미제괘䷿는 사계절에 걸쳐 바람과 비를 예측하기 어렵다. 풍택중부괘䷼나 택풍대과괘䷛는 삼동三冬일지라도 반드시 비나 눈이 내린다. 수산건괘䷦나 산수몽괘䷃는 백보를 걷기 전에 우산을 쓰게 된다. 지풍승괘䷭나 풍지관괘䷓는 언제나 배를 타서는 안된다.

⑦ 한가지 일에 매이지 말고 종합적으로 보아야 한다

- 이러한 천시를 점할 때 한가지 일에 매여서는 안된다. 진목과 리화가 우레가 되고 번개가 되는 것은 여름의 하늘일 경우에 해당하고, 건금과 태금이 서리가 되고 눈이 되는 것은 겨울에 해당하는 것이니, 천지의 이치가 큰 것이고, 수에 대한 이치의 묘함이 지극한 것이다. 이 이치를 얻은 자는 마땅히 경건히 보물로 여겨야 할 것이다.

⑧ 천문점 예12

- 송강松江 정철鄭澈 선생이 사령沙嶺이라는 곳에서 비를 만나 길을 떠나지 못하고 있었다. 그래서 '언제 개일 것인가[何月]'라

---

12 송강선생의 『松江先生遺稿』 중 「燕山雜記」에 출전한 내용이다.

는 뜻으로 '何月'의 두 자를 짚어 점을 쳤다.[13]

상괘	하괘	동효	득괘	호괘
何→ 9 9÷8=1 나머지 1 ∴ 1→乾	月→ 6 6→ 坎	9+6=15 15÷6=2 나머지 3 ∴ 3효동	訟 → 姤	외호괘: 내호괘: 변괘:

- '何' 자는 9획이니, 8로 나누면 나머지가 1이 되므로 건[一乾天 :]을 짓고, '月' 자는 6획이니 감[六坎水 :]을 지어 천수송괘[天水訟 :]를 얻었다. 또 상괘수와 하괘수를 합한 15[9+6]를 6으로 나누고 남은 3을 동효로 삼으니, 지괘는 천풍구괘[天風姤 :]가 된다.
- 괘 속에 감수가 있고, 이를 건금이 생하니 비가 그치지 않는 상이다. 그러나 감수가 변하여 손목이 되니, 감수의 기운이 설기되어[水生木] 비가 조금씩 멎게 된다. 또 내호괘가 리화가 되니, 손목의 바람으로 구름을 흩고 리화의 불로 말려서 해가 나고 비가 개이는 형상이 된다. 과연 저녁 무렵에 날이 개이기 시작하더니, 쾌청한 날이 이어져 길을 떠날 수 있었다.

---

13 글자점을 칠 때는 곡획曲劃도 포함한다. 또 천시점에서는 체괘와 용괘를 나누지 않고 각괘의 오행생극 및 다소多少로 판별한다.

2〕 혼인점 婚姻占

혼인점을 할 때는 체가 주인이 되고 혼인이 용이 된다. 혼인점은 체용총결의 예외라기보다는 이치를 염두에 두어야 하는 점이다.

① 체괘와 용괘가 극할 때[14]
- 체괘가 용괘를 극하면 이루어지기는 하나 늦게 성사되며, 용괘가 체괘를 극할 때는 이루어지지 않고, 이루어진다 하여도 해롭게 된다.

② 체괘와 용괘가 생할 때
- 용괘가 체괘를 생할 때는 혼인이 쉽게 이루어지고, 혹 혼인으로 인해 이득이 많으며, 체괘가 용괘를 생할 때는 혼인이 이루어지기 어려우며, 혹 혼인으로 인해 잃는 것이 많다.

③ 체괘와 용괘가 비화할 때[15]

---

[14] 다른 점에 있어서는 체괘가 용괘를 극하면 좋지만, 혼인점은 혼인이 용이기 때문에 체가 용을 극하는 것이 좋은 것만은 아니다. 이 아래에 다른 점들도 비슷한 이유에서 이치로 해석하여야 한다.

[15] 혼인점에 있어서 점치는 사람의 집이 체가 되고 상대방의 집이 용이 된다. 체괘가 왕성하면 점치는 사람의 집안이 나은 집안이고, 용괘가 왕성하면 상대방 집안이 나은 집안이 된다.
 용괘가 체괘를 생해주면 혼인해서 재물을 얻고, 혹은 상대방이 혼인에 적극적이다. 체괘가 용괘를 생하면 혼인해서 별반의 소득이 없고, 혹은 이쪽에서 혼인을 적극적으로 하려고 한다.

- 체괘와 용괘가 비화하면 길하면서 이득도 있다.

④ 괘를 얻은 경우
- 건금☰을 얻으면 단정하면서도 어른스럽고,
- 감수☵를 얻으면 사악하고 음탕하며 피부가 검은색이며, 질투가 있고 사치한 성격이다.
- 간토☶를 얻으면 누런 피부에 재주가 있다는 것을 알 수 있으며,
- 진목☳을 얻으면 우아한 미모가 있어 범하기 어려운 위엄이 있다. 손목☴을 얻으면 모발이나 터럭이 적고 못생겼으며 탐하는 마음이 많으며,
- 리화☲를 얻으면 작고 붉은 피부를 지녔으며, 성질이 급해 한 가지 일을 꾸준히 못하는 성격이다.
- 곤토☷를 얻으면 못생긴 얼굴에 배가 나왔으며, 피부는 누런색이며,
- 태금☱을 얻으면 훤칠한 키에 모든 것이 길며 피부는 흰색에 말을 잘하면서도 기쁨이 배어있다.

만약 체괘와 용괘가 비화하면, 서로간에 혼인을 하려고 서두르며, 또 서로 좋은 배필을 얻게 된다.

3) 생산점生産占

생산점에 있어서는 어머니[어미]가 체가 되고 그 자식[새끼]이 용이 된다. 따라서 일반적인 체용관계와는 조금 다르게 판단해야 한다. 즉 체괘나 용괘가 왕성해야 좋고, 쇠하면 좋지 않으며, 체괘와 용괘가 서로 생해주면 좋고 서로 극하면 좋지 않다.

① 체괘와 용괘가 극할 때
- 체괘가 용괘를 극하면 자식에게 좋지 않고, 용괘가 체괘를 극하면 어머니에게 좋지 않다. 체괘가 용괘를 극하는데 용괘가 쇠하면 태아가 위험하고, 용괘가 체괘를 극하는데 체괘가 쇠하면 어머니가 위태하다.

② 체괘와 용괘가 생할 때
- 용괘가 체괘를 생하면 어머니가 좋고, 체괘가 용괘를 생하면 자식이 좋다. 체괘와 용괘가 비화하면 생산하고 키우는 것이 모두 순조롭다.

③ 남녀의 판별
- 만약 그 남녀를 판별하려면 모든 괘[체괘, 용괘, 호괘, 변괘]를 다 살펴봐야 한다. 양괘와 양효가 많으면 남아이고, 음괘와 음효가 많으면 여아이다.[16] 음과 양의 괘와 효가 서로 같으면, 점

---
16 양괘 : 건금☰, 진목☳, 감수☵, 간토☶ / 음괘 : 곤토☷, 손목☴, 리화☲,

치는 장소에서의 사람들이 홀수인가 짝수인가로 판별한다.

④ 기일의 판별
- 또 그 태어나는 날을 알고자 한다면, 용괘가 기수氣數를 얻는 날을 참조하여 결정한다. 용괘가 기수를 얻는 날이라는 것은 계절과 날짜에 용괘가 괘기를 얻는 날짜를 말한다.

4] 음식점飮食占[17]

음식점에 있어서는 체가 주인이 되고 용이 음식이 된다. 따라서 일반적인 체용관계와는 조금 다르게 판단해야 한다.

① 체괘와 용괘가 극할 때
- 체괘가 용괘를 극하면 음식을 먹는데 애로가 있을 것이고, 용괘가 체괘를 극하면 먹을 음식이 없을 것이다.

② 체괘와 용괘가 생할 때
- 용괘가 체괘를 생하면 음식이 풍부할 것이고, 체괘가 용괘를 생하면 음식이 적을 것이다.

태금☱.
[17] 제 7부의 12항〔음식편〕 참조.

③ 체괘와 용괘가 비화할 때

- 체괘와 용괘가 비화하면 음식이 풍족할 것이다.

④ 감수☵와 태금☱과의 관계

- 또 감수를 만나면 술이 있을 것이며, 태금을 만나면 음식이 있을 것이다.[18] 이와는 반대로 감수도 없고 태금도 없으면 음식도 술도 없을 것이다. 태금과 감수가 체괘를 생해주면 술과 음식을 실컷 마시고 먹게 될 것이다.

⑤ 음식의 종류 및 모인 사람

- 어떤 음식을 먹을 것인가를 알고 싶으면 음식으로써〔용괘나 호괘가 어떤 음식에 속하는 가를 참고해서〕추론하고, 어떤 사람과 같이 먹을 것인가를 알려면 호괘가 인사적으로 어떤 사람에 해당되는 가로 사람을 추론하라.[19] 음식으로 또는 인사점으로 추론하라는 것은, 해당되는 팔괘가 어떠한 물건에 속해 있는가를 살펴보라는 뜻이다.

---

[18] 곤토坤土와 간토艮土를 만나면 감수가 있더라도 술이 없게 되며〔土克水〕, 리화離火를 만나면 태금이 있더라도 음식이 없게 된다〔火克金〕.

[19] 호괘를 살피되 인사점에서 「124쪽 6항목」 및 「126쪽 7항목」을 참조하여 판단하라는 뜻이다.

5) 구모점 求謀占

꾀하는 일을 구하는 점에 있어서는 체가 주인이 되고 용이 꾀하는 일이 된다.

① 체괘와 용괘가 극할 때
- 체괘가 용괘를 극하면 꾀하는 일은 이루어지지만 늦게 성사된다. 용괘가 체괘를 극하면 꾀하는 일이 이루어지지 않고, 꾀하는 일 역시 해롭다.

② 체괘와 용괘가 생할 때
- 용괘가 체괘를 생하면 꾀하지 않아도 이루어지며, 체괘가 용괘를 생하면 꾸미는 일은 많으나 이루어짐은 적다.

③ 체괘와 용괘가 비화할 때
- 체괘와 용괘가 비화하면 꾀하는 일이 평상적인 성사를 이룬다.

6) 구명점求名占

명성 및 직업을 구하는 점에 있어서는 체가 주인이 되고 용이 명성 및 직업이 된다.

① 체괘와 용괘가 극할 때
- 체괘가 용괘를 극하면 명성 및 직업을 구하기는 하나 늦게 이루어지고, 용괘가 체괘를 극하면 명성 및 직업을 구할 수 없다.

② 체괘와 용괘가 생할 때
- 체괘가 용괘를 생하면 명성 및 직업을 구하기 힘들고, 설사 구했다 하더라도 명성 및 직업으로 인한 손상이 있다. 용괘가 체괘를 생하면 명성 및 직업을 쉽게 구할 수 있고, 또 명성 및 직업으로 인해 얻는 것이 있다.

③ 체괘와 용괘가 비화할 때
- 체괘와 용괘가 비화하면 공과 명성 및 직업을 같이 얻는다.

④ 기일의 판별
- 명성 및 직업을 얻는 날을 알고 싶으면, 앞서 말한 체괘를 생하는 괘의 기가 있는 날을 상세히 보면 된다. 만약 체괘를 극하는 괘가 없으면 명성 및 직업을 쉽게 이룰 수 있으며, 체괘의 기수를 살펴서 그 얻는 날을 판별하면 된다.
- 만약 재임중에 점을 칠 때는 체괘를 극하는 괘를 제일 경계해

야 한다. 체괘를 극하는 괘가 있으면 재임중에 화를 입을 것이니, 가벼울 경우는 상관에게 질책을 받을 것이고, 무거울 경우는 좌천되거나 직책을 박탈당할 것이다. 그 좋지 않게 되는 날짜는 체괘를 극하는 괘의 기수에 해당하는 때와 날에 따른다.

⑤ 부임하는 곳의 판별
- 직책을 맡아 부임하는 곳을 알고 싶으면 변괘에 따라 살펴보면 된다.

7〕 교역점 交易占

교역점은 체가 주인이 되고 용이 교역하는 일이 된다.

① 체괘와 용괘가 극할 때
- 체괘가 용괘를 극하면 교역은 성사되나 늦게 이루어지고, 용괘가 체괘를 극하면 교역이 이루어지지 않는다.

② 체괘와 용괘가 생할 때
- 체괘가 용괘를 생하면 이루어지기 어렵고, 이루어진다 하더라도 손실이 따르며, 용괘가 체괘를 생하면 이루어지며 또 반드시 이득이 따른다.

③ 체괘와 용괘가 비화할 때

- 체괘와 용괘가 비화하면 교역이 쉽게 이루어진다.

8) 행인점 行人占

행인점은 체가 주인이 되고 용[20]이 행인이 된다.

① 체괘와 용괘가 극할 때
- 체괘가 용괘를 극하면 출타한 사람이 돌아오기는 하나 늦게 돌아오고, 용괘가 체괘를 극하면 출타한 사람이 돌아오지 않는다.

② 체괘와 용괘가 생할 때
- 체괘가 용괘를 생하면 출타한 사람이 아직 돌아올 때가 안된 것이고, 용괘가 체괘를 생하면 출타한 사람이 즉시 돌아온다.

③ 체괘와 용괘가 비화할 때
- 체괘와 용괘가 비화하면 머지 않아 돌아온다.

---

[20] 용괘는 행인의 상태를 말하니, 왕성하거나 생해주는 괘가 있으면 밖에 있더라도 편안하고 순조로우며, 쇠하거나 극하는 괘가 있으면 재앙속에 헤매게 된다. 용괘가 진목☳이면 바빠서 편안치 못하고, 간토☶면 막힘이 있으며, 감수☵면 험난하고, 태금☱이면 분쟁이 있게 된다.

9〕 실물점失物占

실물점은 체가 주인이 되고 용이 잃어버린 물건이 된다.

① 체괘와 용괘가 극할 때
- 체괘가 용괘를 극하면 찾기는 하나 늦어지고, 용괘가 체괘를 극하면 찾지 못한다.

② 체괘와 용괘가 생할 때
- 체괘가 용괘를 생하면 찾기가 어렵고, 용괘가 체괘를 생하면 쉽게 찾는다.

③ 체괘와 용괘가 비화할 때
- 체괘와 용괘가 비화하면 물건을 잃지도 않는다.

④ 물건이 있는 장소[21]
- 변괘變卦는 현재 물건이 있는 장소가 된다. 변해서 건금☰이 되면 서북쪽이나, 공공건물의 높은 곳, 쇠나 돌 등 단단한 물건의 옆, 둥근 그릇의 안, 또는 아주 높은 장소에 있다.
- 변해서 곤토☷가 되면 서남쪽이나, 밭이나 들, 창고, 농사 짓는 곳, 토굴 속이나 구멍, 도자기 속이나 각이진 그릇 속에 있다.

---

[21] 제 7부의 7항〔체용론 후기〕 참조. 점친 예로는 제 8부 1항〔연월일시 점례의 「매향점」〕과 제 9부 2항〔기타 점을 친 예〕의 「물건을 살필 때 역의 효사를 이용한 예」 「물건점 및 재물점」 참조.

- 변해서 진목☳이 되면 동쪽에 있거나, 산의 숲속, 가시덤풀 속, 종이나 북 등 소리 나는 것의 옆, 번잡한 시장터, 또는 큰길가에 있다.
- 변해서 손목☴이 되면 동남쪽에 있거나, 산의 숲속, 사찰이나 관광지, 채소를 기르는 터, 배나 차안, 나무그릇 속 등에 있게 된다.
- 변해서 감수☵가 되면 북쪽에 있거나, 물가 또는 도랑, 샘이나 우물, 술집 근처, 어장이나 소금 만드는 곳 등에 있다.
- 변해서 리화☲가 되면 남쪽에 있거나, 푸줏간, 난로 근처, 밝은 창가, 빈집, 문서나 책갈피, 소각장 등에 있게 된다.
- 변해서 간토☶가 되면 동북쪽에 있거나, 산의 숲속, 가까운 도로변, 암석 주변, 숨겨진 구멍 속 등에 있다.
- 변해서 태금☱이 되면 서쪽에 있거나, 연못 근처, 무너진 흙담, 버려진 우물이나 버려진 연못 속에 있게 된다.

이상은 체괘와 용괘의 관계로 18가지 점법을 예시한 것이니, 후학들이 준칙으로 삼기 바란다. 세상일이 많은데 어찌 18가지로 다 설명할 수 있으랴마는, 이상의 18가지는 큰 줄거리가 되는 요점이 되니, 점치는 사람이 여기에서 유추해 판단하면 될 것이다.

5부. 체용론2

5부. 체용론 2

1. 체와 용體用

1) 내괘〔내응괘〕의 체와 용

점을 쳐서 괘를 얻는 것에 세 가지 중요한 것이 있으니, 본괘本卦와 호괘互卦 그리고 변괘變卦이다.

본괘는 체와 용으로 나누니, 이것이 하나의 체에 하나의 용인 것이며〔一體一用〕, 괘를 오행으로 분류해서 생하고 극하며 비화하는 이치를 밝히는 것이 체용론이다.

이 때의 용괘〔본괘를 체괘와 용괘로 나누었을 때의 용괘〕가 가장 중요하고, 본래의 괘에서 변한 괘〔변괘〕 역시 용괘로 쓴다. 이상을 내괘의 체용이라 한다.

2) 외괘(외응괘) 역시 용이 된다

다음으로는 본괘 밖에서 응하는 괘를 보는데,[1] 이 또한 용괘가 된다. 내괘의 용과 합해서 용괘라고 한다. 이렇게 단지 하나의 체에 하나의 용만 있는 것이 아니므로, 이른바 체는 하나이고 용은 백 가지나 된다고 하는 것이다.

3) 일반적인 체용론

생하고 극하는 것이 분류됨에, 체와 용의 생하고 극하는 것을 논하는 것이니, 체를 생하면 길하고, 체를 극하면 흉하며, 체와 용이 비화하면 길하다는 것은 논할 필요도 없다.

체를 생하는 것이 많으면 더욱 길하고, 체를 극하는 것이 많으면 더욱 흉하다.

4) 생하고 극하는 괘의 왕쇠旺衰에 따라 길흉이 달라진다

한 괘가 체를 생하는데 다른 괘들이 그 생해주는 괘를 극하면 그 길함이 감소되고, 한 괘가 체괘를 극하는데 다른 괘가 그 극하는 괘를 극하면 그 흉함이 감소된다.

---

1 점칠 때의 주변의 조짐 : 이를 외괘라고 한다.

생해주는 괘를 생해주는 괘가 있으면 길하고, 극해주는 괘가 있으면 흉하다. 이러한 것들이 바로 체용의 생극이다.

5〕체용론의 예외

그러나 괘의 생하고 극함에 있어서 체와 용을 논하지 않는 것들이 있으니, 천시점에 있어서 진목☳이 있으면 우레가 치고, 손목☴이 있으면 바람이 불며, 감수☵가 있으면 비가 오며, 리화☲가 있으면 맑다고 점치는 것은 일정한 이치이다.

또 이러한 이치 외에 다른 것이 있으니, 건금☰과 태금☱이 많으면 진목☳이 있어도 우레치지 않고, 손목☴이 있더라도 바람 불지 않는 것으로, 이러한 이치가 다른 괘에도 모두 있는 것이다.

이러한 것과는 달리 본괘 밖에서 응하는 조짐이 있다. 매화나무 점에서 소녀가 꽃을 꺾는다고 점하는 것과, 모란꽃 점에서 말이 꽃을 밟아 뭉갠다고 판단하는 것과, 지풍승괘에서 음식이 나온다고 점하는 것 등은 외응이 아니면 판단할 수 없다.

2. 체용류 體用類

 심역心易의 사물에 깃들여 길흉을 판단함에 있어서는 체가 주인이 된다. 그러나 사람들은 한 가지 체에 한 가지 용이 있는 상도만 알고, 한 가지 체에 백 가지 용의 변화가 있음은 모른다. 체의 변화를 포함해 모든 괘가 내괘[본괘에 딸린 모든 괘]가 되고, 그 내괘 역시도 하나의 용괘만 알고 호괘와 변괘가 용괘가 되는 것은 모른다.
 삼요와 십응의 괘는 외괘[본괘 외에 점칠 때의 주변상황]에 대한 조짐에 속하는데, 외괘 역시 한 가지가 아니고 또 용이 아닌 것이 없다. 사물에 깃들인 속성을 연구하는 자가 체와 용의 학문을 얻어서는 지극한 방술로 여기고, 십응은 그저 그렇게 여긴다. 그러면서도 뒤에는 또 삼요를 완전한 방술로 여기며 말하기를 "체용은 체용이고 삼요는 삼요"라고 하면서, 결국은 "체용으로써 길흉을 판결하고 삼요로써 길흉의 조짐이라"고 하니, 누가 삼요 십응 체용의 이치를 알 것인가?

 오호라! 체용은 삼요없이는 완전하지 못하고, 십응은 체용없이는 볼 수 없으니, 체용과 삼요 그리고 십응은 서로 불가분의 관계인 것이다. 이 셋이 서로 하나의 이치로 나아갈 때 심역의 전체방술이 이루어져, 점복의 도를 다했다고 할 것이다.
 또한 건금☰과 태금☱이 많으면 손목☴이 있더라도 바람이 일지 않으며, 곤토☷와 간토☶가 많으면 감수☵가 있더라도 비가 오지 않으며, 감수☵가 많으면 리화☲가 있더라도 개이질 않으니, 건금과 태금의 금기운이 진목과 손목의 목기운을 극하는 것이고〔金克木〕, 곤토와 간토의 토기운이 감수의 수기운을 극하는 것이며〔土克水〕, 감수의 수기운이 리화의 불기운을 극하기 때문이니〔水克火〕, 이는 또한 변통에 통달하여 조짐을 옳게 추론하는 것이다.

즉 음식점을 쳐서 감수☵를 얻으면 술이 있게 되고, 태금☱을 얻으면 음식이 있게 되나, 곤토☷와 간토☶를 만나면 감수가 있더라도 술이 없게 되며, 리화☲를 만나면 태금☱이 있더라도 음식이 없게 되는 이치이니, 다른 괘도 이와같은 예를 따르면 될 것이다.

3. 쇠왕론衰旺論

생하고 극함을 밝힌 후에는 쇠하고 왕함을 보아야 한다. 왕하다는 것은 봄에는 만물이 소생하는 목기운이 왕성하므로 목기운인 진목☳이나 손목☴이, 여름에는 화기운인 리화☲, 가을에는 금기운인 건금☰과 태금☱, 겨울에는 수기운인 감수☵, 사계절의 과도기엔 토기운인 곤토☷와 간토☶가 각기 그 생함을 받아 왕성하게 됨을 말한다.

쇠하다는 것은 봄에는 토기운인 곤토와 간토〔木克土〕가, 여름엔 금기운인 건금과 태금〔火克金〕이, 가을엔 목기운인 진목과 손목〔金克木〕이, 사계절의 과도기엔 수기운인 감수〔土克水〕가 각기 극을 받아 약하게 됨을 말한다.

점치는데 있어서는 체괘가 왕성해야 하는데 왕성한 기운에다가 생함을 받으면 길하고, 기운의 극을 받으면 흉하다. 체가 쇠한데다 기운의 극을 받으면 그 흉함이 더욱 심해지고, 체괘가 쇠하지만 체를 생하는 기운이 있으면 그 쇠함이 차츰 해소된다. 체괘가 왕해야 길하듯이 그 체를 생하는 기운 역시 왕해야 좋으며, 또 체를 극하는 괘가 있다면 그 극하는 괘의 기운이 쇠해야 좋다.

4. 내외론 內外論

점치는 데 있어서 체용을 논하는 본괘가 내內이고, 본괘외의 모든 응하는 괘가 외外가 된다. 모든 응하는 괘와 삼요의 응 그리고 십응의 응은 반드시 내외괘로 합해서 본 후에 판단해야 한다. 내외괘를 합해보아야 판단할 수 있다는 것을 모르고, 체용은 체용대로, 삼요와 십응은 삼요와 십응대로 따로 떼어서 보면 그 조짐을 제대로 볼 수 없을 것이다.

그러나 앞서 말한 것과 같이 금과 은은 보물이므로 삼요로 볼 때 길한 것이지만, 만약 진목☳이나 손목☴이 체괘라면 극을 당해〔金克木〕오히려 불길하고, 병사나 칼은 흉한 것이어서 삼요로 보면 흉하지만, 만약 감수☵가 체괘라면 생함을 받아〔金生水〕흉하지 않으며, 출산을 묻는 점에서 남아를 보면 십응으로는 아들을 나을 조짐이나, 소남☶은 토에 해당하므로, 감수☵가 체라면 오히려 극을 당해〔土克水〕불길하고, 병점을 쳤을 때 삼요로 관棺을 보았다면 반드시 죽을 조짐이지만, 만약 리화☲가 체라면 생함을 받아〔木生火〕오히려 길하게 된다.

이와 같은 것을 보건대 내괘는 외괘가 없이 판단할 수 없고, 외괘 역시 내괘 없이 판단 할 수 없는 것이니, 점치는 정미로움은 내외를 합해 보는 도가 아니면 있을 수 없다.

5. 동정動靜

1) 동과 정을 구별하는 것이 필요하다.

　점치는 데 있어서 움직이고[動] 고요함[靜]의 기틀을 밝히기는 어렵지만, 이치는 항상함이 있고 일은 변동이 있는 것이다. 양은 움직이고 음은 고요한 것이니, 한 번은 동하고 한 번은 정하는 것이 이치의 발함이고, 이것은 고요한데 저것은 움직이니, 한 번 고요함에 백 가지로 움직이는 것이 일의 변화이다.

2) 나의 고요함으로써 움직이는 상대방을 살핀다.

　천하의 모든 일이 뒤섞여 무리지어 움직이나 나는 하나의 고요함으로써 그 움직임을 대하고, 사물의 움직임이 각기 그 단서가 있으나 나는 하나의 고요함으로써 그 움직임을 미리 예측한다. 움직이지 않으면 점을 칠 수 없고, 일이 없으면 점을 치지 않으며, 점을 칠 때는 여러 물상物象들의 일을 잘 살펴야 한다.

3) 움직이는 물상 중에 가장 마음에 잘 띠는 것으로 대상을 삼는다.

물상이 움직여서 흉하게 될 것은 내 점에 있어서도 흉한 조짐으로 나오고, 물상이 움직여서 길하게 될 것은 내 점에 있어서도 길한 조짐으로 나온다. 그러나 시끄러운 시장이나, 사람이 섞여 있어서 소란하거나, 여러 물상들이 많을 경우 어떤 일을 잡고 어떤 물상을 선택해서 점치는 데 쓰이는 조짐으로 삼을 것인가? 이 또한 이치를 추론하여 일에 합당한 것을 찾아야 할 것이다.

대개 여러 무리가 움직이는 가운데 그 몸이 나의 눈과 귀에 가장 가까운 자나, 먼저 눈에 띄는 자, 여러가지 일중에 분명하게 돋보이는 자, 혹은 내 마음에 와 닿는 일 등이 점을 치는데 합당한 대상으로 쓰인다.

4) 자신이 점치려는 일과 관련있는 것을 대상으로 삼는다.

명성을 구하려고 했다면 여러 움직임 중에 관청이나 문서 관복 또는 관청을 상징하는 신표 등이 그 대상이 될 것이며, 재물을 구하려 했다면 크게 경영하는 상인이나 큰 상점 또는 금은보화 등의 물건이 재물을 얻게 되는 조짐이 될 것이며, 송사訟事를 하려 했다면 곤장을 맞는다든가 수갑 등의 형벌기구 등을 보는 것이 불길할 것이며, 병점病占을 하려 했다면 삼베나 관 등의 물건을 보면 죽을 지경에 이르게 될 것이다.

그래서 이를 보고 "일마다 상관이 있고, 물건마다 서로 응함이 있는 까닭에 조짐으로써 내 점괘의 가장 중요한 요소를 삼는다"고 말하는 것이다.

5) 동정에 따라 기일이 달라진다.

앉아 있으면 그 상응함이 더디고, 걷고 있으면 그 상응함이 빠르며, 달리고 있으면 그 상응함이 더욱 빠르고, 누워있으면 그 상응함이 더욱 더디다고 함은 그 움직임으로부터 단서를 살피는 것이다. 내 마음은 고요한 것이지만 다른 사람들이 오가는 것으로부터 그 생각을 일으켜 점을 하면 그것은 움직이는 것이다.

이와 같이 나의 움직임으로 다른 자의 움직임을 헤아리고, 나의 마음으로 다른 자의 움직임의 조짐을 구하되, 정성스럽게 해서 신묘하게 알아나가니, 이를 아는 자라야 동정의 기미를 안다고 할 것이다.

6. 향배向背

1〕 향배의 의의

 점을 쳐서 그 조짐을 구하려면 반드시 그 향배를 살펴야 한다. 향向이란 사물의 응해오는 조짐으로 서로 향해서 오는 것이고, 배背라는 것은 사물의 응함이 서로 등을 지고 가는 것을 말한다.

2〕 조짐이 오고 있는 것이라면 장차 이를 것을, 가고 있는 것이라면 이미 지나간 것을 뜻한다

 재앙의 조짐이라고 하는 갈가마귀가 날아서 오면〔向〕 그 재앙이 장차 이를 것이고, 날아서 다른 쪽으로 가면〔背〕 재앙이 이미 다 지난 것이다. 또 기쁨의 조짐이라고 하는 까치가 날아서 오면 기쁨이 장차 이를 것이고, 날아서 사라져가면 기쁨이 이미 지나가 버린 것으로 판단한다.
 외응外應 괘〔삼요나 십응〕 등의 판단에 모두 이러한 방법이 적용되니, 체를 극하는 괘에 있어서 해당하는 사물이 오고 있으면 그 화가 장차 이를 것이고, 사라져 가면 그 화가 흩어져 없어지는 것이며, 체를 생하는 괘에 있어서 해당되는 사물이 오고 있으면 그 길함이 이를 것이고, 사라져 가고 있으면 그 길함이 이미 과거의 일이 되어버린 것이다. 다른 예에 있어서도 마찬가지이다.

7. 정점靜占

점칠 때에 고요한 집안에 있어서 보이는 것이나 들리는 것이 없으면 외응괘外應卦가 없게 되므로, 외응괘를 따지지 않는다. 따라서 내괘內卦와 연월일시를 오행의 쇠왕으로 분류하여 체용으로써만 판단한다.

8. 관물통현가 觀物洞玄歌

통현가라는 것은 현묘함에 통달한 학설로, 집의 기운[宅氣]에 대한 내용이 많다. 일찍이 우사牛思²가 다른 사람의 집에 들어갈 때, 그 집의 길흉을 미리 안 것이 바로 이 방법이었다고 전해진다.

집안의 흥함과 쇠함에는 반드시 상서롭고 요사스런 조짐이 있으므로, 아는 자는 거울에 비추어 보는 것과 같이 하고, 모르는 자는 어두울 뿐이다. 이 노래는 그 오묘하게 감추어져 있는 것을 밝혀놓은 것이므로, 모두 이치가 반드시 그러한 것뿐이니, 천하고 범상한 눈으로 평가할 일이 아니다. 세상의 모든 일에 수의 이치가 들어 있지 않은 것이 없고, 길흉과 회린悔吝을 만남에 모두 그 조짐이 있으니, 화와 복을 미리 알 수 있는 것이다.

---

2   우사牛思 : 누구인지는 확실하지 않으나, 소강절邵康節선생의 제자 중에 『先天易鈴』·『太極寶局』을 지은 우사덕牛思德이라는 사람이 있었고, 상요영응편 서문에 우사회牛思晦 우사계牛思繼라는 인물이 등장하는 것으로 보아 소강절선생의 문인 중의 한 사람으로 생각된다.

금목수화토의 오행은 생하고 극함을 먼저 따지고
청황적흑백의 오형五形을 분명하게 살펴야 한다

사람의 집에 길흉을 어찌 알 것인가
신중하게 오묘한 이치를 판단해야 한다
문을 들어서며 듣고 볼 때에
기운의 흥하고 쇠함을 살피라

집안을 감싼 기운이 봄과 같이 훈훈하면
집안이 화합하는 기운을 생하고
냉락冷落해서 가을과 같으면
이로부터 점차 쇠미해지리라

집안의 좋은 향기가 난초 같으면
복이 쉴 새 없이 이를 것이고
닭 돼지 고양이 개 등의 오물 비린내가 나면
가난과 병마가 서로 침범할 것이다

남자와 여자의 복장이 정돈되어 있으면
가문의 풍기가 성대해질 것이고
집안 사람이 때낀 얼굴과 흩어진 머리를 하고 있으면
슬픔과 근심이 있을 것이다

귀신이 울고 아낙네가 한탄하며 근심하면

화와 해로움이 여인과 소인을 따라 들어오고
노인이 까닭없이 울며 고개를 떨구고 있으면
머지 않아 비통한 슬픔이 있을 것이다

문앞의 담벽이 헐어졌으면
집안이 망할 것이며
처마 물의 흐름이 문을 향해 있으면
재물을 얻기 어렵다

홀연히 집 위에 기이한 식물이 자라면
조상의 덕택으로 더욱 좋아지며
방문 앞이 그윽하고 시원하며 속세를 떠난듯 하면
반드시 뛰어난 인재가 태어난다

우연히 찢어진 신발이 방문에 걸려 있으면
반드시 아랫사람이 주인을 속이고
오랫동안 문의 왼쪽 부분이 부숴져 있다면
단연코 집안의 어른에게 좋지 않다

우물가에 있는 복숭아 꽃이 문을 가리면서 농염하면
안사람에게 외도의 바람이 불고
방 앞이나 뒤에 큰 오동나무가 있으면
늙은 주인내외가 이별할 수이며
우물가에 큰 배나무가 몇그루 있으면

집안의 어른이 고향땅을 떠날 수다

사당의 신주에 갑자기 분향한 흔적이 있으면
불로 인한 재앙을 부를까 두려우며
처마의 기와파편이 문 앞에 떨어져 있으면
모든 일이 무너질까 두렵다

깨어진 주발이 변소안구덩이 속에 있다면
이때부터 가난해질 것을 안다
밝은 대낮인데도 쓸 데 없이 불을 켜 놓은 곳이 있으면
죽는 사람이 계속해서 발생하며

공연히 쥐가 대낮에 돌아다니면
며칠 안가서 재물이 줄어 없어지고
암탉이 때를 가리지 않고 울면
음기여자가 성해 집안이 사그러지며
집안의 한 가운데서 개가 짖거나 서서 울부짖으면
재난과 액운이 있을 것을 방비해야 한다

맑은 새벽에 까치가 계속해서 울면
멀리갔던 사람이 돌아오고
우연히 큰 뱀이 집안으로 들어가면
그 집에 환자가 생기며 요사스런 일이 나타나며
참새가 무리지어 다투어 쫓으며 문앞에서 시끄러우면

구설이 분분하고
우연히 복새〔鵩鳥:부엉이 종류〕가 문앞에서 울면
식구중에 재앙이 이어지며
문을 들어서는데 양羊의 무리를 보았다면
집안의 주인이 온황瘟黃3에 걸린다

배가 만약 평지에 안착해 있으면
비록 평온하기는 하나 막히게 되고
다른 집의 나무가 담장을 넘어서 들어오면
우연히 재물을 얻는 횡재수가 많다

계단의 돌이 부숴진 것이 많으면
이루어진 일이 쇠잔해져 망하는 일이 생기고
문에 들어설 때 다과상이 연락 즉시 나오면
안주인이 가장과 식구들을 잘 보살피고 재물도 잘 관리하며
삼시 세 때 밥짓는 연기가 빠르면
근검하는 집으로 점차 기반이 잡혀 나가고
매일 밤 불씨가 꺼지면
사람과 재물이 흩어진다

모든 집에 해당하는 말을 상세하게 갖추기 어려우나
이치는 내 마음속에 자리하니

---

3 온황瘟黃 : 몸이 누렇게 되어 죽는 돌림병.

이 글로 길을 삼아 선천을 개발하면
현현하고 심오한 길로 들어설 것이다

위의 통현가와 영응靈應은 같은 것 같으나 조금씩은 다르다. 영응편은 점치는 것을 위한 비결이니, 점을 칠 때에 출현하는 바에 따라 극하고 생하는 조짐으로 쓰는 것이며, 이 통현가는 점치는 일에만 쓰이는 것이 아니고, 어떤 때에 어떤 사람의 집에 들어갈 때, 이러한 일이 있으면 반드시 이러한 이치가 있다는 것이니, 관찰하는 방법인 것이다. 그러나 수가 되는 단서가 있으니, 집마다 삼가 경계하여 피할 것은 피해서 전화위복으로 삼도록 해야 한다. 원인을 발견하지 못했더라도 역수에 대입하여 관찰하면 선과 악이 더욱 밝아질 것이다.

6부. 삼요영웅편

6부. 삼요영응편

1. 삼요영응서 三要靈應序

　역易이라는 것은 성품과 이치의 학문이다. 성품과 이치는 사람의 마음에 갖추어 있으니, 마음이 맑고 영대靈臺가 밝고 깨끗할 때는 터럭만한 잘못이나 티끌만한 더러움도 없다. 이럴 때는 성품과 이치가 같이 존재하여 역이 나의 마음과 하나가 되니, 이것이 진정한 역이고 선천의 역인 것이다. 그러나 생각의 단서가 한 번 일어나면 일의 뿌리가 홀연히 싹이 트고 사물이 마음을 어지럽혀, 마치 구름이 하늘을 가리고 먼지가 거울을 가린 것과 같이 된다. 이렇게 되면 물속에 빠진 것과 같이 어둡고 분명하지 않아서, 먼저의 내마음 속에 있던 역이 어두워지게 된다.

　그러므로 삼요三要의 묘함이 귀와 눈 그리고 마음의 운용에 있으니, 이 세 가지의 사심없고 영묘함이 사물에 잘 응하게끔 하는 것이다. 귀는 총명하고 눈은 밝으나, 마음이 실지로 눈과 귀의 총명함을 총괄하는 것이니, 마음에 일의 근본이 있는 것이며, 마음이 일을 포용하는 것이다. 그러나 일이 아직 싹트지 않았을 때는 귀신이라 할지라도 그 단서를 예측할 수 없으니, 길흉화복이 들어갈 문이 없는 것이다.

그러므로 선사께서 말씀하시기를

"생각이 움직이지 않으면 귀신도 알지 못하니, 나로 말미암지 않고 다시 누구를 말미암겠는가? 만약 일이 마음에서 싹트면 귀신이 그것을 알 것이다. 길흉吉凶과 회린悔吝에 각기 해당하는 수數가 있으나, 내가 예단해서 아는 것은 어떤 도인가? 내 마음의 역에서 구할 뿐이라고 말할 수 있다.

이렇기 때문에 적연하게 움직이지 않다가, 생각을 고요히 해서 정성을 보존하고 변화를 관찰하여 점을 살피면서 삼요를 운용하면, 반드시 보지 못하는 것을 나는 볼 수 있으며, 듣지 못하는 것을 나는 들을 수 있어서, 형체가 나타나 보여주는 것 같으며, 소리가 나타나 알려주는 것 같아서 나의 밝음이 거울 같으면, 역이 복서의 도가 되며 역이 내 마음속에 있는 것이다.

삼요가 삿되지 않고 영묘해서 사물에 응함의 신묘함이 이와 같으니, 이 도는 지극히 정치精緻하고 지극히 신묘한 이치이다. 백성은 날마다 쓰면서도 모르니, 어찌 삼매의 경지에 통달한 사람과 더불어 이를 논할 수 있겠는가?"

라고 하시니, 선사이신 유선생劉先生은 강하江夏 사람으로, 호는 담연자湛然子이시다. 왕옥산인王屋山人인 고처사高處士 운암云岩에게서 얻었다.

보경寶慶 4년1 중하仲夏 기망旣望에 청령자淸靈子 주허朱虛는 삼가 절하고 쓰다.

---

1 남송南宋시대 이종理宗의 1224년부터 1227년까지의 연호. 보경 4년은 1227년으로 정해丁亥년이다. 또 중하仲夏는 5월을 기망既望은 16일을 뜻한다.

2. 삼요영응편 三要靈應篇

　삼요라는 것은 귀와 눈 그리고 마음의 세 가지 중요한 것을 운용하는 것이며, 영응靈應이라는 것은 영묘靈妙해서 사물에 응하는 것이다.
　귀의 듣는 것과 눈의 보는 것 그리고 마음의 생각하는 것의 세 가지는, 사람의 몸에서 중요한 것으로 만물의 이치가 보고 듣는 것에서 다 나오니, 점을 칠 때에 고요히 들어서 조짐을 생각하고, 고요히 만물을 관찰해서 그 소리를 들음으로써 그 길흉을 알며, 그 형체의 좋고 나쁨을 살핌으로써 화와 복의 이치를 살피는 것이니, 다 점치는 일의 조짐이라 할 수 있다.
　메아리가 소리에 응함과 그림자가 형체에 응함과 같아서 불을 보듯이 확연하다. 이러한 이치가 모두 주역에서 나왔으니, 멀리는 사물에서 취하고 가깝게는 자신의 몸에서 취하는 법이다.

　이번 편은 선현先賢과 선사先師로부터 나왔으되 세속에서 쓰는 말로 예를 들었으니, 그것을 사용한 자는 귀곡자鬼谷子 엄군평嚴君平 동방삭東方朔 제갈공명諸葛孔明 곽박郭璞 관로管輅 이순풍李淳風 원천강袁天罡 황보진인皇甫眞人 마의선麻衣仙 진희이陳希夷 등이고, 이를 계승한자는 소강절邵康節 소백온邵伯溫 유백온劉伯溫 우사회牛思晦 우사계牛思繼 고처사高處士 유담연劉潭然 부수자富壽子 태연자泰然子 주청령자朱淸靈子인데, 그 년대를 전해오는 것에 일치하지 않는 바가 많으니, 그 성명을 모르는 분이 많다.

　하늘은 높고 땅은 두터우니, 만물이 흩어져 각기 다르게 생겼다. 음은 탁하고 양은 맑으며, 다섯 기운〔五行〕이 순조롭게 분포하니, 화와 복은 수에서 벗어난 것이 없으며, 길하고 흉함에 그 조짐이 있는 것이다. 사람이 만물 중에 가장 신령스러운 것으로, 마음은 신체의 주인이고, 눈은 색과 형체를 구별하며, 귀는 소리를 듣고 분별하니, 삼요를 총괄하여 다스리면 만물이 다 그안에 갖추어지게 된다. 이상의 천지만물의 신령스런 것 중에서, 눈과 귀 그리고 마음이 가장 중요하므로 삼요라고 하는 것이다.

1〕 사물에 응함 物對應

　길한 조짐을 만나서 순조롭게 하면 길함이 있게 되고, 흉한 조짐을 보면 흉하게 된다. 또 물건이 둥그런 것을 보면 일이 원만히 풀리고, 결함이 있는 것을 보면 일을 망치게 되니, 이러한 이치로 판단해 가면 무엇을 다시 의심하겠는가? 이상의 것은 사물을 대해서 점을 칠때 길한 조짐을 보면 길하게 되고, 흉한 조짐을 보면 흉하게 된다는 것을 말한다.

2) 천문이 인사에 응함[天文應]

　구름이 걷히면서 해를 보면 일은 반드시 그 빛남을 다투게 되고, 안개가 하늘에 가득하여 어두우면 풀리던 일이 빛이 바랜다. 갑자기 회오리 바람을 만나면 유랑생활을 하게 되고, 번개와 우레가 치면 놀랄 일이 생기며, 달이 구름사이를 헤치고 나오면 가까운 장래에 좋은 일이 있게 된다. 갑자기 비가 내려 옷을 적시면 윗사람의 도움을 받아 일이 풀리게 된다.

3) 지리가 인사에 응함[地理應]

　산이 거듭 막고 있으면 일이 막히게 되고, 못이나 고여있는 물이 여럿 있으면 자신도 모르게 해로움이 스며들며, 하천이나 강 등 흐르는 물을 보면 일이 풀리게 된다. 흙이 쌓여있는 것을 보면 일이 막히고, 바위를 보면 굳게 결심해야 일이 성취되며, 모래를 보면 욕심을 버리고 손을 떼어야 일이 풀리게 된다.
　굽이치는 물이나 파도를 보면 놀랄 일이 생기고, 언덕이나 제방이 무너진 것을 보면 밭이나 토지를 잃게 된다. 물이 없는 못이나 저수지를 보면 심신이 고갈된 것을 알 수 있고, 고목아래에 있었다면 만나는 사람이 초췌할 것이다.

4] 인품이 인사에 응함〔人品應〕

　만나는 사람의 인품은 앞일에 있어서 조짐〔應〕이 된다. 그러므로 고관대작을 만나면 귀하게 되며, 거상巨商이나 부유로운 사람을 보면 재물에 이득이 있다. 어린아이가 우는 것을 보면 자손에 우환이 있고, 공무원이 큰소리로 다투면 송사가 있게 된다.
　두 남자와 두 여자가 지나가면 이중혼인하는 뜻이며, 스님이나 도인이 홀로 길을 가는 것을 보면 홀로될 조짐이다. 부인네가 웃으면서 말하는 것을 보면 내연의 애인을 두게 되고, 여인들이 팔장을 끼고 가는 것을 보면 은밀하고 사사로운 일로 누를 당하게 된다. 목수나 장인匠人을 보면 문이나 뜰을 고치고 바꾸는 일이 있고, 백정白丁을 만나면 동기간이 흩어질 염려가 있다.
　수렵하는 자를 만나면 들에서 얻는 재물이 있고, 고기 잡는 자를 보면 물가에서 이익이 있다. 임신한 여인을 보면 안으로부터 싹트는 일이 있고, 소경을 보면 마음에 걱정하는 바가 생긴다.

5] 몸이 인사에 응함〔近取諸身應〕 1

　손을 흔들어 '하지 말라' 하거나, 머리를 도리질하여 '아니다' 라는 뜻을 밝히는 것을 보면 일이 성사되지 않고, 눈을 부비거나 재채기를 하는 자를 보면 울 일이 생긴다. 머리를 긁거나 먼지를 터는 자를 보면 근심할 일이 생기고, 발을 흔드는 사람을 보면 밖으로 움직일 일이 생긴다. 팔을 꼬고 있는 자를 보면 물건을 잃게 되고, 손가락 관절을 꺾는 자를 보면 일에 막히는 것이 많다.

　한숨을 쉬는 자를 보면 슬프고 걱정하는 일이 생기고, 혀를 내밀고 흔드는 자를 보면 시비를 가릴 일이 생긴다. 등을 돌리고 있는 자를 보면 사기꾼을 경계해야 하고, 팔뚝을 흔드는 사람을 보면 다툼 끝에 소득이 있게 되며, 무릎아래를 안고 있는 자를 보면 겸손하게 처신하여 소득이 있는 것이다.

6) 일상사의 응함〔人事應〕

　어린아이에게 책〔書〕 주는 것을 보면 송사가 일어날 조짐이고, 나이든 사람이 손아랫사람을 때리는 것을 보면 책잡힐 일이나 벌받을 일을 삼가해야 한다. 이치를 담은 훌륭한 책이나 역사책을 강의하고 논하는 것을 보면 헛된 말만 난무하고 일에 진척은 없다. 노래를 하고 시를 읊는 것을 들으면 꾀하는 일이 겉돌게 될 조짐이며, 도박하는 것을 보면 재물을 다투는 일이 생기고, 글씨 쓰는 것을 보면 문서상의 문제가 생긴다. 물건을 갖고 가는 자를 보면 사람과 더불어 제휴할 일이 생기고, 손을 잡아 이끄는 자를 보면 도와줄 사람이 생긴다.

7) 사물이 인사에 응함〔遠取諸物應〕

물위에 떠있는 배를 끌어서 접안시키는 것을 보면 가까이 의지해 이끌어줄 사람이 오고, 차나 말에 짐을 싣고 길을 가고 있는 것을 보거나, 활에 화살이 메겨지는 것을 보면 다른 사람의 도움을 받아 벼슬길에 오르게 되나, 화살만 있고 활이 없는 것을 보면 아직 시험을 볼 때가 안된 것을 말하며, 칼을 쥐거나 갖고 있으면 그동안 찾고 있던 좋은 방법이 생긴다.

갑옷을 입고 창을 들고 가는 것을 보면 자신이 더 강한 권력을 잡을 수 있고, 고치를 풀어 실을 뽑는 자를 보면 힘써 일은 하지만 번잡하기만 하며, 바둑이나 장기 두는 것을 보면 이목이 집중된다.

조화나 조각된 과일을 보면 끝내 결실이 없으며, 그림을 그리는 사람을 보면 단장할 일이 생긴다. 끈이나 줄이 매여지는 것을 보면 장차 직장을 얻을 조짐이고, 글씨 쓸 도구가 갖추어진 것을 보면 글재주로 빛을 볼 것이다.

기울어진 우산을 보면 권력에서 물러날 조짐이고, 거울을 보면 귀인의 부름을 받아 쓰일 것이다. 귀한 물건을 안고 있는 자를 보면 특별한 일에 쓰일 것이고, 큰 나무를 짊어지고 있는 자를 보면 적지 않은 재물을 얻을 것이다.

됫박이나 자를 보면 헤아리고 물건을 재단할 일이 생기며, 공차기를 하는 사람을 보면 죄를 다스려 제거될 사람이 있다. 자물쇠가 열려 있는 것을 보면 걸려있는 일이 잘 소통되고, 약을 먹는 것을 보면 끝까지 견고하게 지키기가 어렵다.

거울을 닦는 사람을 보면 다시 일을 성사시킬 조짐이고, 무딘 도끼날을 가는 사람을 보면 지체되었던 일이 성사된다. 잘드는 칼로 나무를 베는 것을 보면 일은 잘되나 재물에 손실이 있다. 옷을 재단하는 사람을 보면 일단 잘못되었다가 나중에 이루어지고, 그릇을 굽는 것을 보면 이루어졌다가 뒤에 잘못된다.

바둑이나 장기를 두는 자를 보면 계책을 써서 얻게 되고, 그물을 치는 자를 보면 허공을 더듬는 격이다. 도끼나 톱 등의 날카로운 연장을 들고 가는 사람을 보면 다칠까 염려스럽고, 술병이나 잔을 들고가는 사람을 만나면 마실 일이 생긴다. 혹 부채를 부치고 가는 사람을 보면 서로 초청할 일이 생기고, 옷을 더럽히는 사람을 보면 음해하는 사람을 주의해야한다.

8) 초목이 인사에 응함〔草木應〕

초목은 본래 감정이 없다고 하지만, 그것은 인간이 느끼지 못할 뿐이므로, 점을 쳐서 그 조짐을 살필 수 있다.

지초芝草와 난초蘭草는 상서로운 조짐이고, 소나무와 잣나무는 건강하게 오래 사는 것을, 참죽나무와 전나무를 보면 반영구적으로 오래 갈 것을, 벼나 줄풀〔菰〕과 같은 한해살이 풀을 보면 아침에 생겨나 저녁이면 사라지는 것을 뜻하니, 병이나 출산점에 이런 것을 보면 곧 죽을 조짐이다.

나뭇잎이 가을바람에 떨어지면 쇠약해져 위태하고, 뿌리와 씨가 떨어져 흩어지면 일이 지연되고, 기이한 꽃은 헛수고를 의미하며, 아름다운 과일은 결실을 맺을 조짐이다.

9) 금수가 인사에 응함[禽獸應]

새나 짐승도 가장 상서로운 것이 있다. 그러므로 까마귀와 갈가마귀는 재앙의 조짐이고, 갈거미[蟢虫]는 기쁨을 주며, 큰 기러기는 벗이 온다는 신호이고, 뱀은 음해를 걱정해야 한다. 쥐가 옷을 갉아 놓은 것을 보면 구설로 인한 작은 해가 있으며, 참새가 처마에서 지저귀면 멀리갔던 사람이 돌아온다.

개가 싸우는 것을 보면 도적을 만날 조짐이고, 닭이 싸우는 것은 시끄러운 다툼이 있음을 알린다. 양을 끌고 가는 것을 보면 기쁨과 경사가 곧 이를 것이며, 말을 타고 가는 것을 보면 집을 나가거나 들어옴에 모두 이롭다.

원숭이가 나무를 올라가는 것을 보면 마음과 몸이 불안하고, 잉어가 물 밖으로 뛰어오르면 큰 변화가 온다. 말을 매는 것을 보면 질병이 몸을 괴롭히고, 새를 새장에 가둔 것을 보면 감옥에 갇혀 나오지 못하는 조짐이다.

10) 기타 여러 조짐이 인사에 응함〔雜物應〕

　술은 근심을 잊게 하는 것이고, 구리때〔药〕²는 병을 고치는 약초이다. 그러므로 술독이 깨진 것을 보면 즐거움이 극해서 결국 슬픔을 잉태하는 조짐이고, 의사를 길에서 만나면 어려움 속에서도 구원을 받게 된다.

　칡이나 이끼류를 보면 의지하며 기댈 사람이 나타나며, 호랑이나 표범의 상을 보면 위엄을 떨치게 된다. 밭을 갈고 호미질하는 것을 보면 일이 반드시 뒤집히고, 대나무를 쪼개는 자를 보면 일이 순조롭다.

　봄에 꽃을 보거나 가을에 달을 보면 실속은 없지만 화려하고, 여름에 솜을 보거나 겨울에 등나무를 보면 필요하기는 하지만 지금 쓰이게 되는 것은 아니다. 서늘해질 때 부채를 보거나 무성한 잎을 보면 반드시 버림받거나 손실이 있게 되고, 맑을 때 우산을 보면 점차 한가롭게 되어 마침내 일을 그만두게 된다.

　물거품이나 그림자 또는 번개불빛을 보면 허황되어 믿음이 없고, 거미줄이나 누에고치를 보면 일을 교묘히 꾸며서 성공하게 된다.

2　구리때〔药〕: 미나리과에 속하는 2~3년초. 뿌리는 두텁고 잔뿌리가 많음. 6~8월에 흰 꽃이 피고 타원형 과실을 맺음. 백지白芷라고도 하여 약재로 쓰고 어린 잎은 식용함.

11] 글자가 인사에 응함 [析字應]3

사물을 보면 그 형용에서 글자체를 알아낼 수 있다. 돌[石]위에 가죽[皮]이 있으면 파[破]자가 연상되며, 사람[人] 옆에 나무[木]가 있었다면 '휴休' 자가 되며, 삿갓[笠]이 물위[水]로 떠내려가고 있다면 '읍泣' 자가 되며, 불[火]이 산림[山林]으로 타오르면 '분焚' 자가 되어 화재수가 있으며, 세 여자[三女]가 지나가면 '간姦' 자가 되어 간사함으로 인한 소란이 일게 되며, 세 마리 소[三牛]가 지나가면 분[犇=奔]자가 되어 바삐 돌아다닐 조짐이 된다.

또 한 나무[一木]가 양쪽의 불[火火]사이에 있으면 '영榮' 자가 되니 영화롭게 빛날 조짐이고, 물속[水]에 네 마리의 고기[四魚]는 환[鰥]자가 되어 홀아비와 과부의 고독한 상이 되며, 사람[人]이 소[牛]를 끌고 가는데 소가 넘어졌으면 '실失' 자가 되니 잃을 것을 걱정해야 하고,4 사람[人]이 개[犬]의 무리속에서 말[言]하는 것을 보면 '옥獄' 자가 되므로 감옥에 갇힐 것을 근심하며, 한 말[斗]의 곡식을 가지고 대문[門]안으로 들이는 것을 보면 싸움[鬪]을 경계해야 한다.

실[絲] 두 타래를 흰 나무[白木]에 거는 것을 보면 즐거운 일[樂]이 생기고, 한 사람[一人]이 문[門]에 서있는 것을 보면 모든 일이 바쁘게 지나가며[閃], 두 사람[二人]이 나무[木]를 끼고 오

---

3 탁자[拆字] : 글자를 편[偏]·방[旁]·관[冠]·각[脚] 등으로 나누고, 그 뜻에 의하여 일의 길흉을 알아내는 것
4 소[牛]가 넘어지면 밑의 발[丨]이 없어진 형상이 되므로, 여기에 '사람 인人' 자를 더하면 '잃을 실失' 자가 된다.

고 있으면 물어본 일에 반드시 회답이 온다[木+木+人=來].

12) 사물의 발음이 인사에 응함[叶音應]

사물의 이름을 발음했을 때, 다른 사물하고 비록 뜻은 다르지만 음이 같을 경우의 조짐을 말한다.

사슴[鹿]을 보았을 때 사슴 녹자와 발음이 같은 복록 녹[祿]의 조짐으로 볼 수 있으며, 벌꿀[蜂]을 보았을 때 발음이 같은 벼슬을 받는다는 '봉할 봉封'으로 보며, 배나무[梨]는 이별한다는 리離의 조짐으로, 복숭아나무[桃]는 도망간다는[逃] 뜻으로, 오얏나무[李]를 보고 송사를 하면 이길 이치[理]가 있는 조짐으로, 관冠을 보고 이름을 물으면 관직[官]에 오르는 조짐으로, 짚신[鞋:발음은 혜]은 모든 일이 화해和諧하는 조짐으로, 술통이나 물통 등 통[榼:발음 합]을 보면 모든 일이 화합할 것을 알 수 있으니, 모든 것을 다 열거할 수는 없으나, 유추해서 적용해야 할 것이다.

13) 자신의 몸이 인사에 응함[近取諸身應] 2

나의 몸에서 모든 사물에 대응하는 조짐을 알 수 있는 것이니, 내 마음에 걱정이 있으면 그 일에도 근심이 있으며, 내 마음을 즐겁게 가지면 그 일 역시 즐거움이 따른다. 내가 한가로우면 그 일도 따라서 한가로우며, 내가 바쁘면 그 일도 바쁘게 된다.

14〕 어떠한 움직임이라도 인사에 응함〔近取諸身應〕 3

다른 사람의 움직임을 알고자 한다면 다음에 말한 『주역』 계사하전 12장의 말을 상세히 연구하라. "모반하려고 하는 자의 말은 부끄럽고, 의심하는 자의 말은 이리저리 가지가 붙으며, 조급한 사람의 말은 많고, 길한 사람의 말은 적고, 속이려고 하는 사람은 그 말이 근거없이 허황되고, 지킬 것을 지키지 못한 자의 말은 비굴하게 된다."

15〕 점치는 요체는 변통에 있음〔變通之妙〕

오행의 관계를 살피고 팔괘를 자세히 연구하라. 괘가 길하면서도 주변의 응함 역시 길하면 길하게 되고, 괘가 흉하면서 응하는 조짐 역시 흉하면 흉한 것이다. 괘와 응하는 조짐이 하나는 길하고 하나는 흉할 경우는, 반은 흉하고 반은 길한 것이다. 생하고 극하는 이치를 밝히고, 움직이고 그쳐있는 기틀을 살피라. 일들마다 서로 관련이 있고, 사물마다 서로 합치되는 바가 있으니, 오행과 팔괘 및 일에 응하는 조짐에 대한 이치는 살아있는 방법으로 마음속에 있으며, 현묘한 기틀은 또한 훌륭한 스승에게 전수받는데 있다. 만물의 형상이 어지러이 움직일지라도, 한가지 이치로 꿰어 융합하면서 서로서로가 조짐이 되어 발하게 해야 하고, 모든 일에 있어서 자세히 살펴야 할 것이다.

16) 삼요가 신령스럽게 응함 [三要靈應]

아아! 동방삭東方朔이 그릇으로 덮어놓은 물건을 점쳐서 그 은미한 것을 안 것과, 제갈공명이 유현덕이 탄 말의 흉상凶相을 보고 경각에 달린 길흉을 판단한 것과, 황보진인이 앉아서 모든 것을 알았던 묘함과, 이순풍이 새를 보고 깨달은 [鳥覺] 점이 비록 그 사용한 방법에는 다름이 있으나, 이러한 이치와 조금도 다름이 없는 것이다.

17) 신령스럽게 응함에 관한 이 학문을 중히 여겨 함부로 전하지 말 것을 당부함

귀신의 묘함과 비견할 수 있고, 시초점과 거북점의 신령스러움과 합치될 수 있으나, 사람이 과거와 현재 및 미래에 통하지 않으면 조화의 현묘함에 능할 수 없고, 심장이 일곱구멍5이 아니면 그 신묘함을 깨달을 수 없다. 그러므로 그 학설을 얻은 자는 마땅히 신비롭게 감추어야 하니, 진실로 정성스런 사람이 아니면

---

5 성인聖人은 뜻하는 말이다. 은나라 말엽에 수신왕과 달기의 엽기적인 폭정을 보다 못한 수신왕의 삼촌 비간이 "백성을 위해 정치를 잘하시기 바랍니다"고 간언하였다.
  이 말을 들은 수신왕이 달기의 의견대로 "성인聖人의 심장은 구멍이 일곱 개라 하는데, 정말로 그런지 좀 봅시다"하면서 비간을 죽이고 심장을 따개 보았다. 그런데 막상 죽여놓고 보니, 정말로 구멍이 일곱 개여서 "일곱 구멍은 비간의 마음심장이다[칠공七空은 비간지심比干之心]"라는 말이 전해 온다.

전하지 말 것이며, 경솔히 천기를 누설하여 자신도 모르게 무서운 재앙을 받지 말라. 조예가 깊어지면 도道에 들어갈 수 있고, 이러한 상태로 오래되면 신에 통할 수 있게 된다.

3. 십응十應의 오묘함을 논함

    십응은 진실로 삼요에서 나왔으나, 삼요보다 신묘함이 있다. 단지 귀와 눈이 듣고 본 바에 의해 길한 조짐을 보면 길하게 되고, 흉한 조짐을 만나면 흉하게 되는 것은 이치의 자연한 것이나, 이렇게 하여 길흉을 얻은 것도 그렇지 않은 것이 있다.
    황금과 백은白銀은 세상에서 귀하게 여기는 것이니, 이것을 삼요로써 보고 들었다면 상서로울 것이나, 십응十應의 비결로 볼 때 금을 만나서 불길한 자도 있는 것이다. 날카로운 칼과 훈련이 잘 된 병사를 세상에서는 흉기라고 하는데, 이를 삼요로써 보고 들었다면 흉해야 할텐데도, 십응의 학설로 보면 도리어 길한 자도 있다. 또 출산점을 치는데 세째 아들[少男]을 낳는 것을 삼요로써 보면 아들을 낳는 기쁨이 있게 되는 것이나, 십응으로써 살피면 흉한 것이다.
    병점病占을 쳐서 관棺을 만났을 때 삼요로써 점친 것이면 반드시 죽는 점이나, 십응으로써 보면 살아나는 뜻이 있는 것이다. 이러한 예로 볼 때 점치는 사람이 십응을 무시할 수 없는 것이다.

1) 십응十應의 목론目論

　십응은 공통되게 체괘로써 주인을 삼고 모든 용괘로써 용을 삼는다. 매번 내괘와 외괘로 나누고 체용괘를 참고로 하여 그 묘함을 살핀다.[6]

　내괘가 불길하나 외괘가 길하면 그 불길함을 해소하고, 내괘가 길하나 외괘가 불길하면 도리어 그 길함을 파괴한다. 만약 내괘와 외괘가 모두 길하면 단연 길하나, 모두 흉하면 단연 흉하다. 내괘는 길하고 외괘는 흉하다든지 내괘는 흉하고 외괘는 길하면, 역시 이치로써 자세히 살펴 길흉을 판단하여야지, 원칙에 구애되어 변통을 알지 못해서는 안된다. 외괘인 십응의 종류는, 즉 천시 지리 글자 등 11가지의 응이니, 체괘를 주인으로 하여 그 응하는 바에 따라 쓰게 되는 것이다.

---

[6] 여기서 내괘內卦라고 함은 본괘〔체괘와 용괘 및 호괘 변괘〕를 말하며, 외괘란 괘를 지어 판단할 때에 응하는 십응의 조짐을 말한다. 따라서 체괘는 본괘의 체괘이고, 모든 용괘란 본괘의 용괘와 호괘 및 변괘 그리고 십응에서 나오는 괘외괘를 지칭한다. 즉 본괘의 판단에 십응이라는 한 개의 용괘가 더 늘어난 것이다.

2) 천시의 응〔復明天時之應〕

① 건금〔金 ☰〕의 때에 점쳤다면

- 구름 한점 없는 밝고 맑은 때는 건금☰의 때가 되니, 건금☰이나 태금☱이 체괘라면 서로 비화하여 길하고, 감수☵가 체괘라면 생함을 만나〔金生水〕 크게 길하며, 곤토☷나 간토☶가 체괘면 기운이 빠지게 되고〔土生金〕, 진목☳이나 손목☴이 체괘라면 극을 만나게 되어〔金克木〕 불길하다.

② 리화〔火 ☲〕의 때에 점쳤다면

- 비가 개어 맑은 한낮이라면 리화☲의 때가 되니, 곤토☷나 간토☶가 체괘라면 길할 것이다〔火生土〕.

③ 감수〔水 ☵〕의 때에 점쳤다면

- 비오거나 눈오는 때는 감수☵의 때이니, 진목☳이나 손목☴이 체괘라면 길할 것이며〔水生木〕, 리화가 체괘면 불길할 것이다〔水克火〕.

④ 진목〔木 ☳〕과 손목〔木 ☴〕의 때에 점쳤다면

- 우레나 바람은 진목☳과 손목의 때이니, 리화가 체괘라면 길하고〔木生火〕, 곤토나 간토가 체괘라면 불길할 것이니〔木克土〕, 이러한 것이 천시의 응인 것이다.

3) 지리의 응〔復明地理之應〕

　점을 친 장소가 어떠한 곳인가에 따라 아래와 같이 십응의 괘가 달라진다.

① 진목〔木 ☳〕의 땅에서 점쳤다면
- 무성한 나무나 죽죽 뻗은 대나무가 나는 곳은 진목☳의 땅이니, 리화☲나 진목 및 손목☴이 체괘라면 길하고〔리화는 木生火〕, 진목과 손목은 비화比和, 곤토☷나 간토☶가 체괘라면 흉하다〔木克土〕.

② 감수〔水 ☵〕의 땅에서 점쳤다면
- 강이나 호수 하천 연못 냇가 계곡 등은 감수☵의 땅이니, 진목〔陽木〕과 손목〔陰木〕 및 감수가 체괘라면 길하고〔진목과 손목은 水生木〕, 감수는 비화比和, 리화가 체괘라면 흉하다〔水克火〕.

③ 리화〔火 ☲〕의 땅에서 점쳤다면
- 흙을 굽는 가마나 부엌은 리화의 땅이니, 리화나 곤토〔陰土〕 및 간토〔陽土〕가 체괘일 경우는 길하고〔리화는 比和, 곤토와 간토는 火生土〕, 건금〔陽金〕이나 태금〔陰金〕이 체괘라면 불길하다〔火克金〕.

④ 간토〔土 ☶〕의 땅에서 점쳤다면
- 바위구멍 등은 간토〔陽土〕의 땅이니, 건금〔陽金〕과 태금〔陰金〕

및 간토〔陽土〕가 체괘라면 길하고〔건금과 태금은 土生金, 간토는 比和〕, 감수가 체괘라면 불길하니〔土克水〕, 이는 지리의 응인 것이다.

4) 인사의 응〔復明人事之應〕

인사에는 괘상의 오행을 논할 수 있는 것이 있고, 논하지 못하는 것이 있다.

① 괘상을 오행으로 나눌 수 있는 것

- 괘상을 논하는 것은 할아버지가 건금☰에 속하고, 할머니는 곤토☷에 속하며, 소남은 간토☶에, 소녀는 태금☱에 속하는 것으로 보아서 오행의 생하고 극함 및 비화관계를 살펴, 앞서의 천시 및 지리와 같은 방법으로 판단하는 것이다.

② 괘상을 논하지 않는 것

- 괘상의 오행으로 나눌 수 없는 것은, 여러 인사가 섞여 있어서 길과 흉이 섞여 있는 경우를 말한다. 이러할 때는 그때 당시의 주변 조짐에 의해서 길흉을 결정해야 하니, 자세히 보면 또한 어느 일에 해당하는지 알 것이다.

5) 때의 응〔復明時令之應〕

때〔時令〕는 괘상을 논할 필요는 없고, 다만 해당하는 월과 일의 오행상 쇠하고 왕하는 기운만을 살핀다.

① 월일의 오행상 왕성한 때
- 인묘寅卯월일은 목기운이 왕성한 때이고, 사오巳午월일은 화기운이 왕성한 때이며, 신유申酉월일은 금기운이 왕성한 때이고, 해자亥子월일은 수기운이 왕성한 때이며, 진술축미辰戌丑未월일은 토기운이 왕성한 때이다.

② 월일의 오행상 쇠한 때
- 목기운이 왕성하면 토기운이 쇠하고, 토기운이 왕성하면 수기운이 쇠하며, 수기운이 왕성하면 화기운이 쇠하고, 화기운이 왕성하면 금기운이 쇠하며, 금기운이 왕성하면 목기운이 쇠하게 된다.
- 따라서 체를 생하는 괘의 기운이 왕성한 때면 좋고, 쇠한 때에 해당하면 좋지 않다. 마찬가지로 체를 극하는 괘의 기운이 쇠할 때면 좋고, 그렇지 않으면 좋지 않으니, 이를 때의 응이라고 하는 것이다.

6) 방위괘의 응 〔復明方卦之應〕

방위로 길흉을 정한다는 것은, 점치러 오는 사람이 어느 방위에서 오는가를 살핌으로써 용괘와 비교하여 판단하는 것이다. 즉 점치러 오는 사람이 용괘의 생을 받거나 비화하는 방위에서 오면 길하고, 극을 받는 방위에서 왔다면 불길하다.

① 방위에 해당하는 괘

- 리화☲는 남방, 감수☵는 북방, 진목☳은 동방, 태금☱은 서방, 손목☴은 동남방, 건금☰은 서북방, 간토☶는 동북방, 곤토☷는 서남방에 해당한다.

- **용괘와 방위괘의 길흉 예1]** 坎水가 용괘일 때 감수가 용괘라면 감수와 진목〔陽木〕 및 손목〔陰木〕의 방위에 있었다면 좋고〔감수는 比和, 진목 및 손목은 水生木〕, 리화의 방위에 있었다면 불길하다〔水克火〕.

- **용괘와 방위괘의 길흉 예2]** 離火가 용괘일 때 리화가 용괘라면 리화와 곤토〔陰土〕 및 간토〔陽土〕의 방위가 좋고〔리화는 比和,

곤토 및 간토는 火生土], 건금[陽金] 및 태금[陰金]의 방위는 불길하다[火克金].

② **기운이 있는 괘와 그 괘가 속한 방위를 잘 살펴야 한다.**
- 물이 감수의 방위에서 왔다면 감수의 기운이 왕성한 것이고 같은 방위, 물이 곤토 및 간토의 방위에서 왔다면 감수의 기운이 쇠한 것이며[土克水], 불이 남방에서 왔다면 리화의 기운이 왕성한 것이나[같은 방위] 북방에서 왔다면 리화의 기운이 쇠한 것이다[水克火]. 나머지도 이와같은 이치로 판단한다. 대개 본괘의 방위가 생해주는 방위에서 나왔으면 왕성하고, 극을 받으면 쇠한 것이다.

- 방위의 극을 받는 괘는 쇠해서 힘을 못쓰기 때문에 있으나 마나다. 따라서 진목과 손목의 방위에서는 곤토와 간토가 있더라도 점의 판단에서 제외시키고[木克土], 곤토와 간토의 방위에서는 감수를 논하지 않으며[土克水], 감수의 방위에서는 리화를 논하지 않고[水克火], 리화의 방위에서는 건금과 태금을 논하지 않으며[火克金], 건금과 태금의 방위에서는 진목과 손목을 논하지 않으니[金克木], 그 해당하는 괘가 방위의 극을 받기 때문이다.

③ **체괘가 방위와 마땅한지 참조해야 한다.**

- 체괘를 생해주는 방위면 체괘가 왕성해져서 좋은 것이고, 체괘를 극하는 방위면 체괘가 쇠해져서 좋지 않다. 마찬가지로 체괘를 생해주는 괘라면 방위가 도와주어 왕성한 것이 좋고, 체괘를 극하는 괘라면 방위의 극을 받아 쇠해지는 것이 좋다. 이러한 것들을 방위괘의 응이라고 한다.

7) 동물의 응〔復明動物之應〕

점을 칠 당시에 조짐을 주는 동물이 본괘의 판단에 영향을 주는 것이 동물의 응이다. 괘상을 논할 수 있는 것은 다시 오행으로 배속하여 생극 및 비화관계를 따져서 점을 판단하며, 논할 수 없는 것은 그 조짐만으로 점을 판단한다.

① 괘상을 논해서 오행을 따질 수 있는 것
- 괘상을 논한다는 것은, 건금☰은 말〔馬〕에 해당하고, 곤토☷는 소〔牛〕에 해당하며, 진목☳은 용龍에 해당하고, 손목☴은 닭〔鷄〕에 해당하며, 감수☵는 돼지〔豕〕에 해당하고, 리화☲는 꿩〔雉〕에 해당하며, 간토☶는 개〔狗〕에 해당하고, 태금☱은 양羊에 해당함을 말한다.
- 또 소라 조개 거북이 자라 등 껍질이 단단한 동물은 리화☲에 속하고, 물고기 종류는 감수☵에 속한다는 것 등이 동물의 괘상이니, 체괘와 비교하여 다른 십응과 마찬가지로 판단한다.

② 괘상을 논하지 않는 것

- 괘상으로 나눌 수 없거나, 괘상 보다 더 상징적인 특성이 있는 경우는 그 특성만으로 점판단에 참조한다.
- 즉 갈가마귀는 재앙의 조짐이고, 까치는 기쁜 일의 조짐이며, 큰 기러기는 편지가 올 조짐이고, 뱀같은 벌레는 독으로 인한 피해를 주며, 닭이 우는 소리는 집안에 소식이 있을 조짐이고, 말이 울면 움직이게 되는 뜻이 있으니, 이러한 것들을 동물의 응이라고 한다.

8) 정물의 응 [復明靜物之應][7]

동물의 응과 마찬가지로 점을 칠 당시에 조짐을 주는 정물이 본괘의 판단에 영향을 주는 것이 정물의 응이다. 괘상을 논할 수 있는 것은 다시 오행으로 배속하여 생극 및 비화관계를 따져서 점을 판단하며, 논할 수 없는 것은 그 조짐만으로 점을 판단한다.

① 괘상을 논해서 오행으로 따질 수 있는 것

- 정물에서 괘상을 논한다는 것은, 물은 감수☵에 속하고, 불은 리화☲에 속하며, 나무[木]는 진목☳과 손목☴에 속하고, 쇠의

---

[7] 여기서 정물이라고 함은 식물을 포함한 무생물을 말하는 것으로, 스스로 움직이지 못하는 물건을 뜻한다.

기운은 건금☰과 태금☱에 속하며, 흙의 기운은 곤토☷와 간토☶에 속하는 것이 정물의 괘상이니, 체괘와 비교하여 다른 십응의 예와 마찬가지로 판단한다.

② 괘상을 논하지 않는 것
- 괘상으로 나눌 수 없거나, 괘상 보다 더 상징적인 특성이 있는 경우는 그 물건의 조짐만으로 점판단에 참조한다.

- ㉠ 물건의 형태만으로 참조하는 것 둥근 물건은 일이 잘 이루어지는 조짐이고, 결함이 있는 물건은 일을 망칠 조짐이라고 보는 것이다.

- ㉡ 다른 물건과의 연관관계를 살피는 경우 그 물건이 다른 사물과 어떤 연관을 갖고 있는가를 살피기도 하는데, 즉 붓이나 벼루를 보면 문서에 관한 일에 해당하고, 도포와 홀〔袍笏〕은 관직에 관한 일에 해당하며, 술동이와 도마 등의 물건은 잔치나 집회와 관련이 있고, 형틀이나 수갑 등은 관으로부터 발생하는 재앙과 관련이 있다고 보는 것 등이다.
- 이러한 것들은 그 단서가 한결같지 않으니, 그 물건을 상황과 연관시켜 잘 살펴서 보아야 한다.

9) 언어의 응 〔復明言語之應〕

사람의 말소리는 괘상을 논하지 않고, 그 말한 내용으로 단서를 삼아 점을 친다. 좋은 말을 들으면 길하고, 흉한 말을 들으면 흉하다. 시끄러운 곳에서는 시끄러워 소리를 듣기 어려우니 결단하기 힘드나, 사람이 적은 장소에서 혹 말속에서 그 일을 판단하는 단서를 들었으면, 그 말이 어떤 일에 대한 말인가를 살핀 후 마음으로 헤아려 판단해야 한다.

예를 들어 조정에서 사람을 뽑는다는 말을 들으면 명망을 얻는 일이 성취되고, 강이나 호수 주州 군郡 등의 지명이 오가면 밖으로 출장가야 할 일이 생기며, 다투고 송사하는 말을 들으면 관리나 관청에 관한 일이며, 즐겁고 경사스런 말이 오가면 혼인하는 일에 이롭다. 일의 단서가 한가지가 아니니, 듣는 바에 따라 판단해야 한다.

10) 소리의 응 〔復明聲音之應〕

점을 칠 당시에 조짐을 주는 소리가, 본괘의 판단에 영향을 주는 것이 소리의 응이다. 괘상을 논할 수 있는 것은 다시 오행으로 배속하여 생극 및 비화관계를 따져서 점을 판단하며, 논할 수 없는 것은 그 조짐만으로 점을 판단한다.

① 괘상을 논해서 오행으로 따질 수 있는 것
- 귀로 듣는 소리의 괘상을 논하는 것은, 천둥소리는 진목☳에, 바람소리는 손목☴에, 비내리는 소리는 감수☵에, 두들기고 꺾는 소리는 나무에서 나온 것이므로 진목☳과 손목☴에, 종소리 딸랑거리는 소리 등 쇠에서 나온 것은 건금☰이나 태금☱에 해당한다. 이러한 것들은 소리의 응을 괘상으로 논한 것이니 체괘와 비교하여 판단해야 한다.

② 괘상을 논하지 않고 조짐만으로 판단하는 것
- 즐겁게 웃는 소리를 들었다면 즐겁게 될 조짐이고, 슬픈 소리를 들었다면 근심스러울 조짐이며, 노랫소리를 들었다면 쾌락을 즐길 조짐이고, 분노하는 소리를 들었다면 다툴 조짐이다. 또 갈가마귀소리는 재앙의 조짐이고, 까치의 소리는 기쁨을 전하며, 기러기는 먼 곳의 소식이 올 조짐이고, 닭이나 오리의 울음소리는 아름다운 일이 생기니, 이러한 것들은 소리의 응을 유추한 것이다.

11] 다섯 색깔의 응〔復明五色之應〕[8]

다섯 색깔은 괘상을 논하지 않고, 다만 보이는 색깔로 오행을 추론할 뿐이다. 파란색〔靑〕 푸른색〔碧〕 녹색〔綠〕은 목에 속하고,

---

[8] 오행에 대한 설명은 내괘의 체용장에 상세히 설명되어 있으므로 참고 바람.

다홍색〔紅〕 자주색〔紫〕 붉은색〔赤〕은 화에 속하며, 흰색〔白〕은 금에, 검은색〔黑〕은 수에, 누런색〔黃〕은 토에 속한다.

　밖으로부터 응하는 오행에 대한 설명은 내괘〔본괘〕의 체용을 자세히 살피면, 생하고 극하며 비화하는 관계속에 길하고 흉함이 저절로 나타난다.

12〕 써놓은 글자의 응〔復明寫字之應〕

　담담함 속에 농도 짙은 것이 있으면 염색〔染〕한 것과 같고, 농도 짙은 먹물에 엷은 것이 있는 것은 구름껴서 흐림〔曇〕과 같다. 글자의 점과 획이 잘못된 글을 귀필鬼筆이라고 하니, 이럴 경우 적이 몰래 나를 얽어넣으려 할 것이고, 먹물을 떨어뜨리는 것은 눈물을 흘리는 것이 되니, 상복을 입을 우려가 있고 놀랄 일이 있을 것이다. 귀필과 잘못된 글씨는 도적을 조심해야 하나, 이 역시 방위와 통하고 막힘을 알아봐야 할 것이다.

13〕 글을 쓰고 나서〔遺論〕

　만물에 해당하는 괘의 숫자는 본래 역易에서 유래하였다. 이제 이 책을 보니 단지 오행의 생하고 극하는 방법과, 십응 및 삼요의 비결만 있어, 그 쓰이는 예가 역易과 다른 것은 어째서인가?
　역의 책이 나오기 전에 역의 이치가 있었고, 역의 책은 네 분

성인〔복희씨, 문왕, 주공, 공자〕에 의해서 나온 것이나, 역의 이치는 네 분 성인보다 먼저 나온 것으로, 사람의 마음에는 이미 역의 이치가 있는 것이다. 역의 점은 괘를 쓰지 않음이 없으니, 괘는 즉 역인 것이며, 만약 역의 괘와 효를 얻어 그 해당하는 글을 관찰해서 길흉회린吉凶悔吝을 판단하면 더욱 신묘할 것이니, 일찌기 역을 쓰지 않음이 없는 것이다.

또한 물건에 붙여 괘의 수를 일으키는 예를 듦에 단지 내괘만을 쓰고 외괘〔십응 및 삼요 등 외응〕는 쓰지 않음은 어째서인가? 괘를 일으키는 것은 보통사람들이 하는 방법이고, 십응은 심법으로 전수를 통해서만이 전해지는 비결이기 때문이다.

매화나무점의 예를 보면, 오늘 매화나무를 보아 혁괘〔澤火革卦〕를 얻음에, 소녀가 매화를 꺾다가 떨어져 허벅지를 다쳤는데, 내일 또 혁괘를 얻었다면 똑같이 소녀가 매화를 꺾다가 떨어져 허벅지를 다쳤다고 점하는 것이 맞겠는가?

모란점의 예에서, 금일 모란을 보고 점을 해서 말이 밟아 뭉개는 점을 얻었는데, 다음날 또 점을 해서 또한 말이 모란을 밟아 뭉개는 점으로 해석하는 것이 옳겠는가? 이는 반드시 그 이치를 밝혀야 하는 것이다.

또한 승괘〔地風升卦〕에 음식에 대한 조짐이 없는데도, 초청하는 사람이 있을 것을 알았으니, 이것은 바깥에 응하는 조짐으로 판단한 것이다.

7부. 종합적인 점해석법

7부. 종합적인 점해석법

1. 매화역수 비결 서문〔觀梅數訣序〕

아아! 역을 어째서 쉽다고 하는가? 역의 글됨이 지극히 정미精微롭고 지극히 현묘하기 때문이다. 그러나 수는 역의 이치밖에 있지 않은 것이어서, 선천과 후천의 다름이 있고, 협음叶音과 취음取音의 분별이 있으니 얻고 잃음의 기미를 헤아리고, 호괘와 변괘 및 늦고 빠르게 응함을 취하면, 수數는 이미 정해져 있다. 그러므로 화와 복은 예측하기 어려워도, 역의 이치는 환하게 빛나서 살펴볼 수 있는 것이다.

내가 일찍이 선천先天·현황玄黃·영응靈應 등의 이치를 얻고, 그 외에 역의 말을 채택해서 매화역수 비결〔觀梅數訣〕이라고 부르며, 도본1을 열거하여 오행의 생하고 극함, 쇠하고 왕함의 이치를 나누어 놓음으로써 흉을 피하고 길을 취하는 도를 밝혀 놓았으니, 뒤에 배우는 사람들은 깊이 연구하라.

---

1 괘의 체와 용 및 호괘 변괘를 분석한 그림으로, 모두 7개의 도본이 있으나, 전해오면서 흐려지고 오자와 탈자가 생긴 까닭으로, 확실한 것만을 선별해서 제 9부의 2항〔기타 점을 친 예〕의 「물건점 및 재물점」에 놓았다.

역에 말하기를 "태극이 있어서 이것이 양의를 낳고, 양의는 사상을 낳으며, 사상은 팔괘를 낳고, 팔괘는 만물을 낳는다"고 하니, 소강절선생께서 "하나가 나뉘어 둘이 되고, 둘이 나뉘어 넷이 되며, 넷이 나뉘어 여덟이 된다"고 하셨다. 설괘전에 "역은 수를 거스르는 것이다"고 하니, 소강절선생께서 "건은 첫번째, 태가 두번째, 리가 세번째, 진이 네번째, 손이 다섯번째, 감이 여섯번째, 간이 일곱번째, 곤이 여덟번째이다. 건으로부터 곤에 이르는 것이 다 생기지 않은 괘를 얻는 것이므로, 사시四時를 거꾸로 미루어 아는 것과 같다"고 하니, 뒤에 64괘도 이와 같다.

2. 점괘결 占卦訣

1) 체를 생하는 괘가 있으면 길하다

점괘로 길한 일이 있는가를 묻는다면, 괘 중에 체를 생하는 것이 있는가를 살펴라.

길한 일을 묻는 점에 체를 생하는 괘가 없고, 체를 극하는 괘만 있으면 일이 잘 되지 않는다. 마찬가지로 체를 극하는 괘가 없으면 일이 반드시 성취된다.

점괘로 불길한 일을 물을 때, 괘중에 체를 생하는 괘가 있으면 구원되어 해로움이 없고, 체를 생하는 괘가 없으면 일이 반드시 불길할 것이다. 그 불길한 날은 2)의 방법대로 계산한다.

2) 응하는 기일은 체를 생하거나 극하는 괘의 수에 의하되, 용괘 호괘 변괘의 순으로 차이를 둔다

길한 일이 빠른가의 여부를 알려거든 체를 생하는 괘를 살펴, 팔괘의 순서로 그 일시를 판단하라. 체를 생하는 괘가 용괘라면 일이 즉시 성취될 것이고, 생하는 괘가 호괘라면 차차 이루어질 것이며, 생하는 괘가 변괘라면 조금 더 늦어진다.

또 체를 극하는 괘에 의해 막히는 날이 언제인가를 살피려면,

건금☰이 체괘를 극하면 1일 후이고, 태금☱이 체괘를 극하면 2일 후이며, 나머지 괘도 이런 방법으로 계산한다.

3) 생하는 괘도 있고 극하는 괘도 있으면 좋고 나쁨이 반반이다

만약 체를 생하는 괘가 있고 또 극하는 괘도 있다면, 일이 막힘이 있고 좋은 가운데서도 부족한 면이 있다.

3. 체괘·용괘·호괘·변괘의 비결體用互變之訣

1) 체괘·용괘·호괘·변괘의 중요도와 기일

점칠 때에 체괘體卦로 주인을 삼고, 호괘互卦와 용괘用卦 및 변괘變卦는 모두 체괘에 응하는 괘로 본다. 응하는 괘 중에 용괘가 제일 중요하고, 호괘가 그 다음이며, 변괘가 그 다음이다. 그러므로 용괘로 판단할 때는 즉시 응하고, 호괘는 중간 정도이며, 변괘가 제일 늦게 응한다고 보는 것이다.

2) 체호괘와 용호괘

호괘는 또 체호괘〔체괘의 호괘〕와 용호괘〔용괘의 호괘〕로 나누는데, 체괘가 상괘일 경우 외호괘가 체호괘가 되며, 내호괘가 용호괘가 된다. 체괘가 하괘일 경우는 내호괘가 체호괘가 되며, 외호괘가 용호괘가 된다. 체호괘가 더 중요하며 용호괘는 그 다음으로 친다.

예를 들어 매화나무점[2]에서 뇌풍항괘☴가 나왔다면 호괘는 태

---

[2] 매화나무점은 택화혁괘의 초효가 동해서 택산함괘☶가 된 점이다. 여기서 뇌풍항괘라고 한 것은 아마도 예를 들기 위한 것 같다. 이 부분의 해석에 있어서도 '태금이 체괘이므로 체호괘 건금이 용호괘 손목을 극하는 것이다.'라고 풀어야 옳다고

금☷과 건금☰이 된다. 태금이 체호괘라면 여자가 꽃을 꺾음이 되는데, 만약 건금이 체호괘라면 노인이 꽃을 꺾음이 된다. 태금이나 건금이 모두 체괘를 극하기 때문에, 태금만을 취하고 건금은 취하지 않은 것이다.

3〕 변괘와 체괘의 관계

점괘에 있어서 변괘가 체괘를 극하면, 끝에 가서 반드시 불길하게 된다. 변괘가 체괘를 생하거나 비화하면, 일마다 끝에 가서 길하게 된다.

생각한다.
참고로 원문을 기재하면 다음과 같다. "例如觀梅恒卦 互兌乾 兌爲體互見女子折花 若乾爲體互則老人折花矣 蓋兌乾皆克體 但取兌而不取乾 此體互用之分"

4. 체용생극의 비결〔體用生克之訣〕

점괘를 체괘 용괘 호괘 변괘로 나눈 후, 오행의 이치로 그 길흉을 판단한다. 그러나 생하고 극하는 이치는 내괘에 있어서는 체괘 용괘 호괘 변괘가 일정하지만, 외응괘에 있어서는 진실로 생하고 극하는 오행이 밝혀졌더라도, 가볍고 무거움으로 나누어 화와 복에 응하게 함은 어째서인가?

1〕 진정한 불과 형색形色뿐인 불에 의한 극

금기운인 건금☰과 태금☱이 체괘일 때 불을 만나면 극을 당한다. 그러나 진정한 불이 있고 또 불의 형색形色도 있는 것이어서, 진정한 불은 금을 극할 수 있으나 형색만 가지고는 금을 극할 수 없는 것이다. 금을 극하면 불길하지만 금을 극할 수 없으면 순조롭지 못할 뿐이다. 화로 속의 불, 아궁이 속의 불, 치솟는 불꽃, 심지불 등이 진정한 불에 해당한다. 이러한 불을 건금이나 태금이 체일 때 만나면 불길하다.

그러나 다홍색 자주색 등의 색이나, 가운데가 빈 고목을 보고 리화☲를 지었다든가, 햇빛 등의 형체로 인한 불은 진정한 불이 아니므로 깊이 꺼릴 것은 못된다. 또 진정한 불일지라도 한 개의 등잔불이나 한자루의 촛불 등은 미미하면서도 불로써의 무게가 없기 때문에 조금 불리할 뿐이다.

2) 진정한 금과 형색뿐인 금에 의한 극

　목기운인 진목☳이나 손목☴이 체일 경우 금을 만나면 극을 당한다. 그러나 비녀와 팔찌〔釵釧金〕 금박〔金箔金〕 은화銀貨 은그릇 주석그릇 돌쩌귀의 구리나 쇠붙이 등도 모두 금에 속하는데, 이러한 쇠가 어찌 나무를 극할 수 있겠는가? 나무가 꺼리는 것은 잘들고 예리한 칼 큰 도끼나 큰 톱이니, 이들을 만나야 불길한 것이다.

3) 진정한 물과 형색뿐인 물에 의한 극

　화기운인 리화☲가 체일 경우 진정한 물을 만나면 극을 당한다. 그러나 단순히 물을 상징하는 검은색이나, 형체로써의 습기 또는 피〔血〕같은 종류도 모두 감수坎水에 속하므로, 이런 형색뿐인 물은 조금 부담스러울 뿐이고 심하게 해가 되는 것은 아니다.

4) 기타 괘에 있어서의 외응에 의한 극과 생

　나머지 괘에 있어서도 체괘를 극하는 외응괘가 있으면 그 경중을 따져서 판단해야 한다. 마찬가지로 체를 생하는 괘도 마땅히 분별해야 한다. 흙이나 기와는 모두 곤토(土 ☷)에 속하므로, 금체(金體:乾)이나 兌를 만나면 토생금土生金을 해야 하지만, 기와가 금을 생할 수 없는 것이다.

큰 나무나 짚더미도 모두 목(나무)에 속한다. 체괘가 리화☲면 목생화木生火를 해야 하는데, 짚더미는 바로 불을 생할 수 있지만, 아직 벌목되지 않은 나무는 생하는데 시간이 걸리는 것이다.

목이 체일 때 진정한 물이라면 수생목水生木을 해야 하나, 돼지나 피血는 비록 감수☵에 속하지만 나무를 생하는 데는 별 도움이 못된다. 그 나머지 오행의 생하고 극함도 종류별로 나누어 추론해야 한다.

5. 체용쇠왕의 비결 體用衰旺之訣

체괘는 왕성해야 좋고, 체를 극하는 괘는 쇠한 것이 좋다. 체괘는 봄의 나무, 여름의 불, 가을의 금, 겨울의 물, 사계절의 과도기엔 흙이 그 왕성한 기운을 얻은 것이 된다. 이와 같이 왕성한 기운을 얻은 괘는 비록 다른 괘가 극을 한다고 할지라도 큰 피해가 없다.

용괘 호괘 변괘 모두가 왕성하면 좋지만, 체괘를 극하는 괘가 왕성하면서 체괘가 쇠한 괘면 좋지 않다. 병을 물었을 때 이러한 점이면 반드시 죽게 되고, 송사를 물었다면 반드시 패한다. 만약 병이나 송사가 아닌 일상사를 물었다면, 관청이나 병으로 인한 피해가 올 것을 방비해야 한다. 그 시기는 체를 극하는 괘의 기운이 해당하는 연월일이다.

만약 체괘가 왕성하면서 체를 생하는 괘가 있으면 좋은 일이 올 것이며, 그 시기도 곧 오게 된다. 내괘[內應卦]와 외괘[外應卦]에 체를 생하는 괘가 많으면, 체괘가 비록 쇠하더라도 큰 해는 없게 된다. 내괘와 외괘에 모두 체를 생하는 괘가 없으면, 비록 체괘에 속한 괘가 많다 할지라도 이는 모두 쇠한 괘가 되어 끝내는 불길하게 된다. 그러므로 괘의 체용을 나눌 때는 반드시 그 성하고 쇠함을 따져야 한다.

6. 체용동정의 비결 體用動靜之訣

1〕 내괘의 움직이는 괘와 움직이지 않는 괘

 괘를 체괘와 용괘 및 호괘 변괘로 나누었으면 반드시 내괘[內應卦]와 외괘[外應卦]의 동정을 살펴야 한다. "움직이지 않으면 점을 할 수 없다[부동不動이면 부점不占이라]"는 것도 길흉회린은 움직임에서 발생하기 때문에 움직이지 않으면 그 길흉회린을 판단할 수 없다는 말이다.
 체괘는 움직이지 않는 것으로 삼고, 호괘 역시 움직이지 않는 것으로 보나, 용괘와 변괘는 움직이는 것으로 본다.[3] 이상은 내괘의 동정이다.

2〕 외괘의 움직이는 괘와 움직이지 않는 괘

 외괘에 있어서 방위 천시 지리의 응은 모두 움직이지 않는 것[靜]으로 보나, 인사의 응에서 그릇이나 연장 등은 움직이는 것[動]으로 보기도 한다. 즉 그릇이나 연장은 본래는 움직이지 않

---

[3] 체괘는 효가 동하지 않은 괘이므로 움직이지 않고, 호괘 역시 괘가 변하지 않으나, 용괘는 동효가 있고, 변괘 역시 용괘에서 변한 것이므로 움직이는 것으로 본다.

는 것이지만, 사람이 휴대하여 오면 움직이는 것으로 본다. 말〔乾〕 또는 소〔坤〕 등도 모두 움직이는 것으로 본다. 우물이나 연못〔水〕, 산이나 암석土 등은 모두 움직이지 않는 것이나, 사람이 물을 긷거나 운반하는 것은 물이 움직이는 것이고, 사람이 돌을 짊어지거나 흙을 운반하는 것은 흙의 움직임이니, 외괘의 응에서는 그 움직임을 살펴서 그 길흉을 판단하여야 한다.

3) 움직이는 괘와 움직이지 않는 괘의 기일 판단

 움직여서 길한 것은 움직이지 않는 것보다 그 길함의 응함이 빠르게 되고, 움직여서 흉한 것은 움직이지 않는 것보다 그 흉함의 응함이 빠르게 된다. 움직이지 않는 것이 응했다면 그 길하고 흉함이 아직 나타나지 않은 것이다.

4) 조짐과 그 조짐을 살피는 사람의 동정

 괘를 짓는데 있어서의 동정 역시 나의 마음을 고요하게 해서 그 움직임을 살핀 후 점을 치는 것이다. 참새가 서로 다투다 땅에 떨어진다든가, 소나 닭이 애통하게 운다든가, 고목 등의 쓰러짐은 다 사물의 움직임이고, 반면에 나는 고요히 그쳐있으면서 관찰하여 점치는 것이다.
 또 내가 앉아있으면 사물의 응함이 늦어지고, 내가 가고 있는 중이면 사물의 응함이 빠르며, 내가 서있는 상태라면 반은 늦고 반은 빠르게 되는 것이 동정의 이치이다.

7. 체용론 후기

1] 체와 용으로 물건을 판단하는 신묘함

생하고 극해서 물건을 짓는 묘함의 여러 비결 중에 이 비결이 제일 소중하다. 체를 생하는 것은 먹을 수 있는 물건이고, 체를 극하는 것은 사람에 가까이 있는 더러운 물건이다. 체가 생하는 것은 이루어지지 못한 그릇이 되고, 체가 극하는 것은 부수고 잘리운 물건이며, 비화하는 것은 다 완성되어 쓸 수 있는 물건이다. 또 체의 상을 생하는 것은 귀한 물건이며, 체의 상을 극하는 것은 천한 물건이며, 체가 생하게 됨으로써 기운이 빠져나가면 이미 용도가 다해 못쓰는 물건이다.

2] 또 비결을 이르기를

수를 계산함에 있어서 체괘를 주인으로 삼아 그 강과 유를 살피며, 용괘에서는 그 쓸 수 있고 없음을 판단한다. 체를 생하면 모나기도 하고 둥글기도 하며, 구부러지기도 하고 곧기도 하며, 어떤 것이든지 쓸 수도 있다. 가령 용이 체를 생하면 먹을 수 있다.

용괘 변괘 호괘는 그 색깔 및 수를 본다. 호괘는 물건의 수를 결정한다. 가령 호괘에 건금☰과 태금☱이 있으면 1과 2의 수를 얻고, 호괘에 간토☶와 곤토☷가 있으면 7과 8의 수를 얻는다. 단 호괘에 건금☰이 둘 있다든지, 곤토☷가 둘, 간토☶가 둘, 리화☲가 둘 등 같은 괘가 거듭되어 있으면 두 개의 물건으로 본다.

왕성하면 물건의 갯수가 많고, 쇠하면 물건의 갯수가 적다. 리화☲는 가운데가 허한 물건, 또는 손안에 아무것도 없는 것이 된다. 물건의 수를 결정하는 것에서, 호괘에 간토☶가 있으면 선천수는 7이고 후천수는 8이므로 7과 8사이의 숫자가 된다.

3) 물건의 수로 체를 삼는 비결〔物數爲體訣〕

물건의 수를 계산함에 체괘로써 체를 삼는 것뿐만 아니라, 괘의 갯수가 많은 것은 체가 될 수도 있다. 가령 건금☰이 많아서 쇠金가 체가 되면 강함이 많은 것이고, 곤토☷가 많아서 흙土이 체가 되면 부드러움이 많은 것이다.

중천건괘☰에서는 건금☰이 체괘이고 용괘도 건금☰이며 호괘 역시 건금☰이니, 쇠金가 체라고 하는 것이며 강하다고 하는 것이다. 필시 둥글고 굳세며 단단하고 굳은 물건으로, 쇠도 아니고 돌도 아닌 체인 것이다.

물건의 체괘 호괘 변괘를 보아서, 생하거나 왕성한 기운이 없는 것은 오행으로 판단하지 않는다. 물건을 보고 효를 살펴서, 팔괘 중에 양효가 많은 것은 주로 단단한 물건으로 보고, 음효가 많은 것은 부드러운 물건으로 본다.

4) 또 비결에 이르기를

　물건의 변효가 다섯번째 효나 여섯번째 효에 있으면 날아 움직일 수 있는 물건이 많다.

5) 물건을 살필 때 변효를 위주로 한다〔觀物看變爻爲主〕

　물건을 살필 때 변괘를 위주로 함은 용괘에 응하여 판단하는 것이니, 가령 건금☰의 초효가 동하면 손목☴이 되는데, 쇠로 된 칼로 나무로 된 물건을 깎는 것이 되며, 두번째 효가 동하면 리화☲가 되는데, 불속에 단련된 쇠가 되며, 세번째 효가 동하면 태금☱이 되는데, 쇠로 된 기물이 훼손된 것이며, 비록 둥글다 하더라도 파손된 곳이 많은 물건이 된다.

6) 물건을 살필 때의 외응으로 판단하는 법〔觀物克應法〕

물건의 성패를 계산할 때 체괘에 대한 극과 응이 어떠한가를 보아야 한다. 괘를 다 짓기 전에 둥근 물건을 보았다면 이것이 둥근 물건이라고 판단하고, 흙을 지고 가는 사람을 보았으면 흙 속에 있는 물건이라고 판단하며, 강건한 물건을 보았다면 강건한 물건이라고 판단하고, 부드럽고 썩는 물건을 보았으면 부드럽고 썩는 물건으로 판단하는 것이다.

7) 물건을 살필 때의 때에 따라 판단하는 비결〔觀物趣時訣〕

물건을 계산할 때, 때에 따라 이치를 살피면 조짐에 응하지 않음이 없다. 봄에 진목☳과 리화☲를 얻으면 꽃이 되며, 여름에 진목☳을 얻으면 성가聲價가 있는 물건이고, 가을에 태금☱을 얻었으면 훼손된 그릇 등이 되며, 겨울에 곤토☷를 얻으면 쓸모없는 흙이 된다.

8) 모든 물건은 수 가운데서 이치로 판단할 것이고, 융통성 없이 고정되어서는 안된다〔萬物戱念數中不可常爲之〕

❖ 손안에 감추어져 있는 물건을 알고자 할 때,

- ① 건금〔金 ☰〕이 나오면 둥글고 흰 물건으로, 희고 단단하며 또 귀중한 보물이 되며 기세가 살아 있으면 더없이 귀한 물건이다.

- ② 감수〔水 ☵〕가 나오면 검은 색이고 부드러운 성질이며 물 근처에 있는 물건이다.

- ③ 간토〔土 ☶〕가 나오면 흙속에 있는 물건으로 질그릇이나 돌 종류이며, 기세가 살아 있으면 그릇을 이룬 물건으로 그 색은 누렇다. 태금☱을 만나 극을 받으면 부드럽고 기세가 없으며 훼손된 물건이다.

- ④ 진목☳ 또는 손목〔木 ☴〕은 대나무나 나무 종류이며, 기세가 살아 있으면 쓸모있는 물건이고 또 먹을 수 있는 것이 되나, 기세가 없으면 그냥 대나무나 잡목일 뿐이다. 태금☱에 해당하는 물건을 만나면 먹을 수 있는 물건으로, 철에 맞는 과일이 된다. 그 색은 청색이 되며 기세가 있으면 부드럽고 그렇지 않으면 단단하다. 또 감수☵를 만나면 더럽혀진 물건이 되나, 혹 기세가 살아나기도 한다. 진목☳과 손목☴이 기세가 없으면 부

식되어 썩은 나무도 된다.

- ⑤ 리화(火 ☲)는 붉은 색으로 부드러운 성질이다. 불이 있으면서 나무도 있으면 불로 태우게 되니 반드시 숯이나 석탄종류이고, 기세가 살아있다면 재물로 바꿀 수 있는 가치있는 물건이다.

- ⑥ 곤토(土 ☷)는 흙속에 있는 물건으로 누런색이며 따뜻한 성질이다.

- ⑦ 태금(金 ☱)은 훼손된 물건으로 입이 딸린 물건이다.

- ⑧ 체괘와 비화하는 계절을 만나면 좋은 물건이다.[4]

---

4 물건을 물어보는 점에서 봄에 진목☳이나 손목☴을 얻고, 여름에 리화☲, 가을에 건금☰이나 태금☱, 겨울에 감수☵를 얻었을 때는, 대부분이 쓸 수 있는 물건이며 그릇을 이룬 물건으로 판단한다. 아닐 경우는 쓸모없는 물건이고, 더욱이 육허六虛 충沖 파破를 당했을 때는 손에 아무 것도 없이 빈손으로 물어볼 경우가 된다.

9) 점침에 있어 십응의 비결〔占卜十應訣〕

점칠 때는 체괘가 주인이 되고 용괘는 일이 되어, 서로 굳게 응하는 것이 일반적이다. 체괘를 주인으로 삼고 용괘 호괘 변괘 등을 용用으로 보아 서로 참조하여 화와 복을 판단한다. 그러나 오늘 이러한 괘를 얻어 체괘 용괘 호괘 변괘를 따져 이러할 것이라고 판단하고, 다음날 또 똑같은 괘를 얻었을 때 체용이 같다고 해서 같은 점괘로 판단하는 것이 옳을 것인가? 그렇지 않다면 어떻게 할 것인가? 이러한 문제 때문에 십응十應의 설이 필요한 것이다.

십응이라는 것은 정응正應 호응互應 변응變應 방응方應 일응日應 각응刻應 외응外應 천시응天時應 지리응地理應 인사응人事應의 열가지이다. 정응은 정괘체괘와 용괘의 응을 말하고, 호응은 호괘의 응이며, 변응은 변괘의 응이니, 이런 것들은 두 괘내괘의 상괘와 하괘에 대한 비결이다. 점치는 사람이 두 괘를 같이 사용해서 그 길흉을 판단해야 한다.

나머지 십응괘에 있어서의 비결은 사람에 따라 깨우치지 못하는 것이 있으나, 십응의 비결을 공부한 다음에 판단하면 모든 것에 통할 것이다. 그 비결을 얻지 못한 사람들은 여기에서 설명하는 길흉판단법을 공부하길 바란다.

① **정응**正應
- 체괘와 용괘의 두 괘에 대한 길흉판단 비결이다.

② 호응互應
- 호괘에 의한 길흉판단 비결이다.

③ 변응變應
- 변응은 변괘로 길흉을 판단하는 비결이다.

④ 방응方應
- 방응은 체괘로 주인을 삼고, 점치러 오는 사람이 어느 방위에서 오는가를 살펴서 판단하는 비결로, 그 방위가 체괘를 생하면 좋고, 체괘와 비화하면 길하며, 체괘를 극하면 흉하고, 체괘가 그 방위를 생하면 역시 좋지 않은 것으로 판단한다.

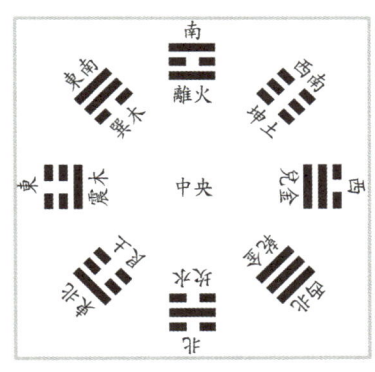

⑤ 일응日應
- 체괘를 주인으로 보고 그 괘가 어떠한 괘오행중에서에 속하는가를 보아서 길흉을 판단하는 방법으로, 체괘와 날짜의 관계가 쇠한가 왕한가를 살피는 것이다. 날짜에 소속된 괘가 체괘를 생하거나 비화하면 좋고, 극하거나 체괘가 생해주면 좋지 않다.
- 그 날짜에 해당하는 괘의 기운은, 인寅이나 묘卯일은 목木기운이고, 사巳나 오午일은 화火기운이며, 신申이나 유酉일은 금金기

운이고, 해亥나 자子일은 수水기운이며, 진辰 술戌 축丑 미未에 해당하는 날은 토土기운으로 본다.

⑥ 각응刻應

- 각응은 삼요三要에 대한 비결이다. 점칠 때에 보고 들은 길흉의 조짐에 따라 마음으로 판단하는 것이다.

⑦ 외응外應

- 외응은 외괘의 응을 말한다. 점칠 때에 우연히 밖으로부터 오는 사물을 보았다면, 그 사물이 속한 괘를 외응으로 삼는 것이다. 불을 보았다면 리화☲로, 물을 보았다면 감수☵로 보며, 할아버지 또는 말[馬] 쇠[金] 옥玉 둥근 물건 등을 보았다면 건금☰으로, 할머니 또는 소牛 흙 질그릇 등을 보았다면 곤토☷로 보는 식이다. 이러한 것들을 보았다면 외응의 괘로 삼아 그 괘와 체괘와의 생하고 극하며 비화하는 관계를 따져서 길흉을 판단한다.

⑧ 천시응天時應

- 점칠 때에 청명하면 리화☲로, 비나 눈이 오면 감수☵로, 바람 불면 손목☴, 우레치면 진목☳으로 보는 방법이다. 가령 리화☲가 체괘일 때 맑으면 좋은 것이며[비화관계], 감수☵가 체괘일 때는 비오는 것이 좋으며[비화관계], 손목☴이 체괘일 때는 바람부는 것이 좋으며[비화관계], 진목☳이 체괘일 때는 우레치는 것이 좋다[비화관계]. 또 불과 우레 역시 비화관계로 보

니, 이외에도 생하고 극함을 참조해서 길흉을 판단한다.

⑨ **지리응**地理應

- 점칠 때에 대나무 밭에 있었다면 진목☳이나 손목☴의 땅으로 치며, 강이나 하천 또는 계곡 연못 등에 있었다면 감수☵의 땅이며, 오금〔五金:金銀銅鐵鉛錫〕이 있는 곳이라면 건금☰이나 태금☱의 땅이며, 질그릇 굽는 곳이나 부엌 등 불이 있는 곳은 리화☲에 속하며, 흙이나 기와 등이 있는 곳은 곤토☷나 간토☶의 땅으로 본다. 이러한 지리응을 체괘와 생하고 극하며 비화하는 것을 따져서 점괘를 판단한다.

⑩ **인사응**人事應

- 인사응이라는 것은 삼요중에서 인사의 극응을 따지는 것이다. 점칠 때에 우연히 인사에 있어서 길한 조짐을 만나면 길하고, 흉한 일을 만나면 흉하게 되는 것이다. 가령 기분 좋게 웃는 말을 들으면 길하고 또 경사스러운 일이 많으며, 곡하고 우는 소리를 들으면 슬프고 안좋은 일이 많게 된다. 또 인사의 각기 속한 괘를 따져서 결정하는데, 할아버지는 건금☰에, 할머니는 곤토☷, 소남은 간토☶, 소녀는 태금☱ 등의 방식으로 보아서 체괘와의 생하고 극하며 비화하는 관계를 따져보는 것이다.

앞서 말한 십응의 이치는 점칠 때에 듣고 보는 것으로 길하고 흉함을 판단하며, 아울러 체괘를 주인으로 삼아 그 생하고 극하며 비화하는 이치를 상세히 따져서 판결하는 것이다. 가령 질병점에서 호괘와 변괘 중에 체를 극하는 괘가 많고, 또 본괘 중에서도 체를 생하는 괘가 없다면 단연코 불길하다. 또 체괘를 보았을 때 만약 체괘가 왕성하다면 희망이 있지만, 체괘가 쇠약하다면 다시 회복할 수가 없는 것이다.

  비록 이와같더라도 여러 응하는 괘중에서 체를 생하는 괘가 있다면 험하고 위태한 가운데 구제되는 수가 있으나, 체괘가 쇠약한 데다 극하는 괘까지 있다면 낫기를 바라지 말아야 할 것이다. 다른 점에 있어서도 이를 유추하여 판단한다.

8. 앉아서 점을 칠 때 방향을 살피는 비결
〔占卜坐端之訣〕

앉아서 점을 친다는 것은 내가 앉아 있는 곳을 중앙으로 보고, 그 주변의 여덟 곳을 팔방으로 삼아서 점을 판단하는 것을 말한다. 마음을 비우고 그 응함을 기다려 앉아서 살핀다. 팔방의 팔괘에 응하는 조짐으로 점치되, 일에 응하는 그 방위괘에 따라 생하고 극하는 것이 있으면, 그것으로써 점치는 사람의 길흉을 판단한다.

1〕 건금방〔오른쪽 뒤〕의 점

건금〔乾金 ☰〕의 방향에 흙이 있으면 이는 건금을 생하는 것이다〔土生金〕. 또 건금의 방향에 여러 길한 조짐이 있으면, 존경하는 어른이나 노인에게 길하거나 경사스런 일이 생긴다. 만약 건금의 방향에 불이 있으면 이는 건금을 극하는 것이다〔火克金〕. 또 건금의 방향에 흉한 조짐이 있으면 어른이나 노인에게 근심이 생긴다.

2) 곤토방(오른쪽 앞)의 점

곤토[坤土 ☷]의 방향에 불이 있으면 이는 곤토를 생하는 것이다[火生土]. 또는 곤토의 방향에 길한 조짐이 있으면 모친 또는 음인陰人에게 좋은 일이 생긴다. 곤토의 방향에 나무가 있거나 흉한 조짐이 있으면[木克土], 모친이나 음인陰人에게 재액이 따른다.

3) 진목방(왼쪽)의 점

진목[震木 ☳]의 방향에 물水이 있으면 이는 진목을 생하는 것이다[水生木]. 또 진목의 방향동쪽에 길한 조짐이 있으면 장자나 장손에게 기쁜 일이 생긴다. 만약 진목의 방향에 쇠붙이가 있거나 흉한 조짐이 있으면 장자나 장손에게 불리하다[金克木].

4) 손목방(왼쪽 앞)의 점

손목[巽木 ☴]의 방향에 물水이 있으면 이는 손목을 생하는 것이다[水生木]. 또 손목의 방향에 길한 조짐이 있으면 장녀長女에게 기쁜 일이 생긴다. 만약 손목의 방향에 쇠붙이가 있거나 흉한 조짐이 있으면 장녀에게 불리하다[金克木].

5) 감수방〔뒤〕의 점

　감수〔坎水 ☵〕의 방향에 쇠金가 있으면 이는 감수를 생하는 것이다〔金生水〕. 또 감수의 방향북쪽에 길한 조짐이 있으면 중남中男에게 기쁜 일이 생긴다. 만약 감수의 방향에 토土가 있거나 흉한 조짐이 있으면 중남에게 불리하다〔土克水〕.

6) 리화방〔앞〕의 점

　리화〔離火 ☲〕의 방향에 나무木가 있으면 이는 리화를 생하는 것이다〔木生火〕. 또 리화의 방향남쪽에 길한 조짐이 있으면 중녀中女에게 기쁜 일이 생긴다. 만약 리화의 방향에 물水이 있거나 흉한 조짐이 있으면 중녀에게 불리하다〔水克火〕.

7) 간토방〔왼쪽 뒤〕의 점

　간토〔艮土 ☶〕의 방향에 불火이 있으면 이는 간토를 생하는 것이다〔火生土〕. 또 간토의 방향〔동북〕에 길한 조짐이 있으면 소남少男에게 기쁜 일이 생긴다. 만약 간토의 방향에 나무木가 있거나 흉한 조짐이 있으면 소남에게 불리하다〔木克土〕. 출산점에서 간토가 나오면 필시 키우지 못하게 될 것이다.

8) 태금방〔오른쪽〕의 점

태금〔兌金 ☱〕의 방향에 흙土이 있으면 이는 태금을 생하는 것이다〔土生金〕. 또 태금의 방향서쪽에 길한 조짐이 있으면 소녀에게 좋은 일이 생기거나, 환호하고 기뻐할 일이 생긴다. 태금의 방향에 불〔火〕이 있거나 흉한 조짐이 있으면 소녀에게 불리하다〔火克金〕.

9) 사람의 몸에서 팔괘를 취상하여 점을 함

만약 병을 묻는 점에서 건금☰이 극을 받았다면 머리에 병이 있는 것이고, 곤토☷가 극을 받았다면 배에 병이 있는 것이며, 진목☳이 극을 받았다면 발에 병이 있는 것이고, 손목☴이 극을 받았다면 허벅지에 병이 있는 것이며, 리화☲가 극을 받았다면 눈에 병이 있는 것이고, 감수☵가 극을 받았다면 귀나 혈액순환에 병이 있는 것이며, 간토☶가 극을 받았다면 손에 병이 있는 것이고, 태금☱이 극을 받았다면 입이나 이〔齒〕에 병이 있는 것이니, 극을 받는 괘에 해당하는 부위에 병이 있는 것이다.

여덟 개의 단서 중에 기이하고 교묘한 점은 사람에게 딸린 것이니, 그 단서를 이끌어 예를 들은 것이다.

9. 점에 있어서 극하는 응의 기일을 아는 비결
〔占卜克應之訣〕

극응克應이라는 것은 응하는 기일을 알아내는 것을 뜻하는 말이다.[5] 점치는 방법에 있어서 이 비결이 없으면, 일의 길흉과 성패가 어느 때에 응하는지를 모르게 된다. 그러므로 응하는 때를 아는 것이 절실히 필요한 것이다. 그러나 극응하는 시기를 아는 것은 제일 어려운 일로, 수로써 아는 것과 이치로써 아는 것이 있으니 다 중요한 이론이다.

---

[5] 기일을 판별함에는 두가지 개념이 있다.
하나는 길흉의 날짜를 얻는 것이고, 다른 하나는 물건의 수명을 얻는 것이다. 재물점에서 재물을 얻는 날, 병점에서 쾌유되는 날, 명성 및 직업을 얻는 날은 길한 날에 해당하고, 재물을 잃는 날, 병이 악화되는 날, 명성 및 직업을 잃는 날 등은 흉한 날에 해당한다.
이러한 날짜를 아는 것은 체를 생하거나 극하는 괘의 기수氣數에 의한다. 이러한 길흉점 말고도 집의 수명 또는 물건의 수명 등을 판별하는 것은 괘를 얻은 총수에 의한다.

1) 수로써 극응하는 시기를 알아내는 방법

　수로써 시기를 알아낼 때는 반드시 그 이치를 자세히 따져야 한다. 집을 짓는 처음에 운세를 계산하는 것과, 남녀의 결혼시점, 분묘의 장례지내는 시점, 집기 등의 수명을 구함에, 연월일시를 사물의 숫자에 더해서 괘를 지어야 한다.
　괘를 지은 다음에는 체용호변體用互變을 나누는 가운데 괘를 지은 총수를 살펴서 시기를 판단하되, 일의 늦고 빠름의 단서를 같이 고려한다.

① 오래가는 물건의 극응시기
- 집이나 분묘같은 것은 오래가는 것이니, 괘를 지은 총수로써 극을 당하는 시기를 정한다. 집이 극을 당한다는 것은 썩거나 무너지는 것이며, 분묘가 극을 당한다는 것도 무너지는 것을 말하나, 다만 분묘에 있어서는 그 길흉을 논할 뿐 분묘가 보존되고 허물어짐은 논하지 않는다.

② 곧 도래하는 일의 극응시기
- 남녀의 혼인 시기는 길어봤자 몇년안이니, 괘를 지은 총수로 결정하되 집의 수명을 판단하듯이 오래가게 보지는 않는다. 그러나 혼인도 그 길흉을 논하는 것이지, 혼인의 시기를 정하는 것이 중요한 것은 아니다.
- 길흉의 시기는 체를 생하거나 비화하는 괘의 연월이 길한 시기가 되고, 체를 극하는 괘의 연월[6]이 불길한 시기가 된다.

2〕 이치로써 극응하는 시기를 알아내는 방법

집기점에 있어서 쇠나 돌로 된 물건은 오래갈 것이고, 풀이나 나무로 된 것은 오래가지 못할 것이다. 오래가는 것은 괘를 지은 총수를 해年로 계산해서 그 수명의 년한으로 삼고, 오래가지 못하는 것은 괘를 지은 총수를 달〔月〕이나 날〔日〕로 계산해서 그 수명으로 계산한다.

벼루〔硯〕 같은 것은 해〔年〕로 계산하고, 먹〔筆墨〕 같은 것은 달로 계산하되, 먹 중에서도 작은 것은 날로 계산하는 것이 옳을 것이다. 선천괘의 점에서 매화나무점이나 모란꽃 점에서, 두 꽃 모두 아침과 저녁 사이를 오가는 일이므로 괘의 이치로 볼 때 굳이 먼 날짜로 계산할 필요가 없는 것이다. 후천괘의 점에서 노인점 소년점 소가 우는 점 및 닭이 우는 점 등은, 괘를 지은 숫자방향 또는 사물를 합해서 시기를 기약하는 것이 옳은 것이다. 만약 오래 갈 것 같으면 날을 달로 계산하고, 달을 해로 계산한다.

명성을 구하는 점에서 건금☰이 체인데 나머지 괘중에서 곤토☷와 간토☶가 있었다면〔체괘인 乾金을 생해주는 괘〕, 토土에 해당하는 진술축미辰戌丑未월이나 일이 모두 건금이나 태금☱을 생하는 시기가 되어 명성을 얻게 되는 것이다. 만약에 병을 묻는 점에서 건금이 체인데 괘중에서 리화☲만 있고 곤토나 간토가 없으면 흉하게 된다. 화火에 관련된 사巳일이나 오午일에 극을 받

6　괘의 연월은 괘가 속한 오행에 해당하는 날을 뜻하는 것으로, 부록 선천팔괘 총정리의 「때」에 관한 항목을 참조하면 된다.

게 되어 죽게 될 것을 알 수 있다.

또 밖에 나간 사람이 언제 돌아올 것인가 하는 점에서는, 체를 생하는 괘의 기일에 돌아온다. 체를 생하거나 비화하는 괘가 없다면 돌아오는 것이 늦어지게 된다.

3) 집기나 물건의 운세점 器物占

집기를 극하는 괘나, 훼상한다는 뜻이 있는 태금☱을 만나면 좋지 않은 것으로 판단한다.

① 태금과의 관련

- 집기에 대한 점은 훼상毁傷을 뜻하는 태금☱을 만나지 않으면 좋은 것으로 판단한다. 만약 감수☵가 체괘라면 태금이 있더라도 훼상하는 뜻이 없으며[金生水], 건금☰이 체괘라도 역시 훼상하는 뜻이 없다[비화관계]. 그 나머지 괘가 체괘가 되었을 때 태금을 만났다면 오래지 않아 파손될 것이다. 나무로 된 집기가 진목☳이나 손목☴을 체로 얻었을 때 태금☱을 용으로 만나면 반드시 그 쓰임이 오래가지 못할 것이며, 그 훼상되는 날은 반드시 점친날 이후의 신申이나 유酉일이 될 것이다.

② 물건을 극하는 괘와의 관련

- 집에서 기르는 가축에 있어서는 체괘가 금기운인 건금☰이나 태금☱의 극을 받아서는 좋지 않으며, 농사짓는 식물 역시 체

괘가 건금陽金이나 태금陰金의 극을 받으면 자라지 못하고, 자라다 하여도 쇠로 된 연장에 의해서 해를 입게 된다〔金克木〕. 따라서 농사짓는 식물에 있어서는 자신을 생해주는 감수〔坎水 ☵〕를 만나는 것이 좋다〔水生木〕.

③ 체괘를 극하는 괘와의 관련

- 집기에 있어서 완성되어 쓰이거나 훼상되어 쓰이지 못하는 것을 알려면, 체괘를 극하는 괘가 있나의 여부를 보면 된다. 즉 체괘를 극하는 것이 없으면 오래갈 것이고, 체괘를 극하는 것이 있으면 오래가지 못한다.

④ 훼상되는 기한의 판단

- 집기가 상하지 않고 쓰이는 년수를 알려면, 오래가는 것은 그 괘를 만든 총합수의 년수年數로 계산하고, 오래가지 못할 것은 총합수의 월수月數로 판단하며, 또 더 빠르게 될 것은 일수日數로 계산한다.

10. 주역 효사를 이용한 해석

일반적으로 물건의 수를 보고 그 이루어진 괘와 해당하는 효사를 보라.

건[乾 ☰]괘를 얻어 초효가 동했다 "잠긴 용이니 쓰지 말라"고 하였으니 사용하면 되지 않는 물건을 말하며, 두번째 효가 동했다면 "나타난 용이 밭에 있다"고 했으니 밭가운데 있는 물건을 말하며, 세번째 효가 동했다면 "혹 뛰었다가 연못에 있다"고 했으니 물속에 있는 물건을 말하며, 여섯번째 효가 동했다면 "이미 지나친 용이니 후회가 있다"고 했으니 버려진 물건을 말한다.

곤[坤 ☷]괘를 얻어 두번째 효가 동했다면 "곧고 방정하며 크다"라고 했으니 방정하며 큰 물건이라는 것이고, 네번째 효가 동했다면 "주머니 입구를 붙잡아 매면 허물이 없다"고 했으니 주머니 속에 있는 물건이며, 다섯번째 효가 동했다면 "누런 치마면 크게 길하다"고 했으니 누런색의 의복 또는 누렇고 검은 물건이다.

곤[困 ䷮]괘를 얻어 세번째 효가 동했다면 "돌에 곤하다"고 했으니 돌로된 물건 또는 돌을 만나서 부숴진다는 뜻이고, 첫번째 효가 동했다면 "그루터기에 곤하다"고 했으니 나무로 된 물건임을 알 수 있다.

또 효사에 특별히 물건을 언급하지 않아 판단할 수 없는 경우는 팔괘의 소속된 상을 잘 살펴서 결정한다.

11. 만물부萬物賦

사람은 음양을 타고 났고 괘는 선천 후천으로 나눈다. 때와 일에 통달한다는 것은, 가까이는 자신의 몸에서 구하고 멀리는 온갖 사물에서 구하는 것이며, 사물의 이치를 살핀다 함은 고요히 있는 것은 땅에서, 움직이는 것은 하늘에서 찾는다는 것이다.

1) 괘를 이루기 전의 조짐을 살펴 괘를 짓고, 이룬 후의 조짐을 살펴 해석에 활용한다

만물에는 수가 있고 역의 수는 또한 무궁하여 동과 정을 알 수 있으니 자연[玄天]에서 벗어나지 않으며, 길과 흉이 반드시 나타나되 효상爻象 가운데 있으니, 괘를 이루기 전에는 반드시 마음을 비워서 조짐을 구하고, 괘를 이룬 이후에는 응하는 조짐을 잘 추론하여 판단한다. 소리와 말, 주변사람의 조짐, 또는 가고 오는 형체와 그림자, 그리고 내 마음이 짚이는 것 등이 모두 이러한 조짐에 해당한다.

여섯효가 정해지면 삼천三天이 이미 생긴 것이니, 처음에는 괘상의 단서를 찾고[內卦] 끝에 가서는 응하는 조짐의 이치를 헤아려서[外卦], 길한 조짐을 만나면 결국 길하게 될 것을 알고, 흉한 조짐을 보면 흉하게 됨을 면치 못함을 안다. 그러므로 다른 사람의 집안일을 알려거든 반드시 나의 눈과 귀로 보고 들은 것에 의거해야 한다.

2) 괘를 짓기 전의 조짐은 과거에 해당하고, 괘를 지은 후의 조짐은 미래에 해당한다

괘를 짓기 전에 보고 들은 것은 이미 생긴 일에 해당하고, 괘를 지은 후에 관찰된 것은 미래의 일에 해당한다. 혹 어떤 곳에서 시끄러운 소리를 들었으면 다툼이 있게 되고, 혹 웃으면서 대화하는 소리를 들었으면 길하고 경사스런 일이 발생하며, 아낙네가 걱정스레 탄식하는 소리를 들으면 그 집의 여인이나 소인에게 해가 있게 된다.

동쪽에서 군인이 오면 반드시 소송에 휘말리고, 소송하는 중에 혹 형틀이나 그 기구를 보면 감옥에 갇히게 되며, 채찍이나 곤장 등과 우연히 마주치면 채찍이나 곤장을 맞게 된다. 만약 송사 중에 도살된 고기를 지고 가는 것을 보면[7] 동기간에게 화가 미치고, 우연히 피빛을 보게 되면 기르는 가축에 해가 미칠까 걱정된다.

무당이나 약사 또는 약을 먹는 것을 보면 질병이 대문안에 들

---

[7] 도살된 고기 또는 백정 푸줏간 등은 소와 돼지 같은 몸을 분리해서 부위별로 나눈다는 뜻이 있다. 몸 하나를 부위별로 나누니 한 몸 같은 형제에 문제가 발생하는 것이다.

어오게 되고, 아첨하는 말을 들으면 집을 침범하는 사람이 생기며, 술을 보게 되면 아쉬운 소리를 할 일이 생긴다. 음인陰人이 이르면 여자에게 액운이 끼고, 양인陽人이 이르면 남자에게 액운이 낀다.

3) 점해석에 한 가지로 치우치면 안된다

또 팔괘를 논할 때 한가지 예로 전체를 평가할 수 없으니, 괘가 길한데다 효상 역시 길하면 잘못될 일이 없지만, 괘가 흉한데다 그에 응하는 조짐 역시 흉하면 재앙을 면하기 어렵다.

상복을 입은 사람을 보면 상복을 입게 되며, 지팡이를 짚고 부르는 소리를 들으면 집안에 소리내며 울 일이 생기고, 근심하는 것을 보면 결국 근심할 일이 생기고, 기뻐하는 사람을 보면 기뻐할 일이 생긴다. 그러므로 낯빛과 형체를 잘 관찰하여 마음의 판단을 하여야 한다.

혹 두드리며 즐기는 소리를 들은데다 또 술잔 등의 그릇을 보면, 혼인잔치를 하지 않으면 손님을 불러 잔치할 일이 생긴다.

4) 시기를 결정한다

그 시기를 알려면, 효상에 해당하는 수를 계산한다. 손목☴은 5일이고, 곤토☷는 8일이 되며, 리화☲는 3일이고 감수☵는 6일이 걸린다. 또 멀고 가까운 조짐을 살펴서 실제 걸리는 시기를 판단하는데, 응하는 것이 멀면 전괘全卦의 수로 판단하고, 응하는 것이 가까우면 각각의 괘수卦數로 시간을 판단한다.

가령 천지비괘☷는 상괘가 건금☰이므로 1이고, 하괘가 곤토☷이므로 8이며, 전괘의 수는 9가 된다. 택화혁괘☲는 상괘가 태금☱이므로 2이고 하괘는 리화☲이므로 3이 되며, 전괘의 수는 5가 된다. 이것으로써 추론해 보면 만가지 중에 하나라도 잘못될 것이 없으니, 이는 인물의 응함을 살펴서 추론하는 것이다.

5〕 길한 조짐이 있는 동물과 흉한 조짐이 있는 동물이 있다

새나 짐승의 응함에 있어서는 응함에 준칙이 있다. 까치가 울면 기쁜 일이 이미 움직이기 시작한 것이고, 갈가마귀가 울면 좋지 않은 일이 장차 이를 것이다.

소 돼지 개 양 등은 새벽에는 나타나지 않는 것인데, 금金기운이 있는 날에 만나게 되면 가축에 손실이 있고, 목木기운이 있는 날에 돼지를 보게 되면 기르는 돼지로 인해 좋은 일이 있으며, 천간으로 경庚일에 닭이 우는 것을 듣거나 정丁일에 양이 지나가는 것을 보면 반드시 칼에 의해 닭이나 양이 죽는 일이 발생한다〔닭은 손목巽木에 해당하므로 경金일에는 금극목을 당하고, 양은 태금에 해당하므로 정火일에는 화극금을 당한다〕.

사巳일에 말이 오거나 임壬일에 돼지가 지나가는 것을 보면 이는 모두 식록食祿의 좋은 조짐이다〔말은 火에 속하고 돼지는 水에 속한다]. 길한 조짐을 보면 모든 일이 형통하고, 흉한 조짐을 보면 모든 일이 막히고 지체되는 것이다.

6) 자신이 원하는 점에 해당하는 조짐을 살핀다

　재물을 구하는 점을 쳤을 때도 응하고 극하는 것으로 판단하여야 한다. 상자는 재물을 감추는데 쓰이는 물건이고, 노끈이나 새끼줄은 돈을 꿰어 묶는데 쓰이는 물건이며, 비단이나 금은보화 등은 재물 자체이므로 재물을 얻게 된다.
　그러나 칼이나 그에 딸린 기물들은 오히려 손실을 가져와서 이익이 없으니, 괘를 살필 때 한 가지로만 집착해서는 안된다. 재물을 보게 되면 재물을 얻게 되고, 재물을 보지 못하면 재물을 얻지 못하게 되나, 물건이나 사물을 볼 때 온전해야지 한 곳이라도 결손된 곳이 있으면 있기는 하나 부족하게 되는 뜻이 있다.
　혼인에 관한 점도 비슷하게 판단하니, 물건이 둥글고 온전하면 제날짜에 성사되나, 파손된 곳이 있으면 중도에서 막히고 좌절된다. 이는 한 집안의 문제일 때만 그런 것이 아니라 모든 일에 다 그런 것이다.
　땔나무와 숯을 만나면 근심이 있을 수고, 꺾인 보리를 보면 슬픈 일이 있게 되며, 쌀을 보면 좋은 일이 생기고, 콩을 보면 다칠 일이 생긴다.
　버선이나 신발을 보면 만사가 화합되고, 바둑 두는 것을 보면 사람과 더불어 약속할 일이 생기며, 도끼나 톱을 보면 반드시 수리해 고칠 일이 생기고, 양곡을 쌓는 것을 보면 멀리 떠날 일이 생긴다.

새가 우는 소리를 들으면 꾸민 일이 허사가 되고, 북을 두드리는 소리를 들으면 교역交易하는 일이 허사가 되며, 눈을 씻으면서 깜박거리는 것을 보면 속으로 곡을 하며 울 일이 생기고, 칼을 지니면서 피빛을 보이면 밖으로 벌레의 독과 같은 은근한 모사가 일어나게 되니, 극하고 응하는 것이 이미 밝게 드러났다.

음식도 같은 방법으로 판단하니, 물을 보면 술과 국이 생기고, 불을 만나면 전과 구운 고기가 나온다. 쌀을 보면 한 그릇의 밥을 얻고, 병을 들고 가는 것을 보면 술잔을 나누게 되며, 물을 보면 물고기나 새우 등 물속에서 산출되는 음식이며, 흙을 보면 소나 양고기 또는 채소류이며, 생강을 보면 매운 맛이거나 그런 맛의 국이 나오며, 칼과 도마를 보면 굽고 비린내 나는 맛있는 음식이 나온다.

이는 삼요三要의 극과 응이며, 만물의 기틀이 되니, 이것을 통달한자는 조심해서 써야 할 것이다.

12. 음식편 飮食篇

1) 건금〔陽金 ☰〕

　건금의 상됨이 둥글고 단단하면서 그 맛은 맵다. 알〔卵〕의 상을 취했으니, 짐승의 머리가 되고, 말〔馬〕이 되며 돼지〔猪〕가 된다. 가을에 이 괘를 얻으면 식록이 왕성하고, 여름에 얻으면 식록이 쇠하게 되며, 봄에 이 괘를 얻으면 때에 따라 새로이먼저라는 뜻이 있음 나는 물건으로 열매나 채소가 된다. 겨울에는 차가운 물건으로 하룻밤을 묵힌 음식이 된다.
　감수坎水가 같이 있으면, 강과 호수 또는 바다에서 나는 음식으로 국물이 있으면서 채소나 열매를 곁들인 진수성찬이 된다.

2) 곤토〔陰土 ☷〕

　곤토는 귀신과 많은 관련이 있다. 멀리 갔던 객이나 죽은 사람이 돌아오는 것이 되며, 그릇은 흙으로 구은 그릇이 되며, 음식에 있어서는 쌀과 과일로 만든 음식이며, 동효가 없으면 배 대추 토란 가지가 되고, 동효가 있으면 물고기 해물젓〔鮓〕 생선회 뼈가 없는 육포肉脯 소금에 절인 고기 동물의 위장 등이 되며, 손님을 만났다면 여자이고 극을 당하면 구설수에 오른다.

극하던 것이 변해서 생하면서 돌아오면 큰 제사 때 쓰는 암소의 고기를 먹게 되고, 극하면서 돌아오면 여윈 동물의 삶은 음식을 먹게 된다. 금기운의 건금☰이나 태금☱을 만나면 작고 얇게 썰은 음식이며, 목기운의 진목☳이나 손목☴을 만나면 새로 나온 것은 생것이고 옛것은 삶은 것이다.

그 색은 검은색 또는 누런색이며, 그 맛은 단맛이다. 물과 불이 함께하면 불을 때서 찌게 된다. 사계절에 걸쳐 쌀이나 보리와 관련이 있고 반드시 깨나 생강이 있으니, 자세하고 상세하게 추론하면 반드시 적중할 것이다.

3) 진목(陽木 ☳)

진목은 목木에 속한다. 술먹던 친구가 광기를 부리며 주정을 하고, 허황되고 경박해져서 괴이한 행동을 한다. 큰 나무의 과일이 되며, 정원의 채소가 된다.

그 색은 푸른색이며, 맛은 신맛이다. 음식의 숫자는 많으나 모이는 손님은 적고, 혹 비린내가 나거나 이상한 향기가 나는 안주가 되며, 리화☲가 같이 있으면 소금과 차(茶)가 되며, 감수☵가 있으면 소금과 식초가 된다.

4) 손목(陰木 ☴)

　손목巽木은 문서로 약속을 하는 일 또는 강의하고 논하는 일로 손님이 오든가, 혼인하는 일로 친구와 만나게 되며, 혹은 멀리 있는 사람의 소식이 온다는 뜻도 된다.
　그 색은 흰색이나 푸른색이며, 그 성질은 굽기도 하고 곧기도 하며, 그 맛은 신맛이고, 그 상은 긴 것(長)이다. 복숭아 오얏 모과(木瓜)에 해당하고, 매우면서도 반찬 없는(육류가 없는) 식사, 또는 물고기나 닭 종류, 또는 콩반찬 국수 종류가 된다. 물에서 잡은 것이 아니고, 호미로 파서 얻을 수 있는 식품이다.
　건금☰이나 태금☱을 만나면 먹은 것으로 인해 병이 생기고, 곤토☷를 만나면 불을 얻는 것이 쉬우니 채소를 볶아 먹게 되고, 리화☲를 얻으면 볶은 차茶가 된다. 감수☵를 만나면 술과 음식을 끓여 먹게 되고 생것으로 먹는 뜻이 없으며, 반은 끓이고 반은 구워서 먹는다.

5) 감수(水 ☵)

　감수는 물의 상이다. 물은 바다로 들어가게 되어 있으므로, 그 맛은 향이 나는 물고기나 네 다리가 있는 물에 사는 동물을 뜻한다. 일반적으로 모두 먹을 수 있는 것이다. 혹은 통소와 큰 북의 소리를 듣거나 예악禮樂의 소리가 나는 곳에 있다.
　그 색은 검은색이고 그 맛은 짠맛이다. 극하던 것이 변해 없어지면 술을 마시게 되고, 변하여 생하면서 돌아오게 되면 어류를 먹게 된다. 돼지 눈〔目〕 귀〔耳〕 피〔血〕 국〔羹湯〕이 되며, 술과 밥 또는 장醬의 종류가 된다. 리화☲를 만나면 문서文書에 관한 일을 말하고, 건금☰을 만나면 바다에서 나는 물건이 된다.

6〕 리화〔火 ☲〕

 리화는 문서와 교역하는 것이 되니, 친척과 스승 또는 선비 등 예절을 차리는 사람이 많은 것이 된다. 또 연회석에는 뛰어난 인재를 모아놓은 것이 되며, 음식에 있어서는 달이고 튀기고 굽고 태우는 것이며, 혹 차나 소금을 곁들였다.
 청명한 날 저녁에 촛불을 켜고, 봄이나 여름에 꽃이 만발했는데, 노인은 먹지를 못해 심사가 편안치 못하고, 젊은 사람은 좋아한다. 강의하고 토론하는 것이 유익하다. 닭이 되며 꿩〔雉〕 게〔蟹〕 뱀〔蛇〕도 된다.
 색은 붉은색이며, 맛은 쓴 맛이고, 성질은 열이 나면서도 기운이 향기롭다. 감수☵를 만나면 술을 마시다가 다투게 되며, 손목☴을 만나면 채소를 볶아 먹게 된다.

7〕 간토〔陽土 ☶〕

 간토는 이웃마을에 있는 귀인을 만나나, 역시 풍족하게 먹는 것은 아니고 적당히 먹을 수 있을 뿐이다. 귤이나 기름이 나오는 작물 과일 및 채소와, 산에서 꺾거나 벤 것으로 마디가 있는 것이 되며, 호랑이 개 토끼 사슴, 물고기나 그물로 잡은 고기, 쌀 깨 밀 보리가 된다.

변괘가 극하면서 돌아오면 찬없는 식사를 먹고, 극하던 것이 변해서 없어지면 양고기를 먹게 되며, 변괘가 극하면서 돌아오면 구설시비 또는 음해에 말려들고, 이것이 지나치면 먹지도 못하게 된다. 그 맛은 단맛이고, 색깔은 검고 누런색이다.

간토는 토土에 속한 물건으로 리화☲가 같이 있으면 불로 굽고 삶는 음식이 된다. 가을에는 게〔蟹〕가 되고, 봄에는 새〔鳥〕가 되는데, 주로 안에 많은 고기를 갖고 있는 동물이며, 그 맛은 맵다. 질그릇에 가득 담아 쇠로 된 양동이와 동반한다.

채소에는 미나리가 되고, 물건에 있어서는 깃털이 되며, 극하던 것이 변하여 생하면서 돌아오면 음식에 있어서는 거위와 오리며, 생하던 것이 변하여 극하면서 돌아오면 이름 없는 야채가 된다.

8) 태금〔陰金 ☱〕

태금은 백금白金에 속하니, 그 맛은 매우면서 색은 흰색이다. 혹 멀리 있는 손님이 급히 이르고, 혹은 가까이 사귀는 친구와 다툰다. 모든 동물의 고기는 칼질하고 다지게 되는데, 맛은 반드시 매운 맛이며, 주머니 속에 싸놓은 것은 소금에 절여 저장해

놓은 것이고, 말린 것으로는 무나 마름〔菱〕이며, 채소로는 파나 부추가 된다.

성하게 되면 비린내가 나는 것을 얻고, 더 왕성하면 양이나 오리고기가 된다. 앉아있으면 참람하고 월권하는 사람이 생기고, 혹 노래 부르는 여자가 있게 되니, 혼자 있으면 반드시 구설수에 오르고, 둘 이상 있으면 즐거운 일이 생긴다. 주로 밖에 나가 많은 음식을 먹는 것이고, 극하던 것이 변하여 없어지면 좋은 일이 생긴다.

9〕 음식점의 일반론

① 동효가 없을 때는 하괘가 체괘인 동시에 자신을 나타내고, 상괘는 용괘인 동시에 다른 사람을 나타낸다

- 무릇 음식을 점칠 때는 반드시 그 동과 정을 살펴야 한다. 그러므로 동효가 있으면 있고, 동효가 없으면 없게 된다. 하괘를 체괘로 삼고 또 자신을 나타내는 괘가 되며, 상괘는 다른 사람을 나타낸다.

② 동효가 있으면 동효가 없는 괘가 체괘가 된다

- 그러나 하괘가 동하면 하괘가 다른 사람이 되고 상괘가 자신으로 주객이 서로 바뀐다.

③ 상괘는 술이고 하괘는 음식이다

- 상괘는 술이 되며 하괘는 먹는 음식이 되니, 하괘의 상을 취해서 어떤 음식인가를 안다. 하괘가 변하면 객체[用]가 되니, 하괘의 음식을 끝까지 먹지 못하는 것이다.

④ 체괘가 생함을 받으면 좋고, 극하면 먹기 힘든다
- 체괘나 하괘를 생하면 길하고, 호괘나 객체가 극을 하면 먹지 못하는 것을 말하며, 다른 사람[용괘]이 극하면 역시 먹기 힘들다.

⑤ 체괘가 생함을 받으면 초청을 받는 것이고, 생해주면 자신이 초청하는 것이다
- 다른 사람[상괘 또는 용괘]이 생함은 어떤 사람이 초청하는가를 말해주며, 자기가 생해주고 체괘가 생해주면 자기가 남을 초청하는 것이다. 호괘가 생을 받으면 잔을 주고 받는 것이 셀 수 없이 많다.

⑥ 상괘가 생을 받으면 객의 숫자가 많다
- 상체가 생을 받으면 객의 숫자가 많다.

⑦ 날짜와 시기는 호괘로써 결정한다
- 변괘가 호괘를 생하면 늦게 도착하는 객이 있으며, 호괘가 체괘를 극하는 괘를 생하면 먼저 자리를 뜨는 자가 생기니, 그 날짜와 시기는 호괘로써 계산하는 것이다.

13. 관물현묘가결 觀物玄妙歌訣

물건을 관찰해서 그 조짐을 얻는 것이 비록 세상에는 이익이 없다고들 말하지만, 배우는 자가 이로써 수를 연마하면 성인이 역을 만드신 신령함을 알 수 있다.

세상의 물건에는 반드시 수數가 있는 까닭에, 하늘은 둥글고 땅은 모났다 함은 물건의 형태를 말한 것이고, 하늘은 검고 땅은 누렇다 함은 물건의 색깔을 말한 것이며, 하늘은 움직이고 땅은 그쳐있다 함은 물건의 성질을 말한 것이고, 하늘은 위에 있고 땅은 아래에 있다 함은 물건의 위치를 말한 것이며, 건금〔乾 ☰〕은 강하고 곤토〔坤 ☷〕는 부드럽다 함은 물건의 본체를 말한 것이다.

1〕 건금〔乾金 ☰〕

건금의 괘됨은 강하면서도 둥글고 귀하면서도 견고하니, 쇠金가 되고 구슬玉이 되며, 붉은색이 되고 둥글음이 되며, 큰 것大이 되고 머리首가 되며 위에 있는 열매가 된다.

- 태금☱을 만나면 훼절毀折되고,
- 감수☵를 만나면 빠져서 가라앉게 되며,
- 리화☲를 만나면 단련된 쇠가 되고,
- 진목☳을 만나면 움직이는 물건이 되며,

- 손목☴을 만나면 나무의 과일이 되고 둥글음이 된다.
- 토기운인 곤토☷와 간토☶를 만나면 흙속에 있는 돌石이니, 불을 얻으면 그릇이 되며, 태금☱을 만나면 예리한 칼[검봉금劍鋒金]이 되어, 가을에는 그 가치가 올라갈 것이고 여름에는 그 가치가 떨어질 것이다.

2) 곤토[坤土 ☷]

곤토의 괘됨은 그 형체가 곧으면서도 모나며, 그 색깔이 검으면서도 누렇다. 아름다운 문채文彩가 되고 베[布]가 되며, 많은 것을 싣는 수레[輿]가 되고 솥[釜]이 되며, 소[牛]를 상징하고 움직이는 것을 싫어하는 성질이다.

- 건금☰을 얻으면 둥글 수도 있고 모날 수도 있으며, 귀하기도 하고 천하기도 하다.
- 진목☳이나 손목☴을 만나면 큰 그릇이 되고,
- 리화☲를 만나면 문장文章이 되며,
- 태금☱을 만나면 흙속에서 나온 쇠가 되고,
- 간토☶를 만나면 단단한 흙이나 돌이 된다.

3) 진목[震木 ☳]

진목의 괘됨은 그 색깔은 거무스름하고 누렇되 푸른색을 많이 띠고 있다. 나무도 되고 소리[聲]도 되며, 대나무, 억새나 갈대, 번성하고 고운 것이 되고 태어나는 형체가 되며, 위는 부드럽고 아래는 강한 것이 된다. 그 성질은 떨쳐서 움직이므로 주변을 놀라게 한다.

- 건금☰을 만나면 소리가 나는 물건이 되고,
- 태금☱을 만나면 쓸모없는 나무가 되며,
- 간토☶를 만나면 산림 속에 있는 돌이 되고,
- 감수☵를 만나면 기운이 있는 물건이 되며[水生木],
- 손목☴을 만나면 나무의 가지나 잎새가 되고,
- 리화☲를 만나면 꽃이 핀 나무가 된다.

4) 손목[巽木 ☴]

손목의 괘됨은 색깔은 흰색이고 향기가 나며, 풀이나 나무가 되고, 단단함도 되고 부드러움도 된다.

- 리화☲를 만나면 문서文書가 되고,
- 태금☱이나 건금☰을 만나면 쓰이지 못할 나무가 되어 쇠로 된 칼이나 도끼에게 벌목되며,
- 곤토☷나 간토☶를 만나면 풀이나 나무가 되고,
- 감수☵ 또는 태금☱을 만나면 먹을 수 있는 물건이 되며, 길고 곧은 물건이 되며,
- 진목☳과 만나면 봄에 나왔다가 여름에 커지는 풀의 열매나 채소가 된다.

5) 감수〔坎水 ☵〕

　감수의 괘됨은 색깔은 검은색이고, 둥글 수도 있고 모날 수도 있다. 부드럽고 썩는 물건이나 속만은 단단하다. 낮고 습기찬 장소에 많으니 대부분이 물속에 있는 물건이다.
- 건금☰을 만나면 둥근 물건이고,
- 태금☱을 만나면 훼손되거나 더럽게 되며,
- 진목☳이나 손목☴을 만나면 먹을 수 있는 것이 된다.
- 리화☲를 만나면 완전하다는 뜻의 수화기제괘䷾가 되니, 물을 얻으면 밖으로 나오게 되고 불을 얻으면 완성하게 되며, 또 물건에 걸려 막혔다는 뜻도 된다.
- 태금☱을 만나면 입〔口〕이 달린 물건이 되고,
- 진목☳이나 손목☴을 만나면 나무의 가지나 잎새 또는 꽃이 달린 것이 된다.

6) 리화〔離火 ☲〕

　리화의 괘됨은 그 색깔은 붉은 색을 바탕으로 푸르면서도 누렇다. 본체가 마른 물건에 해당하고 그 성질은 위는 단단하고 아래는 부드럽다. 산에 있는 돌이나 흙으로 구은 그릇이 되며, 큰 산에 있는 길이나 입구의 작은 돌이 된다.
- 건금☰을 만나면 단단한 물건이 되나,
- 태금☱을 만나면 부쉬지고,

- 곤토☷를 만나면 흙덩어리가 되고,
- 손목☴을 만나면 풀 종류가 되고
- 진목☳을 만나면 나무로 된 물건이 된다.
- 감수☵를 만나면 강가의 절벽에 있는 물건이 되고,
- 리화☲를 만나면 구은 그릇이 되고, 진목☳과 손목☴을 같이 만나면 울타리나 담벽이 된다.

7) 태금〔兌金 ☱〕

 태금의 괘됨은 그 색깔이 흰색이며, 부드러움은 적고 단단함은 많은 성질이다. 훼절되어 아래로 쳐지기 쉽고, 쇠로 되었으며 입이 둥근 물건이다.
- 건금☰을 만나면 먼저는 완전하였으나 뒤에는 결함이 생기고,
- 간토☶를 만나면 쇠나 돌로 된 못쓰는 물건이고,
- 진목☳ 또는 손목☴을 만나면 깎이고 쪼아진 물건이며,
- 감수☵를 만나면 물에서 나는 물건이고,
- 건금☰을 만나면 단단함이 많으며,[8]
- 곤토☷를 만나면 부드러움이 많다. 서쪽에 있는 연못에서 크는 물건이고 물속에 있는 것이니, 부드러움을 얻어 그릇을 이룬다.

---

8 태금과 건금이 만나면, 완전한 물건은 결함이 생기게 되고, 물건을 이루기 전의 물상이라면 날카롭게 단련이 된다.

8) 간토(艮土 ☶)[9]

간토의 괘됨은 그 색깔은 누런색이며, 그친다는 뜻이 있다. 강함과 부드러움을 겸비하였으나, 양이 한쪽으로 치우쳤으므로 편벽된 성격이 있다. 좋은 쪽으로 말하면 강직한 것이고, 좋지 않은쪽으로 말하면 완고하고 막힌 성질이다. 나무로 쳐도 굳고 마디가 많은 종류가 되며, 길 중에서는 작은길이 되고, 안과 밖의 경계가 되는 출입문이 된다.

- 건금☰을 만나면 구름이 되고, 높은 것도 되며, 높이 날으는 솔개가 되고,
- 곤토☷를 만나면 큰 과일, 자만하는 것, 가을이 되며,
- 진목☳을 만나면 잘 기르는 뜻이 되며, 움직이는 동작이 되고,
- 손목☴을 만나면 가을 단풍, 부패되는 것 또는 해충이 된다.
- 감수☵를 만나면 샘물, 교육자가 되며, 과단성이 있으며,
- 리화☲를 만나면 천문天文 또는 문서가 되고 꾸밈이 되며 광채가 된다.
- 태금☱을 만나면 섬이 되고, 수신修身하는 것이 되며 해산解産하는 것이 된다.

---

9   관물현묘가결에는 간토(艮土 ☶)에 대한 풀이가 없는 것을, 대산선생의 자문을 받아 새로이 만든 것이다.

14. 모든 일에 응하는 노래〔諸事響應歌〕

혼돈했던 세상이 열림에 사람이 극을 세우니
길흉이 서로 응함을 더욱 피하기 어렵다
선현들이 미리 알 수 있는 방법을 남겼으니
『황극경세皇極經世』와 『매화역수』는 주역에서 나왔네.

현묘하고 미묘하며 넓고도 커서 그 끝이 없으니
기록할 것이 너무 많아 다 전하지 못했네.
대개 체는 용의 생함을 받는 것이 좋고
왕성하면 도모하는 일이 결국 좋게 되며
비화比和하면 길하며 극을 당하면 흉하고
용을 생하는 것 역시 흉하게 될 조짐이라네.

비올 것인가 맑을 것인가 하는 물음에 감수☵와 태금☱이 없다면
오랫동안 가물 것이라고 답함이 옳고,
계속해서 비옴에 언제 개일 것인가 물음엔
간토☶와 리화☲의 산화비괘䷕가 그 해답이네.
건금☰은 밝고 곤토☷는 어두우며 손목☴은 바람을 일으키고
진목☳을 만났다면 우레칠 것을 의심않네.

인사점에서 체가 용을 극하면
모든 일이 형통하고 다행한 일이 많으며
비화比和 역시 묘하게 좋으나
극을 당하면 흉하네.

괘중에 어떤 괘가 조짐이 되나를 봐야하니
건금☰은 공문公門과 노인이고
곤토☷는 음인陰人을 만나고 토기운이 응하며
진목☳은 동방이 되고 산림도 되며
손목☴ 또한 산림이 되고 채소며 과일이고
감수☵는 북방이며 물[水]의 성씨이고
술 물고기 재물 소금이 되며
리화☲는 문서 화로 불무의 이로움이 있고
또한 남방이며 안색이 섞여 있음이 되며
간토☶는 동북방이고 산림이 되며
태금☱은 서방이며 기뻐 즐거워함이다
체를 생하고 극하는 것은 같은 방법으로 판단하니
편編을 나눠 기록함은 모든 일이 응하도록 하기 위함이다.

가택점에는 체가 주인이 되는데
왕성하면 전토田土에 이익이 있으며
용을 생하면 재물이 빠져나가 없어지고
비화하면 대대로 편안한 거주지가 되며
극을 당하면 흉함을 알 수 있네.

생산점은 체가 어머니가 되는데
체와 용이 생함을 받거나 왕성하면 좋고 쇠하면 좋지 않으며
기수냐 우수냐에 따라 아들 딸이 구별 되고
건금☰은 양이 되고 곤토☷는 음이 되며
점칠 때 오는 사람을 효안에서 취해서
음이 많으면 여아이고 양이 많으면 남아가 되니
이러한 수리는 역의 이치안에 분명하네.

혼인점에서 용을 생하면 성사되기 어렵고
비화하거나 체를 생하면 크게 길하고 이롭네.[10]

음식점에서 용이 체를 생하면
안주나 반찬이 풍성함을 알 수 있고
용을 생하거나 체를 극하면 먹고 마시는 것조차 어려우며
용을 극하면 비화하는 것만큼 아름다움은 없고
감수☵나 태금☱은 술을, 진목☳은 물고기를 말하네.

팔괘에서 쇠하고 왕함을 따지니
꾀함을 얻고 뜻대로 됨은 비화함이고
용을 극하면 꾀하는 일이 늦어지게 되나
명성을 구함에 용을 극하면 뜻대로 되고
체가 생함을 받거나 비화해도 뜻을 이루네.

---

10 원문은 "용을 극하면"이나, 문맥상 "채를 생하면"이 맞다고 생각되어 고쳤다.

재물을 구함에 용을 극하면 재물이 생기고
체를 생하거나 비화하면 뜻대로 되며

교역점에 체를 생하거나 비화하면
이롭게 일이 성사되며 뒷근심도 없고

출행점에 용을 극하거나 용이 체를 생하면
이르는 장소마다 뜻을 이루기 쉬우며

감수☵는 배를 타고 여행함을 리화☲는 육로를 말하며
건금☰과 진목☳은 움직임을
곤토☷와 간토☶는 그쳐있음을 뜻하네.

행인점에 용을 극하면 귀가길이 늦어지고
체를 생하거나 비화하면 즉시 돌아온다네.
함괘☱는 먼 곳을, 항괘☳는 늦게 돌아옴을
승괘☷는 돌아오지 못함을, 간괘☶는 막혀 있음을
감괘☵는 험함을 뜻함을 알아라.

알현점에서 체가 용을 극하고
비화하거나 체를 생하면 서로 만나네
태괘☱는 밖으로 드러난 것을, 송괘☰는 서로 친하지 않음을
건괘☰는 대인을 만남이 이로우니 장자長者이네.

실물점을 물을 때 체가 용을 극하면
괘의 수에 따라 곧바로 쫓아가 찾을 수 있고
서로 비화관계면 늦을지언정 찾게 되며
태금☱을 만나면 부숴진 곳이나 우물가에 있고
리화☲를 만나면 부엌이나 난로주변 또는 따뜻한 남방에 있으며
곤토☷를 만나면 모난 그릇속을 살피네.

질병점에는 체가 왕한 것이 가장 좋고
용을 극하면 편안하고 약효가 있으며
비화하면 구해주는 신〔星〕이 있을 것이고
체괘가 극을 받으면 흉하게 될 조짐이다.
리화☲를 만나면 열이 있는 약을
감수☵를 만나면 차가운 약을 복용하고
곤토☷는 토기운으로 따뜻한 것이니, 보補하는 재료를 쓰면 좋다네.

또한 귀신을 파악하려면 괘상을 살펴야 하니
진목☳은 주로 요괴를 뜻하며 헛것이 보임이 되고
손목☴은 스스로 목매 죽거나 형틀에 의해 죽은 귀신이며
곤토☷나 간토☶는 물에 빠져 죽거나 피를 흘리고 죽은 귀신이다.

송사점에서는 용이 극을 받으면 좋고

체괘가 왕성하면 결국 승소하며
비화해서 서로 화해하면 제일 좋으니
단지 다른 사람의 힘에 전적으로 의지하는 것이 아니다.

산소가 어디에 있나를 물으면
곤토☷를 만나면 평지의 양지바른 곳에 있고
손목☴을 만나면 숲속에 있으며
건금☰을 만나면 높은 곳에, 간토☶를 만나면 산에 임해 있고
리화☲를 만나면 인가에 가까이 있고
태금☱을 만나면 인가에서 멀리 떨어진 곳에 있다.
비화하거나 체를 생하면 장사지내서 좋게 되고
용을 극하면 더욱 길하고 이롭다.

만약 점칠때 옆에서 들리는 소리가 있으면
웃는 소리나 닭 울움소리는 길하고 아름다우며
아름다운 물건은 상서로운 조짐이 된다네.

몇 마디 말을 들어 간략히 했으니, 모든 일에 널리 통하길 바라네

15. 모든 괘에 반대성정이 있음 諸卦反對性情

건[乾 ☰]은 강하고 곤[坤 ☷]은 부드러우니 그 뜻이 반대되고
비[比 ䷇]는 기쁘고 사[師 ䷆]는 근심스러우며
임[臨 ䷒]은 백물을 만나고 관[觀 ䷓]은 살펴 구하는 것이며
몽[蒙 ䷃]은 현명하기 어렵고 둔[屯 ䷂]은 잃지 않으며
진[震 ䷲]은 움직임을 간[艮 ䷳]은 그침을 뜻하며
대축[大畜 ䷙]은 복을 생하고
무망[无妄 ䷘]을 만나면 화[禍]의 시작이며
승[升 ䷭]은 떠나서 돌아오지 못하며
취[萃 ䷬]는 모이되 떠나지 않으며
겸[謙 ䷎]은 저절로 존귀해지고 예[豫 ䷏]는 게으르게 되며
태[兌 ䷹]는 주로 밖으로 만남을 손[巽 ䷸]은 안으로 감춤을
수[隨 ䷐]는 앞에서 감[坎 ䷜]은 뒤에서 안일함을 탐내며
고[蠱 ䷑]는 전의 잘못을 고칠 뿐이다
박[剝 ䷖]은 깎여 해지고 복[復 ䷗]은 스스로 생겨나는 것이며
명이[明夷 ䷧]는 안은 밝으나 상처를 입고
진[晉 ䷢]은 밖으로 밝으면서 이치에 통하며
정[井 ䷯]은 통하는 것이고 곤[困 ䷮]은 서로 만나는 것이다
익[益 ䷩]은 무성함과 비슷하고 손[損 ䷨]은 쇠한 모습이며
함[咸 ䷞]은 빠르고 항[恒 ䷟]은 느리며
환[渙 ䷺]은 멀리 도망가고

동인〔同人 ☲〕은 안에서 친하고 규〔睽 ☲〕는 밖과 소원〔疏遠〕하며

해〔解 ☵〕는 용납하여 따르고 건〔蹇 ☵〕은 〔단서를〕 열기가 어려우며

리〔離 ☲〕는 무늬가 미려하고 간〔艮 ☶〕은 광명하며

돈〔遯 ☰〕은 물러나 몸을 피하고 구〔姤 ☰〕는 서로 만나며

대유〔大有 ☲〕는 무리지어 모이고 풍〔豐 ☳〕은 많은 것이며

감〔坎 ☵〕은 험함을 밟고 진〔震 ☳〕은 일어나며

수〔需 ☵〕는 나아가지 못하고 송〔訟 ☰〕은 편안하지 못하며

기제〔旣濟 ☵〕는 일정하여 뒷근심이 없고

미제〔未濟 ☲〕는 남자의 마침이며

귀매〔歸妹 ☳〕는 아녀자로서의 시작이고

비〔否 ☰〕는 큰 것〔대인〕이 가고 작은 것〔소인〕이 오는 것이며

태〔泰 ☷〕는 큰 것이 오고 작은 것이 가며

혁〔革 ☱〕은 옛 것을 버리는 것이고 정〔鼎 ☲〕은 새 것을 따르는 것이며

소축〔小畜 ☴〕은 적은 것이고 서합〔噬嗑 ☲〕은 먹는 것이며

려〔旅 ☲〕는 나그네가 밖에 있는 것이고

대과〔大過 ☱〕는 뒤집힌 것이며

쾌〔夬 ☱〕는 분명하고 빠름을 말하는 것이니

요컨대 글자마다 자세히 고찰하면
잡괘의 성정이 반대로 되어 있음을 알 수 있다.

8부. 선천수 작괘법

8부. 선천수 작괘법

　선천수 작괘법은 괘보다 먼저 그 수를 얻어 괘를 짓는 방법이다. 선천수 작괘법에 의하여 괘를 얻었을 때는 주역의 괘사나 효사를 인용하지 않는데, 이는 괘보다 먼저 수를 얻었기 때문이다. 즉 괘사나 효사는 물론 주역의 괘도 나오기 이전에, 역의 이치만 있을 뿐 그것을 풀이한 글은 아직 나오지 않은 선천先天의 상황이므로, 체용의 상생상극에 의해서만 풀이한다. 그러나 이렇게 풀이한 내용이 괘사나 효사의 뜻에 어긋나지 않으니, 이 두 뜻을 병행해서 쓰면 더욱 좋다.

1. 연월일시 점례

1) 관매점觀梅占

진辰년 12월 17일 신申시에 선생이 방에 앉아 밖에 있는 매화를 보고 있었는데, 매화가지에서 참새 두 마리가 싸우다 땅에 떨어지는 것을 보고 "움직임이 없으면[不動] 점을 치지 못하고[不占], 일이 없다면 점을 치지 않는 것인데, 이제 두 마리 참새가 매화가지에서 다투다 땅에 떨어졌으니, 저것이 반드시 곡절이 있다"하고는 점을 쳤다.

진년의 '진'에서 5[진은 5번째 地支임], 12월에서 12, 17일에서 17을 얻어 모두 합하면 34가 된다. 이 34를 괘의 기본수 8로 나누면[34÷8=4 나머지 2] 2가 남으니, 태금[二兌澤 兌卦 ☱]을 상괘로 삼는다. 신시이니 9를['신'은 9번째 지지임] 34에 보태면 43이 된다. 이 43을 역시 8로 나눈[43÷8=5 나머지 3] 나머지 3[三離火 離卦 ☲]을 하괘로 삼아 택화혁괘[澤火革 ䷰]를 이루었다. 총수 43을 효수 6[효는 그 수가 6이다]으로 나누면[43÷6=7 나머지 1] 1이 남는다.

동효動爻가 '1', 즉 혁괘의 초효初爻가 동하게 되어 지괘之卦는 택산함[澤山咸 ䷞]이 된다.

따라서 체괘는 태금[兌金 ☱]이고 용괘는 리화[離火 ☲]가 되며, 외호괘는 건금[乾金 ☰]이고 내호괘는 손목[巽木 ☴]이 되며,

변괘는 간토[艮土 ☶]가 된다.[1]

상괘	하괘	동효	득괘	호괘[2] 및 변괘[3]
辰→ 5 12월→12 +17일→17 = 34 34÷8=4 나머지 2 ∴태☱	34+9(申시) =43 43÷8=5 나머지 3 ∴리☲	43÷6=7 나머지 1 ∴초효동	혁 → 함	외호괘:건☰ 내호괘:손☴ 변괘:간☶

- ㉠ 연월일의 수를 합해서 8로 나눈 나머지 수로 상괘를 짓는다.
- ㉡ 상괘의 수에 시간수를 합해서 이를 8로 나눈 나머지 수로 하괘를 짓는다.
- ㉢ 하괘의 수를 6으로 나눈 나머지 수로 동효를 잡는다.[4]

이윽고 판단하여 말씀하기를 "이 괘를 살피건대, 저녁 늦게 여자아이가 꽃을 꺾으려다 정원지키는 사람에게 들키자 놀라 땅에 떨어져 다리를 다친다"고 하였다. 과연 그날 저녁 소녀가 매원梅

---

1 여기서 소성괘 이름을 건·태·손·간 등으로 부르지 않고 건금·태금·손목·간토라고 하는 것은, 오행의 상생 상극관계도 같이 표현하려는 편의에 의한 것이다. 괘를 떠올리자 마자 배속된 오행을 같이 생각하면 길흉의 판단이 쉬워진다.
2 호괘는 본괘에서 취한다. 즉 본괘의 삼효·사효·오효가 외호괘를 구성하고, 본괘의 이효·삼효·사효가 내호괘를 구성한다.
3 변괘는 지괘에서 취한다. 즉 본괘 중에 용괘의 효가 동해서 변한 괘가 변괘이다.
4 본괘의 상괘와 하괘 중에서 동효가 없는 괘가 체괘이고, 동효가 있는 괘가 용괘이다.

園에서 꽃을 꺾다가, 매원을 지키는 사람에게 들키자 놀라 땅에 떨어져 다리를 다쳤다.

- 주체가 되는 소녀는 동효가 없는 상괘에서 나온다. 매화역수에 있어서 가장 중요한 것은 체괘와 변괘의 생극관계이며, 그 다음이 체괘와 용괘의 생극관계이고, 그 다음이 체괘와 호괘의 생극관계이다. 이 괘는 소녀인 태兌를 체體로 삼아 풀이한 것이다〔하괘에 동효가 있다〕. 태금兌은 소녀 또는 해질 무렵이 된다. 본괘인 택화혁괘에서 용괘가 되는 리화〔離火 ☲〕가 체괘인 태금〔兌金 ☱〕을 극하므로 일단 흉하다고 판단이 된다.
- 다음으로 일의 과정을 뜻하는 호괘 중에 외호괘는 체괘와 비화를 이루지만, 내호괘인 손목〔巽木 ☴〕이 용괘를 생해주고 있으므로 체괘는 더욱 흉하다. 또 호괘중 손목巽木이 외호괘外互卦에 들어있는 건금乾金과 외괘外卦〔태금兌金〕에게 극을 당하는데, 손목巽은 인체人體로 볼때 다리에 해당하니 소녀의 다리가 다치는 것이다.
- 그 다음으로는 일의 최종 마무리를 뜻하는 변괘와의 관계인데, 다행히도 변괘인 간토〔艮土 ☶〕가 체괘를 생해주므로 극단으로 흉한 것은 면하게 되어 다리만 다치고 죽지는 않는다. 이렇게 괘를 해석할 때는 체괘와 용괘, 체괘와 호괘와의 관계, 체괘와 변괘와의 관계를 차례로 살펴야 한다.

2] 관목점 觀牧占

사년 3월 16일 묘卯시에, 선생이 친구와 더불어 사마공司馬公의 집에 가서 모란꽃이 활짝피어 있는 것을 즐기고 있었다. 친구가 "저렇게 성盛한 꽃도 명수命數가 있는가?"라고 물으니, 선생이 "모든 것에 수가 있다."라고 말하며, 점을 쳐보았다.

사년을 6으로[巳는 6번째 지지임], 3월에서 3, 그리고 16일의 16을 합하면 25가 된다. 8로 나누면[25÷8=3 나머지 1] 1이 남으니, 건금[☰ 一乾天]을 상괘上卦로 놓고, 여기에 묘시의 4[묘는 4번째 지지임]를 더하면 29가 된다. 역시 8로 나누면[29÷8=3 나머지 5] 5가 남으니 손목[☴ 五巽風]으로 하괘를 지으면 천풍구괘☰가 된다. 29를 6으로 나누면[29÷6=4 나머지 5] 5가 남으니, 천풍구괘 5효가 동하여 화풍정괘[火風鼎 ☲]가 된다.

따라서 체괘는 손목[巽木 ☴]이고 용괘는 건금[乾金 ☰]이며, 내호괘와 외호괘가 모두 건금☰이 되며, 변괘는 리화[離火 ☲]가 된다.

상괘	하괘	동효	득괘	호괘 및 변괘
巳년→ 6 3월 → 3 +16일→16 = 25 25÷8=3 나머지 1 ∴건☰	25+4(卯시) =29 29÷8=3 나머지 5 ∴손☴	29÷6=4 나머지 5 ∴5효동	☰☰☰ ☴☴☴ 구 → 정	외호괘:건☰ 내호괘:건☰ 변괘:리☲

드디어 친구에게 말하길 "괴이하도다! 이 꽃이 내일 오시午時가 되면 말에게 밟혀서 상하게 되는구나!"하니 친구가 믿지를 않았다. 다음날 오시에 과연 고관高官들이 찾아와 말을 매놓고 구경하였는데, 말들이 서로 뛰며 싸우다 꽃을 짓밟아 버렸다.

- 이 괘를 풀이하면 손목(巽木 ☴)이 체體가 되는데(상괘에 동효가 있다), 그것이 꽃⁵이다.
- 용괘인 건금(乾金 ☰)이 체괘인 손목을 극克하고, 또 건금은 말에 해당한다. 여기에 호괘가 모두 건금☰이니 꽃이 더욱 흉하게 된다.
- 그리고 5효가 동하면 변괘가 리화(離 ☲)가 되니 오시에 해당한다. 그래서 오시에 말이 꽃을 상하게 하는 것이다.

---

5 巽木은 陰木인데, 변괘로 리화를 만났으니 꽃이 된다.

3〕 매향점買香占

　유酉년 8월 25일 오수시에 버드나무 아래서 향나무를 파는 사람이 있었다. 소강절선생이 말하길 "이 나무는 침향沈香이 아니다."라고 하니, 그 상인이 얼른 "이 향나무는 진짜입니다."라고 하였다.

　소강절선생이 말하길 "불속에 나무가 있고, 물가의 나무이니 침향이 아니다. 아마 나무를 음습한 곳에 오래 두었다가 약물에 넣고 끓였을 것이다."라고 하니, 상인이 화를 내면서 가버렸다.

　보름 후에 친구가 찾아와서 말하기를 "이 침향이 가짜인지 향기가 나지 않는다"라고 하였다. 소강절선생이 "이 침향을 누가 가지고 왔는가?"라고 묻고, 이어 "나는 이미 알고 있었네."하면서 웃었다.

　"일전에 성문 근처에서 보니, 묻기도 전에 그 사람이 실수하여 그 침향을 땅에 떨어뜨린 것을 보았네. 그래서 그 때의 연월일시를 계산해서 점을 하니, 규괘가 변한 서합괘〔睽之噬嗑〕를 얻었다네. 규괘☲의 하괘는 태금☱인데 태금은 못물澤을 뜻하는 것이고, 서합괘☲의 하괘는 진목☳인데 진목은 나무가 되니, 이 둘을 관계지어 보면 연못물가의 나무가 되므로 침향목은 아니라네.

　또 규괘의 외호괘는 감수☵인데 감수는 물에 해당하고, 내호괘는 리화☲인데 리화는 불에 속하니, 불위에 물이 있는 상으로 끓이는 것을 뜻한다네. 서합괘의 외호괘는 감수☵인데 감수는 물에 해당하고, 내호괘는 간토☶인데 간토는 산에 해당하니, 산속의 물이 되어 이 또한 연못물의 상이 되네. 따라서 연못속에 오래묵어서 손상되고 더럽혀진 나무를 끓였다는 뜻이 나오니, 이 어찌 침향목일 수가 있겠는가?"[6]라고 말하였다.

상괘	하괘	동효	득괘	호괘[7]
酉년→10 8월 → 8 +25일→25 = 43 43÷8=5 나머지 3 ∴리	43+7(午시) =50 50÷8=6 나머지 2 ∴태	50÷6=8 나머지 2 ∴2효동	규→서합	외호괘:감 내호괘:리 변괘:진

- ㉠ 유酉년에서 10, 8월에서 8, 25일에서 25를 각기 얻으니, 그 총합은 43이 된다. 이 43을 8로 나누니 3이 남아 상괘는 리화(離火:三離火)가 된다.
- ㉡ 여기에 오후시의 7을 더하면 50이 되고, 이를 8로 나누면 2가 남으므로 태금(兌澤:二兌澤)이 하괘가 된다.
- ㉢ 또 50을 6으로 나누면 2가 남으므로 2효동이다. 따라서 화택규괘 2효동인 규괘가 변해서 서합괘(睽之噬嗑)가 되는 것이다.

---

6   어떤 물건인가를 알아보는 점은 길흉을 묻는 것과는 달리 변괘가 제일 중요하고, 그 다음으로 호괘 용괘 체괘순으로 살핀다. 즉 변괘는 어떤 물건인가의 주체이고, 호괘 및 용괘 체괘는 어떤 상태인가를 말해주게 된다. 변괘가 진목이고 체괘는 리화이니 불과 관련된 나무다. 자세한 것은 「어떤 물건인가觀物占」를 참조 바람.

7   체괘는 리화(離火)이고 용괘는 태금(兌金)이며, 외호괘는 감수(坎水)이고 내호괘는 리화(離火)이며, 변괘는 진목(震木)이다.

4] 집의 운세점 屋宅之占訣

　인년寅年 12월 1일 오시午時에 시장에서 인접한 곳에 몇 채의 집을 짓기 시작했다. 그 중에 세 가구가 바로 그 시간에 선생에게 점을 물어왔다. 만약 동일한 괘가 나오면 그 길흉을 판단할 수 없기 때문에, 선생은 각각의 성씨인 전田씨 왕王씨 그리고 한韓씨의 수를 더 보태서 판단의 자료로 삼았다.

① 왕王씨 성을 가진 사람 집의 작괘

- 인년에서 3을, 12월에서 12를, 1일에서 1을 얻어 모두 합하면 16이고, 여기에 왕王씨 성의 획수인 4를 더하면 20이 된다. 이를 8로 나누면 나머지가 4가 되므로 진목☳으로 상괘를 삼는다. 상괘수上卦數 20에 시간수인 7[오시]을 더하면 27이 되는데, 이를 8로 나누면 나머지가 3이 되므로 리화☲로 하괘를 삼는다. 27을 다시 6으로 나누면 나머지가 3이 되므로, 왕씨 성을 가진 사람의 괘는 뇌화풍괘 3효가 동한 것이 된다[豊之震].

상괘	하괘	동효	득괘	호괘 및 변괘
인년→ 3 12월→12 1일→ 1 +)4王획→4 　　20 20÷8=2 나머지4 ∴ 진☳	상괘수 20 +)시간수 7 　　27 27÷8=3 나머지 3 ∴ 리☲	27÷6=4 나머지 3 ∴ 3효동	풍 → 진	외호괘:태☱ 내호괘:손☴ 변괘:진☳

- 체괘는 동효가 없는 괘인 상괘[震木 ☳]이고 용괘는 동효가 있

는 괘인 하괘〔離火 ☲〕가 되며, 외호괘는 태금〔兌金 ☱〕이고 내호괘는 손목〔巽木 ☴〕이며, 변괘는 진목〔震木 ☳〕이다.

- 왕씨가 집을 지어 괘를 얻은 것이 뇌화풍괘☳ 3효가 동한 것으로〔豊之震〕, 외호괘는 태금〔兌金 ☱〕이고 내호괘는 손목〔巽木 ☴〕이다. 따라서 상괘인 진목〔震木 ☳〕이 체가 되고 하괘인 리화〔離火 ☲〕가 용이 된다. 외호괘인 태금金은 체괘의 호괘로 체괘를 극하고 있다〔金克木〕.

- 비록 하괘인 리화火가 태금을 제압한다고 하지만〔火克金〕, 순수하게 체괘를 돕는 것이 아니고 체괘의 기운을 얻어 돕는 것이므로〔木生火〕 설기泄氣가 되어 재물의 손실을 유도한다. 즉 화기운이 있는 연월일〔巳 또는 午〕이 올 때마다 재물의 손실이 발생하며, 혹 부인婦人으로 인한 손실이거나 자녀들 역시 시비에 많이 연루된다.

- 수기운이 강한 해亥나 자子 연월일이나 목기운이 강한 인寅 또는 묘卯 연월일이면 전답이나 기타 재물상의 이익을 보는데, 이는 괘에 비록 체〔木〕를 생해주는 감수〔水〕나 비화하는 진목〔陽木〕 또는 손목〔陰木〕이 없더라도, 그러한 기운이 강한 연월일은 같은 효과가 나기 때문이다.

- 대개 목기운인 진목과 손목이 체괘일 때는 인이나 묘 또는 수기운이 왕성한 연월일에 크게 이득을 보는 뜻이 있다. 또한 변해서 중뢰진괘☳가 되므로 맏아들의 힘을 얻는 뜻이 있음에랴! 27년[8] 후에〔巳년이나 午년〕 불로 인해 소실될 운이다.

---

8 본문에는 22년 후로 되어 있지만 이는 오자로 생각된다.

② 전田씨 성을 가진 사람 집의 작괘

- 같은 방법으로 앞서 구한 수 16에 전田씨 성의 획수인 6[曲劃] 포함을 더하면 22가 된다. 이를 8로 나누면 나머지가 6이 되므로 감수☵를 상괘로 삼는다. 상괘수上卦數 22에 시간수인 7[오시]을 더하면 29가 되는데, 이를 8로 나누면 나머지가 5가 되므로 손목☴으로 하괘를 삼는다. 29를 다시 6으로 나누면 나머지가 5가 되므로, 전씨 성을 가진 사람의 괘는 수풍정괘 5효가 동한 것이 된다[井之升].

상괘	하괘	동효	득괘	호괘 및 변괘
인년→ 3 12월→12 1일→ 1 +)6田획→6 22 22÷8=2 나머지6 ∴ 감☵	상괘수 22 +)시간수 7 29 29÷8=3 나머지 5 ∴ 손☴	29÷6=4 나머지5 ∴ 5효동	井 → 升	외호괘:리☲ 내호괘:태☱ 변괘:곤☷

- 체괘는 동효가 없는 괘인 하괘[巽木 ☴]이며 용괘는 동효가 있는 괘인 상괘[坎水 ☵]가 되며, 외호괘는 리화[離火 ☲]이고 내호괘는 태금[兌金 ☱]이며, 변괘는 곤토[坤土 ☷]가 된다.
- 이 집의 점괘는 수풍정괘☴의 5효가 동한 것으로[井之升], 외호괘는 리화[離火 ☲]이고 내호괘는 태금[兌金 ☱]이 된다. 따라서 하괘인 손목[巽木 ☴]이 체가 되고 상괘인 감수[坎水 ☵]가 용이 되므로, 용괘가 체괘를 생해준다[水生木]. 비록 내호괘인 태금이 극을 하나[金克木], 외호괘인 리화가 태금을 제압하므로[火克金] 아무런 걱정이 없다.

- 그러나 유酉가 들어가는 연월일에는 태금의 금기운이 왕성해져서 손실을 입힐 것이고, 수기운이 강한 해亥나 자子가 들어가는 연월일에는 체괘를 생하게 되어9 이익을 줄 것이다. 혹 물가에서 재물을 얻게 되는 것은 물기운이 체괘를 생하기 때문이다. 또 목기운이 강한 인寅이나 묘卯년은, 체괘와 서로 비화比和하기 때문에 마땅히 즐거운 일이 있을 것이다. 다만 태금☱으로 인해 집안에 구설수가 많이 생기는 것이 흠이다.

- 목기운이 체라는 것은 봄의 기운과 비슷하기 때문에, 용괘로 감수(수기운)를 만난 것이 아주 좋다. 따라서 이 집은 29년 동안 크게 흥성할 것이나, 29년 후부터는 쇠한 기운이 들 것이다. 29라는 숫자는 괘를 만든 총수가 29이기 때문이고, 쇠한 기운이 들 것이라고 한 것은 태금이 있어서 훼상하는 역할을 하기 때문이니, 만약 괘안에 태금이 없었다면 다시 29년이 더 지난다 하더라도 훼상되지 않을 것이다.

---

9 금기운은 설기되고, 체괘인 목기운은 왕성해진다.

③ 한韓씨 성을 가진 사람 집의 작괘

- 같은 방법으로 16에 한韓씨 성의 획수인 21〔곡획도 포함〕을 더하면 37이 된다. 이를 8로 나누면 나머지가 5가 되므로 손목☴을 상괘로 삼는다. 상괘수 37에 시간수인 7〔오시〕을 더하면 44가 되는데, 이를 8로 나누면 나머지가 4가 되므로 진목☳으로 하괘를 삼는다. 44를 다시 6으로 나누면 나머지가 2가 되므로, 한씨 성을 가진 사람의 괘는 풍뢰익괘 2효가 동한 것이 된다〔益之中孚〕.

상괘	하괘	동효	득괘	호괘 및 변괘
인년→ 3 12월→12 1일→ 1 +)21韓획→21 37 37÷8=4 나머지5 ∴ 손☴	상괘수 37 +)시간수 7 44 44÷8=5 나머지 4 ∴ 진☳	44÷6=7 나머지2 ∴ 2효동	益 → 中孚	외호괘:간☶ 내호괘:곤☷ 변괘:태☱

- 체괘는 동효가 없는 괘인 상괘〔巽木 ☴〕이고 용괘는 동효가 있는 괘인 하괘〔震木 ☳〕가 되며, 외호괘는 간토〔艮土 ☶〕이고 내호괘는 곤토〔坤土 ☷〕이며, 변괘는 태금〔兌金 ☱〕이 된다.

- 이 집은 풍뢰익괘䷩의 2효가 동하게 되므로〔益之中孚〕, 외호괘는 간토〔艮土 ☶〕이고 내호괘는 곤토〔坤土 ☷〕이다. 따라서 상괘인 손목〔巽木 ☴〕이 체가 되고 하괘인 진목〔震木 ☳〕이 용이 되는데, 용괘인 진목이 변해서 태금金이 되면서 체를 극하게

된다〔金克木〕.
- 이는 반드시 송사가 있게 되는 괘로〔친하던 괘가 변해서 오히려 극을 함〕, 유酉가 들어 있는 연월일에 송사가 있게 되며, 후에 신申 또는 유酉년에 연속해서 병환을 앓게 된다. 다만 용괘인 진목과 체괘인 손목이 서로 비화관계이므로 인묘寅卯년에 길한 다음에는 신유申酉년에는 흉할 것이니, 44년[10] 후에 신 또는 유년이 되면 태금으로 인해서 훼상됨이 발생할 것이다. 만약 태금이 없거나 감수☵라도 하나 있으면 이런 일은 없을 것이다.

- 이렇게 해서 각 집안의 성씨를 더해서 각 집안에 따른 괘를 얻어 판단하게 되었다.
- 연월일시에 성의 획수를 더하는 방법은, 집을 짓는데만 쓰이는 것이 아니고, 관혼상제에 두루 쓰인다. 다만 관례冠禮나 장례葬禮에는 성씨가 하나이므로 그대로 쓰면 되지만, 혼례에 있어서는 두 집안의 큰 일이므로 두 성의 획수를 모두 더해야 한다. 또 성이 없을 경우는 이름으로 대신하고, 이름자를 확실히 모를 경우는 그 발음으로 해서 쓰며, 성도 이름도 모를 경우는 그 사람이 거처하는 곳의 지명으로 대신한다.

---

[10] 본문에는 31년으로 되어 있지만 오자로 생각된다.

2. 그 밖의 점례

1) 문성점聞聲占:소리의 수로 괘를 일으키는 법

어느 겨울 저녁[酉時]에 선생이 아들[邵伯溫]과 같이 화로를 끼고 방에 앉아 있었다. 이웃사람이 물건을 빌리러 와서 문을 두드리는데, 처음에는 한 번을 두드리고 다음에는 연거푸 다섯 번을 두드렸다. 선생이 그 아들에게 "이 소리를 듣고 괘를 지어 무슨 일 때문에 왔나 맞춰보아라"하였다.

그 아들이 생각하기를 처음에 한 번 두드리는 소리로 건금[一乾天 ☰]을 짓고, 다음 다섯 번 두드리는 소리로 손목[五巽風 ☴]을 지어 구괘[天風姤 ䷫]를 만들었다. 1과 5를 합한수 6에다 유시의 10[酉는 10번째 지지임]을 합하면 16이 되는데, 이를 6으로 나누면[6×2=12] 4가 남으니, 4효동으로 지괘之卦가 중풍손[重風巽 ䷸]이 된다.

상괘	하괘	동효	득괘	호괘 및 변괘
1聲→1 건 ☰	5聲→5 손 ☴	1+5+10酉시=16 16÷6=2 나머지 4 ∴4효동	구 → 손	외호괘:건 ☰ 내호괘:건 ☰ 변괘:손 ☴

선천수 작괘법

따라서 체괘는 손목[巽木 ☴]이고 용괘는 건금[乾金 ☰]이며, 외호괘나 내호괘가 모두 건금乾金이며, 변괘는 손목巽木이 된다.

- 숫자로 괘를 일으킬 때는 상괘를 지은 수에 시간수를 더해서 하괘를 짓는데, 여기서는 소리가 두 번 났기 때문에 그 소리에 따라 상괘와 하괘를 짓고 여기에 시간수를 합해서 동효를 구했다[글자점에서 글자수가 둘일 경우와 같이 계산함].
- 물건을 알아내는 점이므로 변괘와 용괘가 중요하다. 용괘가 건금乾金이고 변괘가 손목巽木인데다, 호괘나 체괘가 모두 손목과 건금으로 되어 있는 특수한 경우다.

그렇다면 그 물건이 쇠[☰]와 나무[☴]로 된 물건인데, 건금乾金을 지은 것은 한 번 두드리는 소리니 짧고, 손목巽木을 지은 것은 다섯 번 두드리는 소리로 긴 것이니, 쇠는 짧고 나무는 긴 물건이다.

이렇게 판단한 아들이 "쇠가 짧고 나무가 길으니, 쇠스랑을 빌리러 왔을 겁니다"라고 답하였다. 선생이 말하길 "쇠스랑이 아니라 도끼다. 수를 일으킬 때는 반드시 먼저 이치를 밝혀야 한다. 괘로 판단하면 도끼나 쇠스랑이나 모두 가능한 답이지만, 겨울 저녁 얼은 땅에 쇠스랑이 무엇 필요하겠느냐? 도끼로 나무를 쪼개어 군불을 때려는 것이다."11고 하였다. 과연 이웃사람이 도끼를 빌리러 왔던 것이다.

---

11 이렇게 괘를 뽑는 것은, 공식에 의해서 하든 영감靈感에 의해서 하든 누구라도 뽑을 수 있으나, 그 해석에 있어서는 시기와 상황을 잘 알아서 판단해야 하는 것이다.

2) 금일의 신수점今日動靜如何 : 글자의 수로 괘를 일으키는 법[12]

손님이 "오늘 신수가 어떻겠는가?〔今日動靜如何〕"라고 물었다. 이에 여섯자를 똑같이 둘로 나누어 「今日動」으로 상괘를 삼고, 「靜如何」로 하괘를 삼아 점을 했다. 「今」은 평성이니 1이고, 「日」은 입성이니 4이며, 「動」은 거성이니 3이므로 합하면 8이 되어 곤토〔八坤地 ☷〕가 상괘이다. 또 「靜」은 거성이니 3이고, 「如」와 「何」는 평성이니 1이므로, 합하면 5가 되어 손목〔五巽風 ☴〕이 하괘이다.

또 8과 5를 더하면 13이 되므로 초효가 동하게 되므로〔13÷6 =2 나머지 1〕, 지풍승地風升괘 초효가 동한 것이다〔☷☴ → ☷☰〕.

상괘	하괘	동효	득괘	호괘 및 변괘
今→평성→1 日→입성→4 +動→거성→3 8 ∴곤☷	靜→거성→3 如→평성→1 +何→평성→1 5 ∴손☴	8+5=13 13÷6=2 나머지 1 ∴초효동	☷☴ 升 → 泰	외호괘:진☳ 내호괘:태☱ 변괘:건☰

따라서 체괘는 곤토〔坤土 ☷〕이고 용괘는 손목〔巽木 ☴〕이며,

---

[12] 글자점에서 글자수가 넷 이상일 경우는 획수를 셀 필요 없이, 평측平仄성음으로써 점을 한다.
즉 평성일 경우는 1, 상성일 경우는 2, 거성일 경우는 3, 입성일 경우는 4로 계산한다. 평측성음은 옥편이나 자전을 참고한다.

외호괘는 진목☳이고 내호괘는 태금☱이며, 변괘는 건금〔乾金 ☰〕이 된다.

선생께서 말하기를 "오늘 초청하는 사람이 있을 것인데, 오는 손님이 많지 않고, 술이 있되 취하도록 많지는 않으며, 음식은 닭과 기장〔黍〕을 먹을 뿐이다."13라고 하였는데, 느즈막하게 과연 그렇게 되었다.

- 승괘升卦는 계단을 오르는 뜻이 있는데, 호괘에 진목과 태금이 있으니, 동과 서로 마주 앉는 것이다. 태괘는 입〔口〕을 뜻하고, 곤토는 배〔腹〕를 뜻하므로, 입과 배에 해당하는 일〔대화나 식사〕이 있게 된다. 따라서 사람이 찾아와서 초청을 하게 된다.
- 곤토坤土가 돕는 괘가 없이 홀로 있으니, 여럿이 오지 않고 혼자 오는 것이며, 괘에 감수坎水가 없으니, 취하도록 마시는 뜻이 없다.
- 용괘〔巽木〕가 체괘〔坤土〕를 극하며, 체괘가 내호괘〔兌金〕 및 변괘〔乾金〕를 생하면서 기운을 빼니 좋지 않은 모습이다. 다만 신수점에 먹고 마시는 괘가 있으므로, 격에 맞지 않는 대접이나마 받는 것이다.

---

13 곤토는 서직〔黍稷:기장과 피〕을 뜻하고, 손목은 닭을 뜻하니 닭과 기장밥을 먹을 뿐이다. 또 괘가 서로 상생하지 않으니, 술이나 음식이 풍부하지 않음을 알 수 있다.

3〕 관자점觀字占 : 글자의 수로 괘를 일으키는 법

선생이 서림사西林寺 현판에 '林' 자 밑에 삐침이 없는 것을 보고 점을 쳤다. '西서'자 7획[14]으로 간토〔七艮山 ☶〕를 지어 상괘로 하고, '林림'자 8획으로 곤토〔八坤地 ☷〕를 지어 하괘로 하니 산지박괘〔山地剝 ䷖〕가 된다. 7과 8을 합하면 15가 되는데, 6으로 나누면 3이 남으니, 3효동으로 지괘之卦가 간〔重山艮 ䷳〕이 된다.

따라서 체괘가 간토〔艮土 ☶〕이고 용괘는 곤토〔坤土 ☷〕가 되며, 내호괘나 외호괘가 모두 곤토☷며, 변괘는 간토☶가 된다.

▷ 글자를 고치기 전

상괘	하괘	동효	득괘	호괘 및 변괘
西→ 7 ∴간☶	林→ 8 ∴곤☷	7+8=15 15÷6=2 나머지 3 ∴3효동	박 → 간	외호괘:곤☷ 내호괘:곤☷ 변괘:간☶

- 여기서는 시간수를 계산하지 않았다. 그쳐있는 물건에 대한 점〔靜占〕이므로, 시간을 따지지 않았다.
- 체괘인 간토와 용괘 및 내외호괘인 곤토가 서로 비화관계로 흉하지는 않다. 더욱이 변괘인 간토 역시 비화관계니, 특별히 나쁠 것은 없으나, 다른 곳이 아닌 절에 대한 점이므로 음이 많은 것을 좋지 않게 본 것이다. 괘는 좋으나 당시의 상황에 따라 길흉이 바뀌는 것을 외응外應에 의한 판단이라 하여 뒤에 십응

---

14 곡획曲劃 즉, 삐침까지 계산하면 7획이 된다.

十應편에 설명이 되어 있다.

판단하기를 "절은 순양15이 거처하는 곳이다. 그런데 중음重陰의 괘가 나왔으니, 음의 무리가 양을 깎는 징조다. 이 절이 반드시 음인陰人의 화를 당하리라"고 하였다.

절의 주지가 그 면할 방법을 물으니, 선생이 말하길 "〈林림〉자의 밑에 삐침을 하면[林◌林] 두 획[곡획으로]이 늘어 10획이 된다. 10을 8로 나누면 2가 남으니, 태금[二兌澤 ☱]이 되어 손괘[山澤損 ䷨]가 된다. 그리고 '西'자 7획과 이 '林'자 10획을 합하면 17이 되는데, 6으로 나누면[17÷6=2 나머지 5] 5가 남아 5효동으로, 지괘가 중부[風澤中孚 ䷼]가 된다.

▷ 글자를 고친 후

상괘	하괘	동효	득괘	호괘 및 변괘
西→7 ∴간☶	林→10 10÷8=2 나머지 2 ∴태☱	7+10=17 17÷6=2 나머지 5 ∴5효동	손→중부	외호괘:곤☷ 내호괘:진☳ 변괘:손☴

■ 체괘인 태금을 용괘인 간토와 외호괘인 곤토가 생해주므로 길하다. 또 변괘인 손목 역시 태금이 극을 하니 길한 것이다. 여기에 외응에 해당하는 절이라는 특수성에 비추어도 자기의 욕심을 덜어[損卦] 믿음을 갖는다[中孚卦]는 좋은 뜻이 된다.

---

15 순양純陽 : 결혼하지 않은 남자 승, 즉 비구승.

따라서 체괘가 태금〔兌金 ☱〕이고 용괘는 간토〔艮土 ☶〕이며, 외호괘는 곤토〔坤土 ☷〕이고 내호괘는 진목〔震木 ☳〕이며, 변괘는 손목〔巽木 ☴〕이 된다.

이렇게 되면 양이 사그러지고 음이 자라나는 괘〔陽消陰長괘:박괘는 음이 양을 깎아 없애는 괘다〕가 음이 사그러지고 양이 자라나는 괘〔陰消陽長괘:복괘는 양이 점차 자라나는 괘다〕로 변할 뿐만 아니라, 모든 것이 회복되어 길함을 얻게 된다."

주지가 그 현판의 '林' 자를 '林'으로 고쳐 다니 과연 탈이 없었다.

9부. 후천수 작괘법

9부. 후천수 작괘법

먼저 괘를 얻고 후에 수數를 일으키는 작괘법을 후천수 작괘법이라고 한다. 선천수 작괘법에서 주역의 효사爻辭를 사용하지 않으나, 후천수 작괘법에서는 주역의 효사와 괘의 생극관계를 병행해서 점을 판단한다.

1. 움직이는 물건으로 괘를 일으키는 법

1) 관로점觀老占:인품으로 괘를 일으키는 법[1]

기축己丑일 묘卯시에 노인이 동남쪽으로 걸어 가는데, 그 얼굴에 근심하는 빛이 있었다. 노인에게 연고를 물으니, "아무 일도 없다"고 대답하므로, 이상하다고 생각하여 점을 쳤다.

노인으로 건금〔노인은 老陽이다:☰〕을 지어 상괘로 하고, 손목[2]의 방향이니, 손목☴으로 하괘를 삼으면 구괘〔天風姤 ䷫〕가 된다. 1〔一乾天〕과 5〔五巽風〕를 합한 6에, 묘시의 4〔卯는 4번째 지지임〕를 더하면 10이 된다. 이 10을 6으로 나누면 4가 남으니 4효동이다〔지괘가 重風巽괘가 됨〕.

따라서 체괘가 손목〔巽木 ☴〕이고 용괘는 건금〔乾金 ☰〕이며, 내호괘와 외호괘가 모두 건금乾金이며, 변괘는 손목巽木이 된다.

---

1 사람으로 괘를 지을 때, 할아버지나 아버지는 노양이므로 건금☰이 되고, 할머니나 어머니는 노음이므로 곤토☷가 되며, 장년長年의 남자 어른이나 장남은 진목☳으로, 장년長年의 여자 어른이나 장녀는 손목☴으로 보며, 중년의 남자 어른이나 중남은 감수☵로, 중년의 여자 어른이나 중녀는 리화☲로 보며, 청년의 남자나 소남은 간토☶로, 청년의 여자나 소녀는 태금☱으로 괘를 짓는다.

2 방위에 있어서는 후천팔괘방위를 쓴다. 동남방은 후천팔괘에서 巽방이다.

상괘	하괘	동효	득괘	호괘 및 변괘
노인→건 건→1	동남방→손 손→5	1+5+4卯시=10 10÷6=1 나머지4 ∴4효동	䷫ 구 → 손	외호괘:건☰ 내호괘:건☰ 변괘:손☴

- 후천수작괘법에 있어서는 수보다 괘를 먼저 짓는 것이므로, 동효 계산할 때만 시간수를 합산해서 계산한다.
- 사물이 상괘가 되고, 오거나 가는 방향이 하괘가 된다.

구괘姤卦 구사九四에 "꾸러미 속에 물고기가 없으니 흉하게 되리라"하였으니, 불길하다는 말이다. 괘로써 말하면 손목〔巽木 ☴〕이 체가 되고, 이를 용괘인 건금〔乾金 ☰〕이 극을 한다. 여기에다 내호괘와 외호괘가 모두 건금乾金이 되어 호괘마저 많은 금金들이 체木를 극하게 된다. 또한 때마침 길을 가고 있는 것이니, 그 극을 당하는 시기를 속한 것으로 판단한다.[3]

그래서 노인에게 "5일 동안 출입을 삼가지 않으면 반드시 큰 화를 입으리라"고 말하였다. 노인이 이 말을 듣지 않고 잔치하는 자리에 가서 생선을 먹다 가시가 목에 걸려 죽었다.

- 시기를 산정함에 있어서, 가고 있는 것을 보고 점을 칠때는 좋은 일이든 나쁜 일이든 그 수〔成卦의 수〕를 반으로 계산하고〔速한 것〕, 앉아있을 때는 그 수를 배로 계산하고〔遲한 것〕, 서있

---

[3] 速한 것일 경우는 괘를 이룬 수를 반으로 나누어 그 반만 취한다. 여기서는 成卦數 10의 반인 5다.

을 때는 그 수를 그대로 계산한다. 그러나 다섯 시간, 닷새, 5년 등 그 장단에 있어서는 그때의 상황과 시기에 따른다. 이를 정확히 하기 위해서는, 평소에 마음을 가라앉히고 통찰력을 기르는 훈련을 쌓아야 한다.

2) 관소점觀少占 : 인품으로 괘를 일으키는 법

임신壬申일 오후시에, 소년이 남쪽〔離方〕으로부터 기쁜 빛을 띠고 오기에 선생이 점을 쳐보았다. 소년으로 간토〔七艮山:소년은 少男이다〕를 지어 상괘로 삼고, 남방〔離方〕으로 리화〔三離火 ☲〕를 지어 하괘로 삼으니, 비괘〔山火賁 ䷕〕가 되었다.

간토의 7과 리화의 3을 합하면 10이 되고, 이 10에 오시의 7〔午는 7번째 지지임〕을 합하면 17이다. 17을 6으로 나누면〔17÷6=2 나머지 5〕 5가 남아 5효동이 되므로, 지괘가 가인괘〔風火家人 ䷤〕가 된다.

따라서 체괘는 리화〔離火 ☲〕이고 용괘는 간토〔艮土 ☶〕가 되며, 외호괘는 진목〔震木 ☳〕이고 내호괘는 감수〔坎水 ☵〕이며, 변괘는 손목〔巽木 ☴〕이 된다.

상괘	하괘	동효	득괘	호괘 및 변괘
소년→간 간→7	남방→리 리→3	7+3+7〔午시〕=17 17÷6=2 나머지 5 ∴5효동	비 → 가인	외호괘:진 내호괘:감 변괘:손

    산화비괘 육오六五효사에 "언덕과 동산에 꾸밈이니, 묶은 비단이 잔잔하면 인색하나 마침내 길하리라"하였으니, 길한 점이다. 외호괘 진목〔震木 ☳〕과 변괘인 손목〔巽木 ☴〕이 체괘인 리화離火를 생해주니 길하다〔木生火〕.

    그래서 소년에게 "자네가 17일내에 반드시 장가를 들게 되리라"고 말하였는데, 과연 그렇게 되었다.

- 본괘가 꾸민다는 비괘이고 여기서 변한 지괘가 집을 이룬다는 가인괘이다. 효사에 '묶은 비단〔束帛〕'이 나오니, 이것으로 폐백을 드리는 것이고, '동산을 꾸민다〔賁園〕'고 했으니, 가정을 이루는 것이다.
- 체괘가 용괘를 생해주므로 기운이 빠져 재산을 잃는 것이나, 호괘와 변괘가 모두 체괘를 생해주니, 좋은 일로 재산을 쓰게 된다.

3) 관우점觀牛占

계묘癸卯일 오시午時에 소 한마리가 북쪽[坎方]에서부터 오며 울었는데, 그 소리가 하도 슬퍼서 이상하게 여기며 점을 쳤다.

소는 곤토[坤卦 ☷]에 속하므로 곤토를 상괘로 삼고, 북쪽에서 왔으니 감수[坎 ☵]를 하괘로 삼았다. 곤토에서 8[4]을, 감수[5]에서 6을, 그리고 오시午[7번째 地支]에서 7을 각기 얻어 합한수 21을 6으로 나누면 3이 남으니 3효동이다. 사괘[地水師 ䷆]에서 3효가 동하니, 지괘는 승괘[地風升 ䷭]가 된다.

따라서 체괘는 곤토[坤土 ☷]이고 용괘는 감수坎水가 되며, 외호괘는 곤토坤土이고 내호괘는 진목震木 ☳이 되며, 변괘는 손목 巽木 ☴이 된다.

상괘	하괘	동효	득괘	호괘 및 변괘
소→곤 곤→8	북방→감 감→6	8+6+7[午시]=21 21÷6=3 나머지 3 ∴3효동	사 → 승	외호괘:곤☷ 내호괘:진☳ 변괘:손☴

사괘 육삼효사에 "전쟁터에 나갔다가 시체를 싣고 돌아옴[師或 輿尸]"이라 했으니, 흉한 점이다. 더욱이 내호괘 진목[震木 ☳]과 변괘인 손목[巽木 ☴]이 체괘인 곤토坤土를 극하니 살아날 방도 가 없는 것이다.

---

4   坤은 복희팔괘순서로 8번째 괘다.
5   坎은 6번째 괘다.

이에 선생이 "21일 안에 반드시 도살될 것이다"라고 판단하였는데, 과연 20일 후에 어떤 사람이 그 소를 사서 잡은 후 구휼하는 것을 보고, 모두가 소강절 선생의 예지력에 감탄했다.

- 체괘가 용괘를 극하는 것은 좋으나, 체괘를 생해주는 괘가 없고 극만하니 흉하다. 더욱이 이점은 후천수 작괘법이므로 효사의 비중이 높은데, 효사에 시체가 되어 돌아온다고 하였으니 그 흉을 말로 다할 수 없다.
- 이 괘의 해석에는 외응의 영향이 많이 작용했다. 즉 소가 슬피 우는 것에 이상하게 여겨 점을 친 것이므로, 괘의 해석이 슬픈 쪽으로 기울게 된다.
- 계절적으로는 봄에 이 점을 쳤을 가능성이 높다. 봄은 목木기운이 왕한 계절이므로, 체괘인 곤토를 극하게 된다〔木克土〕.

4) 닭울음점﹝鷄悲鳴占﹞

갑신甲申일 묘卯시에 닭이 서북방﹝乾方﹞에서 우는데 그 소리가 몹시도 슬펐다. 그래서 점을 했는데, 닭으로 손목☴을 얻어﹝닭은 巽卦에 속함﹞ 상괘를 삼고, 서북방으로 건금☰을 얻어 하괘를 삼으니 풍천소축風天小畜괘가 되었다. 건금乾의 수 1에 손목巽의 수 5를 더한후, 묘卯시의 수 4를 더한 10수로 효동을 얻어 4효가 동하니 지괘가 중천건重天乾괘가 된다.

따라서 체괘는 건금﹝乾金 ☰﹞이고 용괘는 손목﹝巽木 ☴﹞이 되며, 외호괘는 리화﹝離火 ☲﹞이고 내호괘는 태금﹝兌金 ☱﹞이 되며, 변괘는 건금﹝乾金 ☰﹞이 된다.

상괘	하괘	동효	득괘	호괘 및 변괘
닭→손 손→5	서북방→건 건→1	5+1+4(卯시)=10 10÷6=1 나머지 4 ∴4효동	소축 → 건	외호괘:리 내호괘:태 변괘:건

소축괘 육사에 "믿음을 두면 피가 사라져가고 두려움에서 나와 허물이 없으리라"[6]고 하였으니, 닭이 피를 흘리는 뜻이 된다.

괘로 볼 때도 외호괘인 리화離火가 체괘인 건금乾金을 극하는데, 용괘인 손목巽木이 리화를 생해주니 쇠그릇 속에서 삶아지는 상이 된다. 이에 선생이 "이 닭이 열흘 안에 삶아지게 된다"고 했

---

6 有孚면 血去코 惕出하야 无咎리라.

는데, 과연 열흘 후 손님이 오자 삶아지게 되었다.

- 외호괘인 리화離火가 체괘인 건금乾金을 극하는데〔火克金〕, 용괘인 손목巽木이 리화離火를 생해주니, 닭이 칼을 맞아 피를 흘린 후 쇠로된 그릇 속에서 삶아지게 되는 상이다. 열흘은 성괘수에 시간수를 더한 10에서 나온다.
- 주역 효사대로 하면 위기를 잘 넘길 수도 있다. 왜냐하면 피가 사라지고 두려움에서 나온다고 했으니, 현재 위태로우나 잘 처신하면 위기를 넘긴다는 뜻이기 때문이다.[7] 그러나 상대가 미물인 닭이고, 괘로 볼 때 건금이 손목의 도움을 받는 리화의 극을 받기 때문에 죽게 되는 것이다. 만약 손목의 도움없이 리화의 극만을 받았다면, 변괘가 비화관계인 건금이므로 위기를 넘길 수 있게 된다. 더욱이 체가 손목이 아닌 닭을 잡는 건금인 것이 닭에게는 불리한 것이다.
- 이 괘의 해석 역시 외응의 영향이 많이 작용했다. 즉 닭이 슬피 우는 것에 이상하게 여겨 점을 친 것이므로, 괘의 해석이 슬픈 쪽으로 기울게 된다.
- 계절적으로는 봄이나 여름에 점을 친 것이라고 생각된다. 봄은 목木기운이 왕한 계절로 손목巽木이 왕성해져 외호괘인 리화離火를 생하여 체괘인 건금乾金을 극하게 되고, 여름은 화火의 기운이 왕한 계절로 체괘인 건금을 극하게 되므로 닭이 죽게 된다.

---

7 중을 잘 지키는 자는 가능하다.

5) 마른 꽃이 떨어지는 점 [枯花墜地占]

무자戊子일 진辰시에 길을 가다가 수목이 울창한 것을 보았다. 바람도 없는데 마른 나뭇가지가 떨어져 서쪽兌方으로 떨어졌다. 마른 나뭇가지를 리화☲로 보아 상괘를 삼고, 서쪽을 하괘[태금☱]로 삼으니 화택규괘䷥가 나왔다. 또 태금[二兌澤]의 2와 리화[三離火]의 3을 더하고, 여기에 진시의 5[8]를 더한수 10을 효동으로 삼으니 4효동이다.[9]

따라서 체괘는 태금[兌金 ☱]이고 용괘는 리화[離火 ☲]가 되며, 외호괘는 감수[坎水 ☵]이고 내호괘는 리화[離火 ☲]가 되며, 변괘는 간토[艮土 ☶]가 된다.

상괘	하괘	동효	득괘	호괘 및 변괘
마른가지→리 리→3	서쪽→태 태→2	3+2+5(辰시)=10 10÷6=1 나머지4 ∴4효동	䷥ 규 → 손	외호괘:감☵ 내호괘:리☲ 변괘:간☶

화택규괘 구사효사에 "어긋남에 외로워서 원부[착한 지아비]를 만나 미덥게 사귐이니, 위태하나 허물이 없으리라"[10]고 하였고, 또 괘로 볼 때도 체괘인 태금兌金이 용괘인 리화離火의 극을 받으며, 외호괘인 감수坎水를 생해주느라 기운을 빼고 있다. 또

---

8 진은 다섯번째 지지이다.
9 10을 6으로 나누면 나머지가 4이다.
10 睽孤하야 遇元夫하야 交孚니 厲하나 无咎리라.

규괘11와 손괘12의 괘명에 상하게 하는 뜻이 있다.

판단하여 말하기를 "이 수목이 10일 안에 베어진다."고 하였는데, 과연 10일 후에 베어져서 관공서를 짓게 되었는데, 목수의 자字가 마침 원부元夫였다고 한다.

- 여기서도 앞서의 닭울음점에서와 마찬가지로 효사만을 보면 위기를 모면할 수 있는 뜻이 있으나, 체괘가 용괘의 극을 받고 호괘를 생하느라 기운을 빼는 것이 좋지 않다. 다행히 체괘인 태금〔兌金 ☱〕이 변괘인 간토〔艮土 ☶〕의 생을 받으나, 여기서도 체괘가 나뭇가지를 극하는 태금인 것이 불리하다.
- 이 괘의 해석 역시 외응의 영향이 많이 작용했다. 즉 잎이 울창한 나무에서 때 아니게 잎이 떨어지는 것이 이상해서 점을 친 것이므로, 괘의 해석이 나쁜 쪽으로 기울게 된다.
- 계절적으로는 여름에 점을 친 것이라고 생각된다. 여름은 화火의 기운이 왕한 계절로 체괘인 태금兌金을 극하게 된다.

---

11 어긋나는 뜻.
12 덜거나 잃는 뜻.

2. 기타 점을 친 예

1) 물건을 살필 때 주역의 효사를 이용한 예 觀物用易例

① 바구니 속의 물건을 앎
- 어떤 사람이 바구니에 물건을 담아가는데, 어떤 물건인가 점을 쳐서 지천태괘☷☰의 초효가 변해서 지풍승괘☷☴가 되었다. 호괘는 진목☳과 태금☱이다.
- 말하기를 "이는 필시 풀이나 나무종류로 흙속에서 사는 물건이다. 색깔은 청색〔진목은 동방·청색〕이고 뿌리는 누런색이니, 뿌리가 이어진 풀이다. 효사에 말하기를 '뿌리를 뽑음이라. 그 무리로써 간다'고 하였으니, 이는 뿌리가 마른 풀이나 나무이다"고 하였다.
- 과연 열어보니 뿌리가 서로 이어진 풀의 뿌리로, 흙속에서 새로 캔 것이었다. 호괘인 진목은 청색이고 태금은 누런 뿌리가 되는 것이다.
- 풀이 : 변괘가 손목이므로 음목이다. 용괘가 건금으로 마른 상태이고, 또 용괘가 변괘를 극하는 관계이므로 이미 죽은 물건이다. 체괘인 곤토의 아래에 있으니, 흙속에서 나는 물건이다.

② 종을 덮어놓고 알아맞춤
- 또 종으로 물건을 덮게 하고 어떤 물건인가 점을 쳤다. 화풍정괘䷱의 여섯번째 효가 동해서 뇌풍항괘䷟를 얻었다.
- 이에 답하기를 "소리가 나는 물건으로 기세가 살아있는 물건이다. 처음에는 둥글었으나 지금은 흠이 생겼다. 그 색은 흰색으로 아직은 쓸 수 있다. 효사에 말하기를 '솥이 옥고리이니 크게 길하여 이롭지 않음이 없다'라고 했다."
- 마침내 열어보니, 옥으로 된 고리였는데 과연 흠이 나 있었다.
- 풀이 : 물건을 알아낼 때는 변괘가 중요하다. 여기서 소리가 난다는 것은 변괘가 진목이기 때문이고, 기세가 살아있다는 것은 용괘가 변괘의 생을 받기 때문이다. 호괘가 태금이니 흰색이 되고, 또 내호괘 건금의 둥글음을 훼상시켜 흠이 나게 하나, 기세가 살아있으므로 완전히 망가지지는 않는다.

2) 기타 점을 친 예 1〔물건 점 및 재물점〕

　7부 관매수결에서 도본으로 설명된 것 중에서 비교적 오자와 탈자가 없는 것 네 가지를 골라서 여기에 예시하였다.

① 지뢰복괘☷☳가 변해서 지택림괘☷☱가 됨
- 하괘에 동효가 있으므로 상괘인 곤토☷가 체괘이고, 하괘인 진목☳이 용괘며, 내호괘와 외호괘가 모두 곤토☷이고 변괘는 태금☱이다.[13]

상괘	하괘	동효	득괘	호괘 및 변괘
곤토☷	진목☳	이효	䷗ ䷒ 복 → 림	외호괘:곤토☷ 내호괘:곤토☷ 변괘:태금☱

- 원문에는 "목木이 용괘로 연한 물건에서 나왔으며, 문장文章의 체이다. 장차 여기서 나경羅經이 나올 것이다"로 되어있다.

② 천택리괘☰☱가 변해서 중천건괘☰가 됨
- 하괘에 동효가 있으므로 상괘인 건금☰이 체괘이고, 하괘인 태금☱이 용괘며, 내호괘는 리화☲이고 외호괘는 손목☴이며, 변괘는 건금☰이다.

---

[13] 나무가 더 단단한 쇠가 되면서 곤토〔문장〕의 생을 받아 점점 성해진다.

상괘	하괘	동효	득괘	호괘 및 변괘
건금 ☰	태금 ☱	삼효	리 → 건	외호괘:손목 ☴ 내호괘:리화 ☲ 변괘:건금 ☰

- 원문에는 "이 괘는 자르는 것이 나온다. 과연 쇠로 된 물건으로 면도칼이 나왔다."[14]로 되어 있다.

③ 택천괘 ☱가 변해서 중택태괘 ☱가 됨

- 하괘에 동효가 있으므로 상괘인 태금 ☱이 체괘이고, 하괘인 건금 ☰이 용괘며, 내호괘와 외호괘가 모두 건금 ☰이고 변괘는 태금 ☱이다.

상괘	하괘	동효	득괘	호괘 및 변괘
태금 ☱	건금 ☰	삼효	쾌 → 태	외호괘:건금 ☰ 내호괘:건금 ☰ 변괘:태금 ☱

- 원문에는 "이 괘는 쇠가 아니면 돌이다. 판단하건대 사기접시가 깨진 것이다."[15]로 되어 있다.

---

14 태금이 건금으로 되었으니, 날카롭게 다듬어진 물건이 된다. 더욱이 내호괘 리화가 극을 하니 더욱 단련된다.
15 단단한 건금이 태금이 되었으므로 둥글고 단단하던 것이 훼상된 것이다.

④ 천수송괘☰☵가 변해서 천택리괘☰☱가 됨

- 하괘에 동효가 있으므로 상괘인 건금☰이 체괘이고, 하괘인 감수☵가 용괘며, 내호괘는 리화☲이고 외호괘는 손목☴이며, 변괘는 태금☱이다.

상괘	하괘	동효	득괘	호괘 및 변괘
건금☰	감수☵	초효	송 → 리	외호괘:손목☴ 내호괘:리화☲ 변괘:태금☱

- 원문에는 "재물 얻기를 원했을 때 천수송괘가 변해서 천택리괘가 되었다면, 체괘가 용괘를 생하는 것이므로 기운을 소진하여 그 재물이 헛되게 쓰인다.16 내호괘인 리화는 불〔火〕에 속한 괘로 체괘인 쇠〔金〕를 극하니 더욱 안좋다. 그 날 불기운이 왕성해진 오시午時에, 손님이 와서 먹고 마신 후 갔으니 재물이 소모된 것이다."고 되어있다.

---

16 재물점을 쳐서 체괘가 용괘를 생하니 재물의 손실이 있게 된다. 더욱이 호괘인 리화가 체괘를 극하니, 리화가 왕성해질 때 재물을 잃게 된다.

3〕 기타 점을 친 예 2〔이순풍의 예〕

여기에서 나오는 점례占例는 매화역수 본문 안에 있는 내용이지만, 매화역수적 방법에 의해서 풀이한 점례가 아니므로 따로이 엮었다.

① 어떤 말이 먼저 일어나겠는가?
- 옛적에 이순풍李淳風이 강으로 들어가는 붉은색과 검은색 두 마리의 말을 보고, 묻기를 "두 마리 말 중에서 어떤 말이 먼저 일어나겠는가?"고 하였다.
- 옆의 사람이 점을 해서 리괘☲를 얻고는 답하기를 "리괘는 불인데, 불은 붉은 색이다. 붉은 말이 먼저 일어나겠다"고 하였다.
- 이에 이순풍이 말하기를 "그렇지 않다. 불이 피기 전에 연기가 먼저 발생하므로, 검은 말이 먼저 일어날 것이다"고 하였는데, 과연 검은 말이 먼저 일어났다.

② 부채로 판단함斷扇占
- 옛적에 한 부인이 남편이 오랫동안 출타하여 돌아오지 않자, 이순풍李淳風선생에게 점을 쳐줄 것을 부탁하였다. 마침 선생이 출타중이어서 그 아들에게 묻게 되었다.
- 그 아들이 부인의 손에 들고 있는 부채를 보았는데, 우연히도 부채종이의 일부분이 부채살에서 떨어져 바람에 날아갔다. 그로 인해 점을 판단하기를 "골육骨肉이 분리되니, 서로 만나보지

못하게 될 것이다"라고 하였다. 그 말을 들은 부인이 울면서 돌아가다가, 길에서 귀가중인 이순풍선생을 만났다.

- 선생이 우는 연유를 듣고는, "구멍이 난 옷은 아버지를 보게 되는 조짐이고, 옷을 벗은 것은 남편을 보게 되는 조짐이다. 남편이 오늘 안으로 돌아올 것이다"라고 하였는데, 날이 이슥한 저녁 무렵에 과연 돌아왔다. 이러한 것을 볼 때 각기 해석이 다른 것을 알 수 있으며, 또한 그 판단이 정미로워야 한다는 것도 알 수 있다.

10부. 비전된 소강절선생의 절자수折字數

10부. 비전된 소강절선생의 절자수

1. 총론

　선천이라는 것은 이미 드러난 일에 대한 조짐이며, 후천이라는 것은 아직 발생하지 않은 조짐을 말한다. 즉 선천은 어떠한 일의 시작에 특정한 일을 두고 길흉을 묻는 것이고, 후천은 일이 발생하지 않아 전혀 모르는 상태에서 예견치 않은 징조가 있는 경우를 말한다. 그러므로 선천은 헤아리기가 쉽고 후천은 헤아리기가 어렵다. 선천은 짚이는 것이 있어서 괘를 이루는 것이고, 후천은 감촉되는 물건이 있을 때 괘를 이루게 된다.

　이는 전적으로 사람의 마음과 신의 하고자 하는 바에 딸린 것이다. 능히 추측함의 정미로움을 얻고 하고자 하는 바의 실물을 얻을 수 있으니, 한가지 일 한가지 사물에 있어서도 조짐의 수가 아닌 것이 없다.

　내가 거처하는 곳이 중앙[中]이고, 앞에 나타난 것이 리☲이며, 뒤에 나타난 것이 감☵이고, 왼쪽에 나타난 것이 진☳이며, 오른쪽에 출현한 것이 태☱이고, 왼쪽과 뒤의 사이에 있는 것이 간☶이며, 왼쪽과 앞의 사이에 있는 것이 손☴이고, 오른쪽과 뒤의 사이에 있는 것이 건☰이며, 오른쪽과 앞의 중간에 있는 것이 곤☷이 된다. 이는 팔괘의 방위로 길흉을 정하는 것이다. 팔괘를 세워서 극응을 정하고, 시간과 날짜를 택해서 길흉을 정하며, 변효變爻를 살펴서 체와 용을 정한다.

그러므로 내가 앉아 있으면 그 화와 복의 응하는 기간이 상하 두 괘를 이룬 수에 의하고, 내가 서있으면 그 화와 복의 응하는 기간이 두 괘를 이룬 수의 절반에 있으니, 대개 앉아 있는 것은 그쳐있는 것이고, 다니는 것은 움직이는 것이며, 서있는 것은 반은 그쳐있고 반은 움직이는 것으로, 그쳐있으면 응함도 느리고 움직이면 응함도 빠르기 때문이다.

나에게 감촉되는 것이 있고 내 마음이 그 감촉되는 것에 움직이면, 그것으로써 나의 길과 흉의 조짐으로 삼으니, 길흉은 나와 관련이 있는 것이다. 그런데 응하는 조짐은 다른 사람의 마음에 있다는 것은 무엇인가?

팔괘의 획이 정해지면 여섯 효에 대한 판단이 밝게 되고, 나와의 생하고 극하는 이치로써 형刑하고 충沖하는 이유를 연구하면 만 가지를 행하더라도 잘못된 것이 없게 된다. 가까이는 내 몸에서 구하고 멀리는 온갖 사물에서 구해서 마음속으로부터 구해나간다면 자취가 없는 것도 구명할 수 있어서 혼매함이 없어진다. 둥근 것은 하늘괘로 삼고 모난 것은 땅괘로 삼아 서문으로 갈음한다.

1〕 혼미함을 깨우치는 글〔指迷賦〕

일찍이 글자의 상相에 대해 들으니, 이전의 현명한 분이 고금의 비전하는 글을 신묘하게 기술하여 후학의 잣대로 삼게 하였다 한다. 길흉을 판단하는 조짐에 있어서 사람의 상은 글자의 상보다 못하다.

즉 그 사람의 상은 변화가 신神과 같아서 정미롭기가 성인같아야 알 수 있기 때문이다. 노끈을 매어서 정치를 하는 옛날부터 지금의 화압〔花押 : 싸인 또는 인장〕을 하여 수를 이루는 것처럼, 말은 마음의 소리이고 글자는 마음의 획이다. 마음의 형체는 글씨와 같고 글씨의 획은 하나로 이루어졌는데, 팔괘의 휴休와 수囚로 나누고 오행의 귀하고 천함으로 나누어 평생의 화와 복을 결정하고, 눈앞의 길과 흉도 알게 되니, 부귀와 빈천, 성함과 쇠함, 얻음과 잃음이 모두 글씨체에 나타난다.

혹은 길하다고 하였는데 흉이 되고, 혹은 흉하다고 하였는데 길함이 될 수도 있으나, 먼저 그 사람의 오행을 살피고 다음으로 그 사람의 글씨체를 보아서 서로 생하거나 서로 왕성하게 하면 길하고, 서로 극하거나 설기泄氣하게 하면 흉하다고 판단하면, 만에 하나라도 잘못됨이 없을 것이다.

관리가 될 사람은 글씨가 살진 물고기〔滿金魚〕 같고, 부자가 될 사람은 글씨가 보물 곳간〔寶庫〕과 같으며, 일생을 고독하게 보낼 사람은 글씨가 기울어졌고, 반평생을 빈궁하게 살 사람은 글씨의 끝이 정확치 않고 흐리니〔愚濁〕, 일찍 요절하지 않으면 빈천하게 된다.

　글자의 세 끝이 드러나지 못하면[三山削出] 명성을 내지 못하는 사람이고, 네 끝이 다 드러나지 못함[四大其亡]은 적적하고 쓸쓸한 사람이며, 건방乾方과 곤방坤方의 필체가 살펴있으면 부모가 다 살아 계시고, 어머니가 일찍 돌아가신 사람은 곤방의 필체가 잘못되었으며, 아버지가 먼저 돌아가신 사람은 건방의 필체가 기울어졌다.

　감방坎方은 전원 또는 할아버지의 산소를 뜻하니, 온중穩重한 면이 있으면 벼슬을 더하고, 간방艮方은 남녀와 형제를 뜻하는데 이 부분이 모자라면 남녀와 형제의 손실과 싸움이 있게 되며, 태방은 주로 아내의 잘나고 못함을, 리방은 주로 관록의 성하고 쇠함을 나타낸다.

　진방은 장남이 되고, 손방은 역마驛馬가 된다. 건방과 리방離方은 죄수가 되고, 임방壬方은 경쟁競爭이 된다. 진방이 만약 갈고리지고 뾰족하면 시비를 부른다. 리방이 단정해야 아내가 정숙하고, 만약 리방이 원만하고 깨끗하면 관록 또한 맑고 밝게 되고, 리방이 어두우면 관록이 줄어든다. 태방이 파쇄되면 재혼을 해야 한다.

　금金의 명운을 타고난 사람이 화필火筆을 만나면 처자의 형극을 받는다. 목木의 명운을 타고난 사람이 금필金筆을 만나면 재산을 잃게 되고, 수水의 명운을 타고난 사람이 토필土筆을 만나면 아들을 얻지 못한다. 화火의 명운을 타고난 사람이 수필水筆을 만나면 구설수가 발생하고, 토土의 명운을 타고난 사람이 목필木筆

을 만나면 선조로부터 물려받은 재산을 유지하지 못한다. 서로 생해주거나 서로 왕성하게 해주는 것은 모두 길하지만, 서로 극하고 서로 형극하는 것은 모두 흉하다. 이상은 한 모퉁이를 예로 들어 돌이키고 오행으로 상생상극해서 살펴봄으로써 대략 나의 학설의 근원을 말하여 후학들에게 보인 것이다.

※ 팔괘의 방위

팔괘	건	태	리	진	손	감	간	곤
팔방	서북	서	남	동	동남	북	동북	서남

2) 현황극응가 玄黃克應歌

현玄은 하늘이고 황黃은 땅이며, 응應은 극응하는 기간을 말한다. 천지조화의 극응함을 말하니, 그 노래에 말하기를

휘갈긴 붓끝이 종이에 닿을 때
장차 길하고 흉함을 추측할 수 있네
홀연히 주변에서 말이 들려오니 무슨 말인고
이 말을 짚어서 숨어 있는 뜻을 연구하네

즐거운 말은 길함과 경사가 많고
슬픈 말은 비통함을 예고하네
까치의 소리는 기쁜 일을 말해주고
갈가마귀의 소리는 좋지 않은 일을 가져주네
꽃이나 술은 근심을 쫓아주고
젓갈이나 초장은 일을 혼란스럽게 하네

오는 사람의 복장이 어떤 색인가를 살피니
오행의 깊은 곳에 학설의 뿌리가 있다네
사람이 품고 있는 것을 보면 갓난아기가 이르니
즐거이 음양을 추론하네
남자가 자식을 안고 있으면 여아라는 점괘이고
아낙네가 자식을 안고 있으면 남아인가를 물어보라

한명의 여자[女]와 한명의 남자[子]가 합해서 좋은 일[好]을 이루고
　여러 음이 서로 당기면 그릇된 일이 온다네
　만약 여인이 딸아이의 손을 잡고 있으면
　음이 사사롭게 연루된 주로 관청의 비리라네

　우연히 베낀 글자가 '너그러울 관寬' '옷 의衣' '띠 대帶' 자라면
　모든 일이 지금부터 풀릴 것이고
　절름발이와 맹인이 지팡이를 짚고 오면
　꾀하는 일이 막히고 지체되어 이루어지지 않으며
　대지팡이 삼베옷 짚신은 상복입는 것을 방비해야 하고
　저울과 자루 도장 등은 조종해 나아감을
　과일을 자르는 것을 보면 결과가 있음을
　옷을 깁고 수염을 닦는 것을 보면 좋은 의사를 만나네

　귀신상을 새로이 단청하는 것을 보면 다른 귀신이 서로 돕고
　꽃이나 과일을 그리는 것을 보면 집지을 좋은 땅을 알게 되며
　돌치는 소리나 못 때리는 소리가 있으면
　조만간에 좋은 소식이 있으며
　사찰에서 방울 징 종 북 등을 울리는 소리가 나면
　산신령이나 부처께 기도드려야 함을 알고

　물고기나 기러기 등을 갖고 오면 친구의 소식이 들리며
　매화를 보고 기뻐할 만하면 자매에 움직이는 수가 생기고

공사의 심부름꾼을 보면 이치가 어그러지지 않으며
고기의 껍질을 나누는 것을 보면 골육에게 근심이 있고

배나무나 배롱나무(怕)를 보면 이별이 있고
벼슬한 관원이 잠깐 동안에 이르면 머지않아 귀인을 서로 만나고

붓을 빼서 털을 고르면 먼곳과 서로 연락이 되며
붓머리가 땅에 떨어지면 일이 다 지체되네

먹이 부러지면 전토田土가 흩어 없어지고
연적의 물이 우연히 마르면 재산이 없어지네

개짖는 소리가 크면 초상날까 우려되며
고양이 우는 소리가 애절하면 속이려는 사람이 있고
도적맞기 전에는 번성하던 쥐가 뜸하며
기쁜 사람이 이르름은 닭우는 소리를 들음이요
말 울음소리는 손님을 부르고
까치소리가 멀리 울리면 멀리갔던 사람이 돌아오네

붉은색의 글자는 피로 인한 병일까 우려되고
불에 의한 재앙이 아니면 위태할까 걱정되네
누대〔樓〕에는 '불 화火' 자를 쓰지 말고
'나무 목木' 자 옆에 '옛 고古' 자를 쓰면 마른 가지〔故枝〕가 생기고
붉은 글씨를 난로가에 쓰면 불에 의한 재화가 분명하네

깨진 그릇으로 연적으로 삼아 글을 쓰면
재산이 소진되어 없어질까 우려되고
글씨를 쓰는데 우연히 갈거미蟢가 나오면
길하고 경사가 오게 됨을 의심치 않는데
만약 우변右邊을 쓰는데 나타나면 딸일 것이고
좌변左邊을 쓰는데 나타나면 반드시 아들이네

나뭇잎 위에 글자를 쓰면 원망하는 바가 많고
꽃 사이에 글자를 쓰면 색정에 혼미하네
과일나무 근처에 쓰면 결과가 좋고
대나무 사이에 쓰면 일이 지체되고 막히네

맑은 날은 '날 일日' 자를 쓰면 좋고
비오는 날은 '물 수水' 자가 제격이며
여름에 '불 화火' 자와 가을에 '쇠 금金' 자가 다 때를 탄 것이네

다시 일의 사정을 살펴 그 향배를 나누고
현황극응을 상세히 미루어 보라

3] 현황서 玄黃敍

　　거북점〔龜〕의 형태는 잊혀졌지만 아주 옛날의 좋은 풍속이며, 새 발자국이 판결됨에 당시의 글자를 알 수 있고, 비록 죽간의 글자가 존재해 전하나 마땅히 그 원류를 깊이 연구해야 한다. 글자가 만들어진 처음은 잘 알 수 없으나 그 완성되어가는 시점에서는 어찌 심오한 뜻이 없었겠는가?
　　'보배 보寶' 자와 '밭 전田' 자를 합해서 '부할 부富' 자라 하고, '나눌 분分' 자와 '조개 패貝' 자를 합해서 '빈한할 빈貧' 자로 하며, 두 '나무 목木' 자를 세워서 '수풀 림林' 자로 하고, '매양 매每' 자와 '물 수水' 자는 동쪽으로 흘러가 모이므로 이를 '바다 해海' 자라고 하니, 비록 뒤섞이어 어지러운 것 같으나 하나 하나를 모두 알 수 있다.

　　죽간에 쓰여진 글자 뜻만 그런 것이 아니라 좋고 나쁜 것에 대해 점치는 것도 할 수 있으니, 봄철의 뱀이나 가을철의 지렁이처럼 힘없이 꼬부랑 못쓴 글씨라도 붓에 의해 이루어진 공에서 벗어남이 없고, 범이 뛰고 용이 나는 것처럼 힘있게 휘갈겨 잘 쓴 글씨도 붓끝의 운용에서 벗어남이 없는 것이다.
　　이제 나는 박학하고 다식한 것을 좋아하는 버릇이 있어서, 소년때부터 붓과 친구가 되고 반생을 시와 문장의 반려가 되어, '어魚' 자와 '노魯' 자를 구별할 정도는 되고, '해亥' 자와 '시豕' 자의 차이를 연구하며,[1] 현명한 사람의 글자와 우매한 사람의 글자를 구별하고, 붓끝의 묘리에 밝아서 화와 복의 기미를 살피며, 마음으로 보는 눈이 환해서 깨끗하면서도 이치에 맞았다.

감히 형공荊公의 글자 보는 법을 배웠다고 하여 자부심으로써 사람들을 감동시켜서 사석謝石 보다 낫다고 생각하니, 어찌 거북점에 의지하겠는가? 그동안 글자점에 의지해 수많은 의심을 결단하였으나, 어찌 한갓 붓끝에서 추론한 것이랴?

또한 꿈속에서도 연구하여 기둥에 칼을 매달아 놓은 것이 뒤에 자사刺史의 권한을 갖게 되는 것임을 알았고, 소나무가 복부사이에서 나오는 것이 삼공三公의 지위에 이르게 될 것임을 알았으니, 이러한 것이 모두 앞선 사람들의 경험에 의한 것이지 후학들이 듣기 좋으라고 짜맞춘 말이 아닌 것으로, 그 음양을 통찰하고 효상을 깊이 밝히면 길흉과 회린을 알 수 있을 것이다.

---

1 魚자와 魯자, 亥자와 豕자를 구별 못할 초학은 아니다.

4) 현황가 玄黃歌

글자의 획은 마음에서 나오니
정성으로 분석하면 분명해지네
붓끝에서 나와 제자리를 얻으니
붓머리가 나오면 근본이 이루어지지 않네

먹이 부러지면 전토田土가 없어지고
종이가 찢어지면 바른 사람이 아니네

개짖는 소리에 곡하는 소리를 방비해야 하고
쥐가 드나들면 도적이 올까 두렵네
붉은 주사글자엔 피빛이 돌고
잎사귀 위에 글씨를 썼다면 원망의 맹세가 있다네

홀연히 닭우는 소리가 들리면 기쁜 일이 있고
꿈결에 놀라면 일이 풀리게 되네
말이 울면 반드시 손님이 오고
고양이가 지나다 낯을 씻으면 부정한 사람을 방비해야 하네

배〔船〕위에는 '불 화火' 자를 쓰면 좋지 않고
누각 위에는 '관官' 자나 '형刑' 자를 꺼리네
장난삼아 화로안에 글씨를 쓰면 홀연히 화재를 만나 다 타게

되고
　깨어진 그릇으로 연적의 물을 보태지 마라
　재물이 흩어지고 고독하게 된다네

　붓아래 우연히 파리나 거미가 지나가면
　분명히 육갑六甲에 음인이 동하니
　왼쪽에 있었다면 남아를 낳고 오른쪽에 있었다면 여아가 더해지네

　어찌 사람사는 집에 경박한 자가 보일 것인가
　입에 밥을 물고 재앙을 물으면
　풍요로움이 눈앞에 있고 갖은 기쁨이 있게 되고
　죄수에 대해 묻는다면 법안에서 해결되네
　꽃아래 글자를 물어오면 색욕이 되니 여인의 연정이 기쁘게 서로 친하네
　꽃 피고 지는 것은 복과 재앙이고 그 시기는 물을 필요가 없네

　기린과 봉황은 길한 조짐이고
　돼지 양 소 말은 평범한 것이니 차제에 현묘한 이치를 직접 찾아라
　그렇게 한 뒤에 분명해지네
　응하는 조짐은 기록하기를 권하니
　재앙과 상서로움의 의논은 깨달음에 있다네

5) 화압부花押賦

화압2은 사람의 마음을 그대로 표현한 도장과 같은 것이다. 옛 사람은 노끈을 매어서 그 증명으로 삼았지만, 지금 사람들은 화압으로 이름을 삼는 것이다. 대개 궁통窮通하는 이치는 다 음양이 서로 응하는데 있으니, 먼저 오행의 쇠하고 왕함을 보고 다음에 육신六神의 강하고 승함을 본다.

오행이란 획을 세운 것立은 목木으로, 누운 것臥은 토土로, 둥글려 고리지게 한 것은 금金으로, 점은 화火로, 곡선은 수水의 상으로 보는 것이며, 육신은 청룡 주작 등사 현무 구진 백호의 형상을 말한다.

올라가고 크며 넓고 모나야 한다〔上大闊方〕. 화는 위로 발해야 쓰이는 것인데 아래로 쳐지면 병이 되는 것이고, 목은 생하여 영화로와야 하며, 금은 모나야 하고, 수는 둥글어야 하며, 토는 두터워야 하고, 목은 곧고 바르어야 한다. 그러므로 치솟아 타오르면 화가 왕성한 것이니 궁궐에서 정승에게 절하는 것이고, 수가 양양히 흐르면 빼어난 것이니 궁궐에서 조회하는 것이며, 목이 성하면 인仁이 온전해지고 의義가 넓어지며, 금이 왕하면 성품이 급하고 마음이 강하며, 토가 엷으면 거처하는 곳을 떠나고 조상을 멀리하며, 토가 두터우면 복과 록이 끊이지 않는다.

그러므로 나무〔木〕가 어린데 뿌리가 많으면 뿌리가 잘리고 꺾

---

2   수결, 서명, 싸인 또는 도장.

이며, 금이 적은데 불이 많으면 좁은 곳에서 여럿이 살게 되며, 금이 기울어졌으나 정연하면 자식이 적고, 나무가 굽어있으면 끝내 재물이 풍부하지 않다.

대개 획에서 긴 것은 하늘을 형상하는 것이니 위에 있고, 흙은 누워있으면서 두터우니 땅을 형상해서 아래에 있으며, 안이 나무처럼 그쳐 있으면 사람을 상징한 것이니 중앙에 있다. 이렇게 천지인 삼재三才가 모두 갖추어져 있으면 몸이 큰 집안에 있는 것과 같아 길하다.

그러나 하늘은 없고 땅만 있으면 아버지가 일찍 돌아가시고, 하늘은 있으나 땅이 없으면 어머니가 먼저 돌아가신다. 나무만 외로이 있으면 부모가 돌아가시고 형제끼리도 의지하기 어렵고, 하늘을 잃으면 조상의 기초가 이미 무너진 것이고, 안은 실하고 밖이 허하면 비록 재주가 비상하나 이루는 일이 없으며, 밖이 실하고 안이 허하면 끝에 가서 부유하게 되고 명예가 빛나게 되며, 龍蟠古字[용이 서리를 튼 듯한 옛글자]는 반드시 장군이나 정승의 권한을 갖게 되고, 바르지 못하고 한쪽으로 기운 것은 외롭고 궁색한 나그네가 되며, 뱀[螣蛇]이 얽힌 것 같은 글씨체는 만리 타향의 여정을 표류하게 되며, 현무玄武가 몸[身]을 극하면 아내와 자식에게 해가 미치고, 몸의 토土가 하늘天을 넘어서면 항상 부모의 말을 어기며 또 형제의 예의를 잃게 된다.

다만 바른 수결이나 도장을 갖고 오행을 자세히 추론해 크고 작은 길흉을 상고하고 육신六神을 살피면 아지 못하는 것이 없을 것이다.

6) 탐현부探玄賦

　천天이라는 글자는 하늘의 굳셈이니 군자가 체득하는 것이고, 지地자는 땅의 순함이니 일반 사람에게 어울리는 것이다. 따라서 군자가 '천天' 자를 쓰면 그 이치를 얻을 것이고, 일반사람이 '지地' 자를 쓰면 마땅하게 될 것이다.
　여름철의 나무와 봄철의 꽃은 영화로움을 펼 때이고, 겨울의 매화와 가을의 국화는 바로 꽃이 피는 때이니, 하나라도 어긋남이 있으면 어찌 고생함이 없겠는가?

　'날 일日' 자는 정오를 기준해서 보아야 하고, '달 월月' 자는 상현달로 가는 것인가가 중요하며, 바람이나 비같은 것은 왕성한 때를 만났는가가 중요하다. 가령 찌는 듯한 더위에는 눈이나 서리 등의 글자를 쓰지 말아야 한다.
　모란이나 작약은 단지 열매없는 꽃이지만, 들의 살구나무나 산의 복숭아는 열매가 있는 것이며, 울창한 소나무와 잣나무는 끝에 가서 큰 기둥으로 쓰이나, 쑥이 우거진 것 같은 것은 잘해야 정원의 울타리가 될 뿐이다.

　글씨에 바람이나 대나무가 있으면 깨끗하고 비어있음을, 뽕나무와 누에가 있으면 따뜻함을, 징이 울리고 터져서 울리는 소리가 있으면 큰소리치며 살 집안이라고 말할 수 있으며, 파도가 심한데 배가 가면 표류해가는 선비라는 것을 알 수 있다.
　큰 물고기가 위로 올라가거나 개나 돼지가 아래로 가며, 샘이

솟는 바위에 아지랑이가 오르면 스스로 만족하는 청빈한 선비이고, 집의 창과 정자의 나무 등은 어둡고 우매한 무리라고 말하기 어렵고, 강이나 바다 산이나 내는 넓고 큰 일을, 계곡 연못 도랑 등은 낮고 미미한 일을 뜻한다.

밤에 촛불을 묘사하면 자연 밝아지고, 한낮에 달이나 별을 묘사하면 그 빛남이 묻히게 된다. 산초나무나 계수나무 난초 등이 어찌 보통사람의 입에서 나올 것이며, 뽕나무 삼베 벼 보리 등은 결코 높은 지위에 오르지 못할 것이다.

황색 백색 녹색 청색 홍색은 서로 어울리며, 궁상각치우는 그 소리를 알아주는 사람을 만날 것이다.

칼 창 방패 등은 무사武士가 되고, 비파 책 붓 연적은 문인이 된다. 부유함과 빈한함은 스스로 겸손한 덕이 있는가에 따라 나타나니, 부유롭다고 쓰면 귀해지나 이미 헛된 욕심이 싹튼 것이다. 금이나 옥 진주 등을 쓰는 것은 재물을 지키려는 뜻에 지나지 않고, 영화榮華나 유명해진다고 쓰는 것은 벼슬에 합격하는 방책이다.

은정恩情 환희 사랑은 붓끝에서 이미 나오고, 음탕하고 어리석음은 항상 눈이 화압의 아래에 있다〔常眼花下〕. 술과 마실 것 불고기 등은 먹고 마시는 자가 항상 쓰는 글자이며, 수복강녕은 노인이나 대인이 많이 쓰는 글자이며, 용이 서리를 틀고 호랑이가 도약하려고 움츠리는 글자라면 어찌 변화의 때가 없을 것인가? 봉황이 날아오르고 난새〔鸞〕가 비상하면 결국에 가서는 날아오를 날이 있는 것이다.

몸체가 해오라기 같이 서있는 글자는 외롭고 가난한 선비가 틀림없고, 형세가 갈가마귀가 나는 것 같으면 말 많은 무리라는 것을 알 수 있다. 놀란 뱀 같이 길을 잃으면 다만 살 구멍만을 찾아 헤매며, 춤추는 학이 둥지를 떠나면 고고한 선비이며, 급하기가 까치가 뛰는 것 같이 하면 경박한 삶이고, 느긋하기가 거위같으면 무게가 있는 사람이고, 오래된 대숲같이 울창하면 말이 아름답고 활달하며 마음에 품은 것이 깊다. 물과 같이 표류하면 집안이 쓸쓸함을 면치 못하고, 혹 군데군데 타오르는 불이나 점점이 뜬 구름은 일생동안 기쁨과 분노함이 수시로 바뀌고 종신토록 성패를 보장할 수 없다.

바람이 불어 어린 대나무를 흔드는 것 같으면 어려서는 우뚝하나 크게 이루기 어렵고, 비에 씻긴 복숭아 꽃 같으면 말년에 의지할 데 없이 나그네로 떠돌며, 산뜻하고 깨끗해서 강가에 천년 된 매화같으면 천성이 온유하니 어찌 몇 그루의 버드나무가 있는 것을 이상타 하리오? 담쟁이 덩굴이나 붙어다니는 식물이면 빼어난다 하더라도 전적으로 다른 사람에게 의지한 것이며, 서리 내림에 잎새가 지는 것이면 자신의 잘못이 아니면서 나부끼며 영락하게 된다.

거칠고 황량한 고목의 그림은 외롭고 고달프며 고독한 사람을, 물위에 떠 있는 부평초같은 형상은 빈궁하게 떠다니는 유랑객을 나타낸다. 기이하게 가파르고 괴이한 바위는 험하고 위태로운 삶을 영위하며, 높이 솟아 오른 기이한 봉우리는 고고孤高하게 세상을 살아가는 사람을 말한다.

　쇠로 된 밧줄은 바위나 계곡에서 숨어사는 사람이 아니며, 아름다운 나무나 빼어난 비파는 나라의 어진 보좌관을, 어지럽게 얽힌 실이나 새끼줄을 매듭지어 놓은 것은 공적인 일을 마음대로 이끌어 쓰는 사람이고, 날카로운 칼을 또 가는 것은 사사로이 집안끼리 힘을 다투는 것이다.

　삐침[撇 : ノ]을 비단띠처럼 하면 음인陰人을 만나 물러나고, 파임3을 줄다리기 하듯이 늘이면 형벌刑로 인한 상해가 몸에까지 이르며, 갈고리4를 비단신처럼 하면 관의 귀한 사람을 우연히 만나게 되며, 획이 누운 베개 같으면 질병이 몸에 이른다.
　옆으로 긋는 선이 다 긋지 못하고 반정도에서 끊어지는 것을 크게 금하니 몸이 영화롭게 되지 못하고, 또 똑바로 내려 긋는 선이 중간에서 끊어지는 것도 좋지 않으니 장수하기가 어렵다.

　깎아서 이룬 획[剔成]이 초생달 같으면 문 밖에서 빛을 보게 되고, 점點 찍은 것이 별과 같으면 있는 것을 지키고 어둡고 막힘이 없으며, 붓을 휘두른 것이 살煞을 띤 것 같으면 죽이고 살리는 권한을 쥐게 되며, 떨어진 종이에 쓰인 글씨가 없으면 분망하게 돌아다니기만 하는 천한 일을 하고, 기운이 등등하고 빼어나게 일어나면 큰 문장이 되며, 추위가 살을 에듯 매섭고 찬 빛이 일

---

3 파임捺 : 人에서 오른쪽 획을 긋는 서법의 한 체.
4 갈고리勾 : 필법의 하나로 가운데 손가락으로 붓대의 앞쪽을 누르고 쓰는 법, 여기서는 갈고리지게 꺾음.

어나면 어찌 큰 명성이 없겠는가?

반은 짙고 반은 흐리면 일을 함에 어그러짐이 많고, 동에도 의지하고 서에도 의지하면 하는 일이 한가롭지 않고, 글자가 작으면 깊이 숨겨져서 크게 되지 못하고, 글자가 크면 빠지고 엎어져서 이루지 못한다.

주워 올림[拾]이 뒤에 있고 비틀림[拈]이 앞에 있으면 험해서 막히며, 끝마무리[忘]가 앞에 있고 조아림[頓]이 뒤에 있으면 거동이 머뭇거리며 나아가기 힘들고, 또 글자가 누웠다 일어났다 하면 일반사람은 호곡하며 울게 되고, 군자는 날아오르게 된다.

만약 손발에 경련이 일어나듯 떨리면 군자는 감옥에 가게 되고, 일반사람은 고통속에 삼가해야 하는 것이 조화의 이치이니, 이로써 추론해야 한다.

내가 우연히 이인異人을 만나 현황玄黃의 여러편을 전해 받고 이제 또 다른 이옹異翁을 만나 이 탐현부를 받고서 여쭙기를 "원컨대 노인의 성함을 알고 싶습니다"고 하니, 노인께서 답하지 않고 사라지셨다.

7) 제경이 지극한 이치를 말함齊景至理論

천하의 신묘함이 하나의 이치에서 벗어남이 없으니, 이치를 밝힐 수 있는 능력이 생겼다면 학문을 밝게 하는데 힘써야 한다. 배우는 사람이 깊이 연구하면 성품에 어려움이 없으니, 성품이 이미 밝혀져 통달하면 그 이치가 밝아질 것이다.

또한 창힐蒼頡이 글자를 지을 때, 이루어진 형상의 자취를 살펴서 운용하되 변화에 응하고 조짐에 따랐으며, 또 석가釋迦의 불경 및 왕발王勃의 불기佛記가 지금에 이르러 해와 같이 높아 보물로써 감추어져 있고 깊고도 또 완벽하게 숨겨져서 높은 선비가 아니면 얻어듣지 못하니, 어찌 이것을 볼 수 있겠는가?

한나라 고조가 형양滎陽에서 포위되었을 때 목생화木生火의 상황으로 결국 멸망하지 않고, 어떤 사람의 꿈에 겨우살이의 배[蘿腹] 위에 소나무[松]가 생겨났는데, 사현산絲懸山 아래에서 뒷날 유주幽州의 자사가 되었다. 소나무松는 열여덟명의 공[松=十+八+公]을 뜻한다.

춘추전에 설명하길 "열네 마음[十+四+心]은 큰 덕[德=悳]이 된다"하고, 국지國志에 말하길 "입[口]이 하늘[天] 위에 있는 것[口在天上]이 오[吳=口+天]자가 된다"고 하였으며, 진서晉書에 "누를 황黃자의 머리부분艹에 소인小人을 합하면[艹+小+人] 공손할 공恭자가 되며, 사람이 길함을 짊어지고 있는 것이 지을 조[造=人+吉]자다."

또 "여덟 여자를 안록산이라고 풀이하니/ 양쪽머리에 뿔이 난

녹색 의상의 여자라/ 단정히 앉아 군주를 가로막으니/ 정월달에 멸망시킬 것이라네"5고 하니 정월이다. 곽박郭璞이 말하기를 "영창永昌6에 창성하는 형상이 있으니, 그 뒤에 창성했고, 나羅자는 네 모서리[羅=四+維]니, 그 우연히 합치됨이 이와 같다."

또 인품의 음양조화가 오행의 묘함에 달렸다. 한마디 말과 행동이라도 생각한 뒤에 붓을 휘갈겨 종이 위에 점획구발點劃勾拔을 쓰게 되니, 어찌 선악을 따르며 마음을 표현한 것이 손에 달린 것이 아니겠는가? 마음이 바르면 붓도 바르게 되고 마음이 어지러우면 붓도 어지러우니, 붓이 바르게 되면 만물이 다 편안하고, 붓이 어지러워지면 모든 재앙이 다투어 일어날 것이다. 이로써 고찰해 보건대 스스로 깨달은 자는 이치 역시 깨달아질 것이고, 스스로 어두운 자는 글자가 굽을 것이다. 뜻을 세우기가 어렵고 말과 글을 귀하게 하기가 어렵다고 하지 마라. 한 곳에 뜻을 두고 말과 글은 반드시 중을 지키기를 힘쓰라.

내가 어려서 스승과 벗을 친히 하며 옛것을 받아들이되 새것을 알고, 뜻을 과거시험에 두어 나라의 큰 빛이 될 것을 기약하였다. 그래서 몸을 굽히고 도道를 빌려 시짓고 술마시는 것을 스스로

---

5   八女之解安祿山 兩角女子綠衣裳 端坐太行邀君主 一正月之月能滅之.
6   영창은 측천무후 때의 연호고, 네 모서리는 유주라는 변방에서 커서 평로절도사라는 변방의 지휘관이 된 안록산을 말한다. 안록산이 현종과 양귀비의 총애를 받다가, 양귀비의 오빠 양국충의 견제를 받고는 "간신 양국충을 몰아낸다"는 명분으로 난을 일으켜 낙양과 장안을 점령하는 등 기세를 떨치니, 현종으로 하여금 난리를 피해 달아나고 양귀비 마저 군사들의 뜻에 의해 자결케 하는 수모를 겪게 했다. 그러나 안록산이 애첩의 소생만을 예뻐하고 또 포악한 성격이 드러나자 757년[丁酉] 정월에 둘째 아들 경서가 난을 일으켜 안록산을 제거했다.

즐겼다. 강을 건너고 가마를 타고 다니다가, 우연히 바위계곡에서 점치는 것을 믿게 되었다. 산의 계곡에서 맑게 흐르는 물을 바라보고, 새들이 기쁘게 지저귀는 소리를 들으니 거의 신선이 사는 세상이었다.

홀연히 도인의 풍채를 한 괴이한 사람이 머리를 풀어 헤치고 맨발인 채 평평한 바위 위에 앉아 있었다. 내가 옆에 서있으면서 한참을 기다렸는데, 드디어 묻기를 "그대는 혹시 제경齊景이 아닌가?" 나는 나의 성명을 아는 것에 놀랍고도 의심스러워 필시 이인異人이라고 생각했다. 그래서 "그렇습니다"하고 답하였다.

그 사람은 다시 "혼돈하던 세상에 음양이 이미 나뉨에 창힐이 글자를 지었는데, 그가 바로 나다. 내가 서계書契를 천하에 전하고, 천하의 대강이 정해진 후에 하늘로 올라가 동화제군東華帝君이 되었다. 이제 여기에 거처하니 동화통천東華洞天이다. 내게 기이한 책이 있는데, 전에는 사석謝石에게 주었고 이제 너에게 주려 한다. 이제 네가 여기에 왔으니 상세히 적은 후에 속히 가거라. 그렇지 않으면 저 세상이 바뀌리라."

이에 절을 하고 받은 후 물러나서 살펴보니 오묘함이란! 바로 현황묘결이었다. 신비한 조짐과 글자를 풀이하는 문장으로, 그 방법의 묘함을 얻으니 계곡의 메아리 같았다. 선과 악이 다 나타나고 화와 복이 다 드러나며, 생과 사의 정해짐을 미리 알고 여러 가지의 크나큰 의심들을 미리 판결하여 아니, 뒤에 배우는 사람이 요행히 얻거든 보물처럼 중히 하라.

2. 글자점

1) 자획경험字劃經驗

- 敷 : 전에 재상을 맡은 이가 이 글자를 분석해 달라고 청해오기에, 열흘안에 붓을 놓게 된다[放筆] 하였는데, 과연 열흘만에 파직되었다.
  → 敷 = 尃[十+日→甫] + 放[方+攵]
- 家 : 일반사람이 이 글자를 쓰면 집안이 편안하지 못하다. 이는 '빌 공空' 자가 머리에 있는데, '돼지 시豕' 자는 해월[亥月 : 음 10월]에 응하기 때문이다.
  → 곡식을 잘 저장해야 겨울을 날 수 있는데, 이 때에 공空을 맞으니 어려운 삶을 맞게 된다.
- 荊 : 스물[卄]에 '형벌 형刑' 자니, 소인은 좋지 않고 군자는 크게 좋다.
  → 소인은 형벌을 당하지만, 귀인은 형벌을 주는 입장이다.
- 碣 : '석石' 자의 내려그음[丿]이 하늘—을 범하여 올라갔다면 하늘을 오르는 기쁨이 있다, '볼 견見' 자에는 하늘로 올라간 명성을 본다는 뜻이 있다.
  → 石→名
- 典 : 전典자는 곡절曲折이 많다[多]라는 뜻이 있다. 사십일[四+十+日]로 나뉘니, 흥성하게 나아가는 조짐이다. 귀인이

필시 관직과 녹봉을 높여줄 것이라고 하니, 40일만에 진급하는 기쁨이 있었다.

→ 曲자 안에는 十이 모두 네 개다.

- 果 : 일반적으로 좋은 결과果를 맞는데, 머리를 풀어헤치고 깎인 것〔'벌거벗을 라' 자에서 '옷 의' 자를 빼앗겼음:裸=衣+果→果〕은 입안에 재주가 없기 때문이다. 또 말하기를 작은 입田자 안의 네 개의 口 정도는 충족시키는 관직을 얻는다고 했다.

→ 田자 안의 口자가 너무 작아서 그 안에 재주를 담을 수가 없다.

- 馬 : 전에 말을 아끼는 관리가 있었는데, '말 마馬' 자를 쓰면서 밑에 점을 찍지 않았다. 점이 없으면 말에 발이 없는 것과 같아서 움직일 수가 없다.

- 來 : 래來자는 두 사람〔人+人〕의 재주를 갖고 있다. 둘 다 믿음을 주지는 못하니, 다니는 사람〔行人〕이 응하지 못한다. 세 사람〔人+人+人〕이 같이 왔다면 재물은 오午년과 미未년에 오게 된다.

→ 來來≒未〔來자를 갈겨 쓰면 未자와 흡사하다〕

- 蔡 : 봄을 맞으면 발하여 생하게 되고, 또 명리名利를 점해서 계癸자를 만나면 발흥〔發〕한다. 질병점을 쳤으면 좋지 않으니, 20일〔艹〕 안에 놀라고 두려워할 조짐이다.

→ 위에 풀이 있으니 봄이 되면 발흥한다. 또 제사지낸다는 뜻의 祭자가 있으니 질병점에는 좋지 않다〔艹+祭=蔡〕.

- 但 : 해日가 처음 떠오른 것과 같으니, 보통사람은 주로 외롭

고, 모든 일이 뜻대로 되지 않는다. 열흘 후에나 몸이 안정되고 편안해진다.
- 謙 : 옛사람들은 염치廉恥가 없는 것을 혐오했다. 곧 눈앞에서 시비가 이어질 것이다.
- 亨 : 높아도[高] 높지 않고, 마쳐도[了] 마친 것이 아니니, 모름지기 소인의 부족함을 막고, 밖으로는 효도를 해서 상서롭지 않음을 막아야 한다.
  → 亨≒享
- 達 : 이십일이 아니다[十+十+日+未]가 달達이니[혹 20일 안에 통달하지 못하면], 날로 순하지 못하다. 기쁨은 적고 근심은 많다.
- 奇 : 혼례점에서 기奇자는 짝이 서로 화합하여 응하지 못하는 것이니, 열흘 동안의 어려움이 있다. 형제兄弟의 일이 온전치 못하다.
- 俊 : 한 번 멈추어서 거처하면 한 번 이익이 있다. 친구와 사귐이 어렵고, 아버지 및 형과 서로 반복하며 연결된 문서가 바뀌고 변화하는 흉함이 있다.
- 常 : 질병점이라면 집에 있는 사람은 재앙이 있다. 다른 성의 다른 어머니가 있다. 상常자는 위가 집 당堂자의 머리로 되어 있으며, 아래는 곡哭자의 머리로 되어 있기 때문이다.
  → 집 당堂자 아래에 '조상할 조弔' 자가 있으므로 집에 있는 사람이 흉하다.
- 每 : 옛날 조석曹石이 사람을 보냈는데 그 얼굴의 상이 이 글

자와 같았다. 후에 그 사람이 사람들의 어머니[왕비]가 된다고 하였는데 과연 그렇게 되었다.

- 城 : 정丁이나 무戊일에 육신六神이 동하니, 정이나 무일에 전토田土가 부족할 것을 걱정한다. 힘을 다해 나아가면 성공한다[城=丁+戊+土].
- 池 : 모든 일이 질질 끌다가 땅地을 만나는 날 반드시 이익이 있다. 벌레 충虫을 더하면[添] 뱀[蛇=虵=虫+也]이 되기 때문이다.
  → 뱀이 되기 때문에 질질 끌다가 土를 만나 편하게 된다.
- 春 : 송나라의 고종이 이 글자를 쓸 때, 정승 진회秦檜가 일을 꾸미려 했다. 글자점을 보는 사람이 말하기를 "진秦자의 머리가 너무 무거워서 해日가 싫어하니 광채가 없을 것이다[秦자의 머리나 春자의 머리나 글자가 같으므로, 春자 밑에 있는 해, 즉 임금이 진회를 싫어한다고 비유한 것이다]"고 하였다. 진회가 이를 듣고 말하기를 "글자점 보는 사람을 소환해서 귀양 보내라"고 하였다.
- 一 : 흙[土] 위에 '한 일一' 자를 쓰면 '임금 왕王' 자가 된다.
- 益 : 관리가 있어 익益자를 쓰자, 이십팔일 뒤에 피를 뿌리는 액운이 있을 것이라고 했는데, 과연 그렇게 되었다.
  → 益=廾+八+皿, 皿→血.
- 田 : 이 글자의 상을 보고 말하길 "바로 보아도 임금 왕王이고 옆으로 보아도 임금 왕王이니, 반드시 크게 귀하게 될 것이다"고 했다.

2) 글자체의 비결 字體詩訣

- '하늘 천天' 자는 두 사람[天+二+人]이니/ 일을 도모함에 반드시 도움이 있고/ 하늘은 반드시 덮어 도와줄 수 있으니/ 처음에는 좋아해서 몸이 편해진다.
- '땅 지地' 자는 이치가 많음과 같으니/ 이를 따라 타향으로 나아간다/ 마음은 주전자의 부리를 다스리는 것 같아서[蛇口毒]/ 나아가고 물러남에 방해가 없네.
  ➡ 蛇=虫也=虫+也. 여기서 주전자의 부리(또는 뱀입의 독)가 된다는 것은 土자를 어떻게 쓰느냐에 따라 다르다는 것이다.
- '사람 인人' 자는 흉과 화가 없으나/ 문서문제로는 오는 사람이 있다/ 주인主人이 되면 스스로 자립하는 것이나/ 모든 일에 화합하여야 할 것을 잊지 마라.
  ➡ 두 사람이 서로 기대는 형상이 人자다. 화합하여 잘 기대면 서로가 도와주어 독립할 수 있지만 그렇지 못하면 서로 방해만 할 뿐이다.
- '쇠 금金' 자는 사람이 얻으면 힘이 되니/ 人[집의 형상] 아래 많은 재물이 있네/ 소인은 부족함이 많다하니/ 모든 일에 적절한 안배가 필요하네.
- '나무 목木' 자는 사람이 미처 이르지 못하면/ 처음에는 육해六害가 이르나/ 얼마 안가 재록財祿이 쌓이니/ 절실히 요구하건데 방심하지 말게나.
- '물 수水' 자는 바랄만 하니/ 중간에는 방해로 시비가 있으나/ 마침내 문서상으로 구제되며/ 출입에 모두 좋게 되네.

- '불 화火' 자는 소인의 상이니/ 일반인은 발복하여 크게 재물을 얻는다/ 재앙과 근심이 서로 만나니/ 해지기 전에 사람이 온다네.
- '흙 토土' 자는 날 일日자 아래에서 왕성[旺]하니/ 해만 있으면 토지와 재물이 성대하게 드러나네/ 재물이 많아도 서로 욕심을 내니/ 혈육끼리 다툼이 많네.
- '동녘 동東' 자는 움직이기[動]를 좋아하니/ 모든 일에 사람구하기를 좋아하네/ 연결하면 일이 생기니/ 재물과 벼슬이 스스로 즐겨 다가오네.
    ➡ 東자는 動자와 발음이 같다.
- '서녘 서西' 자는 고쳐 옮겨가는 것이 좋으니/ 일을 함에 싫은 사람을 꺼리네/ 마음은 비록 상쾌하여 거리낌이 없어도/ 모든 일의 게으름이 나에게 의지해 깃드네.
    ➡ 동방은 仁을 주관하는 방소이므로 서로 도와주어 북돋지만, 서방은 의리를 주관하는 방소로 잘잘못을 따지므로 싫은 사람을 꺼리게 된다. 또 해가 동에서 떠서 서로 지고, 저녁이 되면 자신의 집으로 돌아가듯이, 지치고 힘든 몸들이 나에게 모두 돌아오게 된다.
- '남녘 남南' 자는 모자란 마음이 중증이니/ 종교를 중히 하고 혈육을 경시하네/ 모든 일에 오히려 다행함이 있으나/ 전토田土: 한 곳에 머무르게 하는 힘는 안정되지 못하네.
- '북녘 북北' 자는 본래 비화比和를 뜻하니/ 나와 남을 나누면 좋지 않고/ 쉬고자 하나 쉬지 못하며/ 질병을 물었다면 필시 사망이네.

➡ 比자는 北자와 서로 비슷하다. 북망산 가기가 쉽다는 뜻이다.

- '몸 신身' 자는 주로 자신의 일을 말하니/ 몸 신자 옆에다 활 궁弓자를 더해서 보네〔身+弓=躬〕/ 항상 타인을 의존하며 추천을 하니/ 이로 인해 재산과 벼슬이 풍부해지네.

- '마음 심心' 자는 크지 않음이 없으나/ 가을의 처음에는 음인과 소인에게 재앙이 있고/ 소인은 부족함이 많으니/ 여름에 소인을 보면 필히 재앙을 입으리/ 초기에〔頭〕 비색하고 쇠함이 오면/ 발복해서 가까이 귀함이 있으니/ 자子와 축丑앞에서 지나면/ 모든 일이 다 순해 이익이 있네/ 어떤 질병이 올 것인가?/ 목木과 관련된 사람이 가장 안좋네/ 병丙과 정丁의 날을 지나면/ 일이 정해져서 위태롭지 않네.

- '말씀 언言' 자는 어떻게 해석하나?/ 사람이 올 때 안부가 있고/ 평생에 꾀하고 비교함이 많으니/ 기쁘고 길한 일이 다가와 응하네.

- '다닐 행行' 자는 출입을 물으니/ 드디어 행하지 못함을 아네/ 기다림만 못하니/ 재앙과 놀람을 면하게 되네.

➡ 점을 묻는 자가 行자를 쓸 때는, 스스로 출입하기 어려우므로 이런 글자를 쓰고 묻는 것이다.

- '이를 도到' 자가 와서 추론하면/ 출입이 오히려 뒤집혀졌네〔人+到=倒〕/ 비록 길함이 아직 이루어지지 않았으나/ 재물상의 좋은 일이 있게 되네/ 얼음이 수일 안에 있으나/ 구진勾陳을 띰을 어찌 면하랴?/ 모든 일이 아직 나누어지지 않았으니/ 출입하는 사람이 전적으로 믿지 않는다네.

- '열 개開' 자는 나누어짐이 없으니/ 꾀하고자 하는 일이 아직 편안치 않다/ 열고자 하나 열지 못하니/ 나아가고 물러남이 모두 어렵네.
- '붙을 부附' 자로 행인行人에 대해 물으면/ 행인이 노상에 있는 것이고/ 하는 일에 흉함이 없으니/ 많은 사람에게 기쁨을 나누어주네.
  ➡ 행인에게 붙었으니, 길에 있는 것이다.
- '일 사事' 자는 일을 마치기가 어려우니/ 여기에 또 구진勾陳을 띠었다면/ 손과 발로 인한 잘못이 많으나/ 한 달 안에 옳은 사람과 만나네.
- '점 복卜' 자는 헤아려 할 일을 구하니/ 쓰기를 멈추고 상세히 추론하기를 좋아하네/ 위와 아래가 모두 부족하니/ 하는 일이 상서롭지 못함이 당연하네.
- '바랄 망望' 자가 인寅일을 만나면/ 꾀하는 일이 이루어지고/ 주로 정당치 못한 일을 바라나/ 오히려 기쁨과 공명이 따르네.
- '복 복福' 자는 헤아려 하는 일을 구하니/ 부족함을 막아야 하네/ 계속된 화가 핍박逼迫하는 것도/ 한 사람의 입一+口이 재앙을 일으킨 것이라네.
  ➡ 福=礻+畐=福, 逼=辶+畐
- '녹봉 록祿' 자는 조상의 유산이 없으니/ 마땅히 천자와 신하의 구별 있음을 알아야 하네/ 소인은 생해주기에 부족하니/ 소인의 입에 재앙과 놀라움이 있네.
  ➡ 示+求+ㄠ(삐뚤어진 소인의 입)=祿, 즉 삐뚤어진 소인의 입이 구하는 것을 보여준다는 뜻.

- '귀할 귀貴' 자는 귀한 일과 관계가 많으니/ 모든 일에 전답과 재물이 늘어나네/ 출입에 막힘이 없으나/ 실수로 인한 재앙을 방비하라.
- '쓸 용用' 자는 주로 재물을 쓰는 것이니/ 일이 있으면 지방을 다스리라/ 누가 음인陰人의 일을 알 것인가?/ 왕王씨도 주周씨와 같이 하였네〔왕씨도 되고 주씨도 된다네〕.
  - ➡ 用자에서 양쪽의 ㅣ를 빼면 王자고, 그대로 다 쓰면 周자와 비슷하다.
- '편안할 강康' 자는 편안하고 태평하지 못하니/ 음인의 재앙을 막아야 하네/ 하는 일이 미치지 못함이 많으니/ 재물과 벼슬 또한 얻기 힘드네.
- '편안할 녕寧' 자로 가택점을 물으면/ 집안이 화목해 식구가 늘고/ 재물은 중간정도로 늘지만/ 눈앞은 오히려 외롭네.
- '길할 길吉' 자로 점을 물으면/ 도리어 길하기도 하고 흉하기도 한다네/ 인연은 아직 취하지 못하고/ 하는 일마다 마치질 못하네.
- '마땅 의宜' 자는 일이 또한 그래야 한다는 것이니/ 눈 앞에 있는 일같이 알 수 있네/ 공적인 잘못은 마땅한 데로 끝나고/ 사사로운 일 역시 편안해지네.
  - ➡ 宜=目+一
- '같을 사似' 자는 많은 사람의 일이다/ 하는 일에 응하는 바는 있지만 이루지는 못하니/ 홀로 하면 사람들의 힘의 적음을 혐오하고/ 많은 사람을 따르면 일을 할 수 있다.
  - ➡ 似자는 人자가 셋이나 된다.

- '많을 다多' 자는 돌이켜서 움직임이 마땅하니/ 죽어가는 것을 돌이키면 삶을 얻고/ 일을 이루면 지나치게 사치하니/ 이틀〔兩日〕이 지나야 밝아지네.

    ➡ 人+多=侈, 死=歹+匕, 夕+夕이니 이틀이 지나야 새아침이 된다.

- '옛 고古' 자는 길흉하게 됨이 많으나/ 형극당하는 재앙을 피하기 어렵네/ 기쁘고 길하게 된다해도/ 끝에 가서는 구설수가 있네.

    ➡ 古자에 한 획만 더해도 舌자가 된다. 또 十+口=占이므로, 열 입의 구설을 막기 어렵다.

- '넓을 홍洪' 자는 사람들이〔人〕 같이 살 것을〔共〕 생각해야 하나/ 화火와 관련된 사람은 그 뿌리가 달라서〔洪=氵+共〕이므로, 火는 수극화가 됨/ 일에 오히려 견제가 많으니/ 조상 대대로 물려온 가업을 멀리하네.

- '향기 향香' 자는 숨어서 쏘는 화살을 꺼리고/ 목木에 관련되어 시비가 벌어지네/ 열여덟〔十+八=木〕과 스물여덟이니〔二+十+八=禾〕/ 좋게 보아 믿음이 돌아오네.

    ➡ 香자는 해日를 禾가 가리고 있다. 또 禾자는 木 위에서 木을 깎는 상〔丿〕이다.

- '맑을 청淸' 자는 귀인貴人은 순조로우니/ 재물이 와서 가득 쌓이고〔淸→積〕/ 음인陰人은 시비가 많으니/ 깨끗하지 못하면 어렵네.

- '빌 허虛' 자는 머리부분만〔虍〕 '범 호虎' 자와 같으니/ 헛되게 놀라게 됨을 면치 못하고/ 모든 일에 또한 통용이 되니/ 이를

막느라 집안이 편치 못하다.

- '멀 원遠' 자는 일이 통하게 됨이 많으니/ 행인行人이 소식을 전하네/ 하는 일이 이미 다 이루어지고/ 기쁘고 길함이 또한 임하네.
- '같을 동同' 자는 헤아리기 어려우니/ 많이 생각하여도 또한 그러하네同→商/ 20일로도 부족하며/ 오히려 두루하면서 원만히 못함을 두려워하네.
- '사람 많이 서있을 음众' 자는 사람들의 공통된 일이니/또한 시비가 많이 생기네/ 하는 일이 바라는 대로 되지 않고/ 소인의 입에 의한 재해와 위험이 있네.
- '날 비飛' 자는 기쁘게 될 수도 있지만/ 뒤집히면 또한 그렇게 되지 않음도 많네/ 뜻에 날아오르는 상이 있으니/ 명성을 구하는 것이라면 즉시 되네.
- '빼어날 수秀' 자는 부실함이 많고/ 일이 없고 외롭게 되거나 형벌이 있네/ 오십오에 1년을 보태서/ 환생하여도 일이 편안치 않네.
- '바람 풍風' 자는 일이 편치 못하니/ 가을이 되면 더욱 불길하네/ 병은 마른버짐〔風癬〕이 많고/ 진술辰戌의 날을 조심하라.
- '하늘 천天' 자는 이미 하늘天을 이루었으나/ 또한 질시하며 침략하려는 마음이 많네/ 일에 덮어주고 의지함을 배워야하니/ 행함에 두 사람〔天=二+人〕의 주인이 임하네.
- '으뜸 원元' 자는 이십일二十日이니/ 하는 일이 이루어지네/ 평생토록 형극刑克이 많으니/ 흔들리고 위태로와〔兀兀〕 불안해지네.

- '가을 추秋' 자는 가을의 방향[西方]이 길하나/ 소인은 시비가 많으네/ 화합하는 기운이 흩어질 것을 알아야 하니/ 일을 벌이는 것은 좋지 않다네.
- '펼 신申' 자는 시비가 길어지니/ 도리道理 역시 무너지네/ 끝내 굽힌 것을 펴지 못하니/ 꾀하는 일이 어려워 화禍가 되네.
- '첫째 천간 갑甲' 자는 이로운 성이 황黃씨니/ 명성을 구함에 황씨의 도움이 제일이네/ 다만 전토田土에 근심이 있으나/ 돌이켜 이끌면 시비가 없어지네.
- '내 천川' 자로 와서 물으면/ 중대한 재앙이 있을 것을 알라/ 30일을 막는다 하더라도/ 일을 돌이키기에 부족하다네.
- '옛터 허墟' 자로 일에 대해 묻는다면/ 윗부분은 '범 호虎' 자의 머리이고, 아랫부분은 '뱀 사蛇' 자의 꼬리니 놀랄 일이 있고/ 이익을 차단하는 사람이 있으니/ 특히 전토田土문제가 불안하네.
- '때 신辰' 자는 '이룰 성成' 자를 쓴 것과 같으니/ 주로 변화하는 형상이다/ 진퇴가 모두 어렵지만/ 공과 명예가 따를 조짐이네.
- '푸를 청靑' 자는 일이 아직 순조롭지 않으니/ 조용하지 않을 것을 알아야 한다/ 따라서 귀인이 잘 따르지 않으니/ 시일이 오래 걸린 뒤에야 안정될 것이네.
- '석 삼三' 자는 고치고 옮기는 일이 많으니/ 하는 일에 또한 줏대가 없다/ 마땅히 둘이 셋을 낳음을 알아야 하고/ 본래는 하나에서 둘이 나왔다는 것도 알아야 하네.
    → 三=一+二

- '나눌 분分' 자는 와서 헤아리기를 묻는 거와 같으니/ 글자를 분석하는 것 또한 쉽다/ 모든 일에 헤쳐나가는데 어려움이 따르니/ 마음이 흔들리는 것을 막아야 한다.
- '글자 자字' 자는 학식[學=斈]자와 비슷함이 있으니/ 처음에는 공허한 것 같고/ 집안에 마치지 못한 일이 있으나/ 명성이 여자로 인해 나온다.
  ➡ 宀자 아래에 了+一이 있다.
- '선비 사士' 자는 대부大夫가 되는 바탕체이나/ 한 곳에 집착하려는 마음을 면치 못한다/ 시비를 논하는 것을 높이 사니/ 길한 일이 장차 임할 것이네.

3) 사계절의 수필水筆

봄에는 혼탁하고, 여름에는 물이 말랐으며, 가을에는 맑고, 겨울에는 응결된다.

물[水]은 재물이 되니, 건괘 태괘 감괘의 방향에 있음을 꺼리고, 「フ, ㄹ, 乙, ㄱ, 丶」 등이 수필에게는 반드시 귀인이 된다.

4) 획에는 음양이 있다.

긴 가운데 짧음이 있으면 양중의 음이고, 짧은 가운데 긺이 있으면 음중의 양이다. 조잡하고 세밀하며 가볍고 무거움이 또한 차별이 되는 예가 되니, 양중에 음이 있는 것은 좋으나, 음중에 양이 있는 것은 도리어 흉하다.

'壬임' 자의 제일 위의 획[丿]은 양중의 음이 되고, '任임' 자의 제일 위의 획[丿]은 음중에 양이 있는 것이 된다. 수필水筆은 흐르지 않으니, 흐른다면[경사가 심하다면] 좋지 않다.[7] 복을 취함은 아래에서부터 위로 가며 1 : 3의 비율이고, 화를 취함은 위에서부터 아래로 가며 1 : 3의 비율이다.

5〕 팔괘단八卦斷

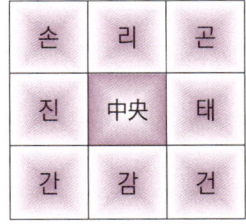

- 건궁乾宮의 필법이 닭의 다리와 같으면/ 부모가 초년에 일찍 다치고/ 만약 다치지 않는다면 그 슬하를 떠나게 된다/ 질병을 안고 있으며 흉하기 쉬우니 조심해야 한다.
- 곤궁坤宮은 어머니에 속하니 영화榮華로움이 따른다/ 구진勾陳 살이 붙어있거나 기울어짐을 아주 꺼린다/ 한 개의 점이 정해

---

[7] 壬자의 丿는 길게 쓰면서 아래로 경사가 작고, 任자의 丿는 짧게 쓰면서 아래로 경사가 급하다. 또 아래에서 위로 비스듬하게 긋는 것은 길고, 위에서부터 아래로 비스듬하게 내려긋는 것은 좋지 않다.

지면 여기에서부터 영화와 봉록 지위가 나뉘어진다/ 일생동안 부귀를 최고로 알고 자랑한다.

- 간궁艮宮의 방위는 형제궁에 해당한다/ 구진이 자리하는 필체는 다른 사람을 흉하게 한다/ 가령 제 2의 고향을 극해서 파破하지 않으면/ 형제끼리 반목해서 등지고 산다네.

- 손궁巽宮이 구설[또는 口]을 띠면 자식을 얻기 어렵고/ 자식을 얻더라도 극하면서 산다네/ 그대가 5개나 3개를 양보하더라도/ 그 중 한 개도 좋은 말 듣기 어렵다네.

- 진궁震宮의 방위는 동방이니/ 필체가 바른 모양이어야 하며 쇠퇴하지 말아야 한다/ 만약 마르고 잘리게 되면 눈물적시는 병에 걸리니/ 허리와 다리부분이 다른 획과 사귀면 편안하지 못하다.

- 리궁離宮는 남방의 화火자리에 거하나/ 다른 곳의 한 점을 보아 영화로움과 쇠퇴함을 정한다/ 만약 둥글고 깨끗하면 영화롭고/ 마르고 불같이 치솟으면 때를 못만난 것이다.

- 감궁坎宮은 재물과 비단이 되니 쾌의 방위를 보고 정한다/ 수성水星의 필체는 가로[橫]이니 다른 방위로 점을 한다/ 만약 필체가 가늘고 날카로와 크고 작음이 없다면/ 뿌리가 지극히 오래된 것이니 영화와 번창을 말한다.

- 태궁兌宮의 방위는 서방의 태백성太白星이다/ 바르고 곧아야 좋으며 쇠퇴하지 말아야 한다/ 만약 함정이 있고 날카로운 결함이 있으면/ 처와 자식이 교만하고 사치스러우니 지키기가 어렵다.

3. 새로이 교정한 마음 밝히는 법〔新訂指明心法〕

1) 글자를 보는 심역〔相字心易〕

글자를 쓰되 두 글자를 썼다면 그 중에 한 자만 보아야 한다. 대개 글자가 많다는 것은 마음이 어지럽다는 뜻이므로, 꾀하는 일도 때가 달라지니 다시 살펴야만 한다.

2) 글자를 판별하는 방법〔辨字式〕

부자의 글자는 평온하면서도 무게가 있으며 흐리거나 옅은 글자는 없다.

귀인貴人의 글자는 맑으면서도 기이하며, 획이 길면서 비대하다.

가난한 사람의 글자는 흐리거나 옅은 것이 많으며 정신精神한 맛은 없다.

천한 사람의 글자는 흩어지고 어지러우며 공망空亡을 띠고 있다.

기술자의 글자는 가볍게 휘면서 뛰는 경향이 있으며, 상인商人

의 글자는 멀리하고 가까이함이 있다.

　남자의 글자는 열려 있으면서도 넓고, 여자의 글자는 기울고 치우친 것이 많다. 나머지는 짙고 흐리며 살찌고 마르며, 기울고 바르며 분명한가의 여부로 판단한다.

3) 필법의 요체〔筆法筌蹄〕

　글자를 쓰는 법에 짙고 옅으며 살찌고 마르며,
　길고 짧으며 넓고 협소하며,
　오르고 내림의 뒤집힘과 순하게 하며 거역함이 있으며,
　구부러지고 곧으며 높고 낮음이 있으며,
　작고 큼과 연하고 단단함이 있으며,
　열리고 합함과 맑고 흐림이 있으며,
　허와 실 및 오목함과 볼록함이 있으며,
　평평하며 바름과 기울어 경사짐이 있으며,
　원만함과 곧아 모남이 있으며,
　명백함과 경쾌함,
　평온하면서도 무게가 있음과 가벼우면서 뛰는 것이 있으며,
　굽혀서 당김과 부수어 가루로 만듦이 있으며,
　물기가 말라 생기가 없음과 날카롭게 깎음이 있으며,
　엎어져 어지러움과 명확하지 못해 흐리터분함이 있으며,
　외롭게 노출됨과 한데 뒤섞임이 있으며,
　비만함과 날카롭게 마름이 있으며,

강건한 정신과 곱고 아름다운 기세가 있으며,
쇠약하고 어린 기교와 연만하고 노회한 단단함이 있으며,
뼈있고 모남과 풀처럼 하늘거림이 있으며,
열리고 닫힘의 나뉨이 있으니,
사람마다 각기 한가지의 체가 있어 다 말하기가 어렵다.
배우는 자가 변하고 화하여 그 신의 기미를 알아야 한다.

4) 노래에 말하길

필체가 평온하면서도 무게가 있으면 의식이 풍성하고
필체가 평평하면서도 곧아도 의식이 풍족하네
필체가 단정하면 의衣와 복록이 굳게 정해지고
필체가 분명하면 앞 날이 결정되었네

필체가 둥글면서 깨끗하면 부와 귀를 같이 누리지 못하고
필체가 살찌면서도 짙으면 부귀가 무궁하네
필체가 깨끗하면 공명을 이루며
필체가 경쾌하면 모든 일이 잘 통하네

필체가 강건하면 역량과 식견이 있으며
필체가 정미롭고 신비로우면[精神] 반드시 명성을 이루네
필체가 빛이 나며 피어나면 영화를 드날리고
필체가 기세가 있으면 의기가 넘쳐 감격하기 쉽다네

필체가 너그럽고 넓으면 뜻을 펴는 영웅이며
필체가 날카롭고 작으면 반드시 꼼꼼한 사람이네
필체가 선線과 같으면 견식이 있고
필체가 노끈 같으면 일세를 평안히 하네

필체가 위로 올려 그으면 호사스런 의식衣食을 좋아하고
필체가 그슬려 말린 매실[烏梅]같으면 얼굴이 넓고 크네
필체가 의욕이 없으며 엷으면 형제가 헤어져 살고
필체가 끊어져 있으면[分掃] 조만간 집안이 파산한다

필체가 굽고 휘어있으면 교묘한 것을 좋아하며
필체가 제멋대로면 일생을 떠돈다
필체가 물기가 말라 생기가 없으면 재물이 헛되게 소모되고
필체가 명확하지 못해 흐리터분하면 어리석어서 일을 꾀하지 못하네

필체가 너무 잘 맺혀서 막힌 듯 싶으면 시비를 불러 괴이해지고
필체에 크고 작은 것이 있으면 원망도 있고 좋은 면도 있다
필체에 높고 낮은 것이 있으면 옳은 것을 말할 때도 있고 그른 것도 있으며
필체가 연하고 얕으면 질고와 손해가 극해서 깎이네

필체가 오르고 내림이 뒤집히면 마음이 항상 부족하고

필체가 부숴져 날리면 집안일이 항상 퇴보하네
필체가 한쪽이 높게 기울어지면 정처없이 떠돌아다니는 생애이며
필체가 더럽고 탁하면 지혜도 없고 배움도 없다

필체가 뱀과 같으면 항상 집에 있지 못하고
필체가 치우쳐서 기울면 의식衣食이 끊어진다
필체가 북을 치는 것 같으면 늙게 되어 한미寒微해지고
필체의 형세가 날카로운 침과 같으면 마음에 독함이 서려있네

필체의 형세가 갈고리처럼 기울어져 있으면 관청의 송사에 얽히고
필체의 형세가 낚시바늘 같으면 끊임없이 사람을 해치네
필체의 형세가 흩어지고 어지러우면 재물이 없어지고
필체가 항상 기이하면 결별하게 된다네

5) 노비奴婢의 글씨

흡사 서리가 내리는 하늘에 낙엽이 나는 것 같으며
획은 나무로 만든 들것 같고 양쪽 윗부분은 내려뜨리며
획은 가볍고 점은 무겁게 쓰며
획의 앞부분은 달리는 것 같고 뒷부분은 아이를 안은 것 같네

6) 음인陰人의 글씨

음인이 글자를 씀에 뜻이 어떠한가
부끄럼이 많고 담膽의 기운은 허하네
일어나는 곳에 새의 부리로 다투는 것 같고
도리어 와서 획을 씀에 마무리는 천천히 하네

7) 빼어난 사람隔手의 글씨

빼어난 사람의 글이 점을 치러 옴에 자세하고도 상세하다
다른 사람의 종이와 묵墨을 보니 글자가 빛이 없어지고
더욱이 글씨체와 골격을 보니 소식蘇軾과 황정견黃庭堅에 버금가네
옅으면서도 정신精神이 있으니 귀한 인물일세

8) 형세를 살핌〔視勢〕

사람들의 글자를 볼 때마다 어떤 글자가 되나를 살펴야 한다. 가령 '하늘 천天' 자는 지아비 부夫가 될 수도 있고 '잃을 실失' 자로 바뀔 수도 있다. 여자가 하늘 천자를 썼다면 지아비夫를 방해할 것이고, 남자가 썼다면 잃어버림失이 있을 것이다.8

9] 사람을 살핌[象人]

 글자를 봄에 반드시 어떤 사람이 썼나를 분별하고, 또한 어떤 형상의 사람이 말했나를 보아야 한다.

 가령 수재秀才가 '하늘 천天' 자로 과거시험의 합격여부를 물었다면, 올해는 아직[未] 운이 안 되고 열심히 노력해서 힘쓴다면 내년에 좋은 성적으로 붙을 것이다.9

 관리가 승진여부를 물었어도 아직[未] 때가 안 되었으니, 힘써 일에 충실히 하면 내년에 천거하는 사람이 있어 승진할 것으로 판단한다.

 일반 서민이 물었다면, 질병점에는 아직 낫지 않고 굿 등의 방법을 쓴다면 더욱 악화될 것이며, 송사점에는 아직[未] 판결이 안나고 힘만 쏟을 뿐이고, 반드시 관리가 캐물어 올 것이라고 판단한다.

---

8 하늘 위에 올라간 것이 지아비 부夫자인데, 여자가 夫자를 씀으로써 그 형상이 남편天의 머리 꼭대기에 선 셈이 되었으니 남편을 방해하게 된다. 또 남자는 夫인데, 天자를 썼으니, 하늘 위에 있다가 내려온다는 뜻으로, 하늘의 한쪽을 깎아서 失자가 된다.

9 천天자에 곧게 내린 선 l 을 더하면 아닐 미未자가 되고, 다시 점을 더하면 올 래來자가 되며, 올 래자에 칼 도刀자를 쓰면 찌를 자刺자가 된다. 즉 관리가 칼로 찌르듯이 물으러 온다는 뜻이다.

10) 주변의 도움

- 기뻐하는 것 : 재물에 대해 물었을 때 금은 보화를 보았고, 옆에 벼(禾)나 말(斗) 등이 있었다면 좋다(好)고 판단한다.
- 금기사항 : 질병점에 토土나 목木자가 들어있는 글자를 보고, 송사점에 혈血이나 정井자를 보는 것은 다 흉하다. 또는 그러한 사물을 보아도 흉하다.

  → 土는 흙으로 들어가 묻히고, 木은 나무로 관을 짠다는 면에서 흉하다. 血은 피를 보는 것이고, 井은 형틀에 갇히는 것이다.

- 들은 내용[有所聞] : 질병점에 슬픔에 젖은 소리나, 재물점에 부숴지는 소리를 꺼린다.
- 본 내용[有所見] : 가령 '설 립立' 자가 비(雨) 올때 또는 물(水) 소리가 들리는 자리에 있으면 '울 읍泣' 자가 되고, '말씀 언言' 자에 개(犬)를 보면 '감옥 옥獄' 자가 되므로 질병점이나 송사점에 모두 안좋다.

  → 水雨, 氵+立=泣.   獄=犭犬+言+犬

- 때에 따라 말함[以時而言] : 초목草木과 관련된 자는 봄이나 여름에는 생하고 왕성하여 재물이 생기고, 가을이나 겨울에는 쇠약하고 숨겨져서 재앙이 많게 된다. 바람 구름 등 기후에 관련된 것도 또한 그렇다.
- 괘로써 판단함[以卦而斷] : 가령 '진괘 진震' 자는 봄에 때를 얻음이 되고 겨울에는 기운 없음이 되는 것은 다 괘로써 판단해 말한 것이다.

- 새와 짐승으로써 판단함〔以禽獸而斷〕: 가령 '소 우牛' 자는 사람을 위해 노고를 하는 동물을 나타내니, 봄과 여름에는 노고가 많고 가을과 겨울에는 편안하다.
- 같은 종류를 취해서 말함〔取類而言〕: '다락 루樓' 자는 획수가 많으므로 나누어서 보아야 한다. 다락집높고 훌륭한 집으로 뜻을 취하면 여러 층을 쌓은 집〔重屋〕이 된다. 중옥重屋을 파자하면 "千里尸至〔천리에서 시체가 돌아온다〕"가 된다. 따라서 글자를 물어본 사람에게는 반드시 외지에 죽은 사람이 있어서 시신이 돌아오는 일이 생긴다.
- 차례로 말함〔以次而言〕: 먼저 쓴 글자의 획이 기쁜 내용이면 길하다고 말하고, 그 다음에 또 기쁜 내용을 쓰면 흉하다고 말하며, 또 그 다음에 쓴 것은 반은 흉하고 반은 길하다고 말하여, 차례로 더하고 빼되 또한 그 사람의 기세를 살펴서 한다.
- 글자를 첨가하고 또 첨가해서 본다〔當添亦添〕: 관리가 '맏 윤尹' 자를 썼다면, '인군 군君' 자로 먼저 판단되니 그 사람이 반드시 높은 직위에 있는 사람이나, 봉록이 없이 돌아온 것은 윤尹자에는 군君자에 있는 '입 구口'가 없기 때문이다. 인군 군君 자를 썼다면 '고을 군郡' 자의 뜻이 되니 그 사람이 고을의 수령으로 갈 것이다.
- 글자를 빼고 또 빼서 본다〔當減亦減〕: '나무 수樹' 자 속에 '길할 길吉' 자가 있으니, 글씨를 써서 좋아 보이는 자에게는, 그 양쪽 변을 뺀 나머지인 '길吉' 자만을 남겨서 길하다고 말한다.
- 필획의 장단〔長短〕: '길할 길吉' 자 윗부분을 '선비 사士' 자로 썼다면 선비가 될 것이나, 아래 획을 길게 해서 '흙 토土' 자로

썼다면 입口이 흙 아래에 있게 되는 까닭에, 질병을 물었다면 반드시 죽을 것이다. 얼마나 오래 살 것인가〔身命〕하는 점을 쳐서 목木자를 木이라 쓰지 않고 朩목이라고 써서 끝에 곡획을 더했다면, 아래의 나무〔아래의 갈고리 삐침 亅〕가 흙의 생함을 받으니 열흘을 지나지 않아 반드시 죽게 될 것이다.

- '떳떳 상常' 자의 위를 '작을 소小' 자로 쓰면, 주로 집안의 작은 구설수로 인한 재앙〔또는 하인의 재앙〕을 뜻하므로〔常=小+冖+吊〕 큰 피해는 입지 않는다. 만약 위의 소小자를 뒤집어 놓은 것처럼 쓰면 '재앙 재災' 자의 머리가 된다. 중간〔冖〕은 '문 문門' 자가 되고, 아랫 부분은 '조상할 조吊' 자이므로 큰 재해와 환난을 뜻하게 된다. 즉 조문객이 문으로 들어오는 꼴이 되니 크게 흉한 것이다. 그러나 모름지기 묻는 사람의 기색을 자세히 살펴야 한다. 그 사람의 상이 토土의 기운이나 토명土命이고 그 기색이 검고 더러우면, 열흘 이내에 죽을 것이다.

- 옆의 획을 객이 침범함〔偏旁侵客〕: '갓 머리宀' 자는 '집 가家' 자의 머리에 해당한다. 그런데 '冖'와 같이 쓰면 집을 부숴서 없애는 격이니, 집안이 쇠퇴하게 된다. '宀' 자를 '山' 자처럼 쓰면 반드시 집안을 산처럼 흥하게 한다. 그러나 山 자의 가운데 'ㅣ'를 'ㄴ'와 떨어트려 놓으면 산에 침이 매달려 있는 격으로 크게 흉하게 본다.

- 글자획이 혼미함을 가리킴〔字劃指迷〕: '사람 인人' 자 같은 것은 바른 사람이 쓰면 귀한 상이 되지만, 오그라지거나 조는 사람이 쓰면 질병을 얻을 수고, 서있는 사람이 곁에 있으면 따를 종从자가 되어 사람을 따라 움직임이 되어 번잡함은 많고 순조

로움은 적게 된다. 두 사람이 곁에 있으면 '여러 사람이 서있을 종众' 자가 되어 여러 사람이 무리를 지어 일을 만들거나 사람을 따라 일을 버리게 되니 한가한 사람이다.

- 만약 '펼 신申' 자를 썼다면 밭[田]을 무너뜨리는 살이 있게 된다. 이때 보통 사람들은 밭을 무너뜨린다는 말을 이해하기 어려운데, 일을 함에 거듭해서 일을 이룬다는 뜻이 강하다.
- '밭 전田' 자 같은 것은 기구를 감추고 때를 기다려야 하는 뜻이다. 머리나 발에 다툼이 있는데, 다투더라도 사사로움을 꺼린다. 또 밭에서 생산하는 일은 편안한 일이 아니다.
- 예를 들어 '밭 전田' 자가 무너져 '고슴도치 머리 계크' 자가 되면 '메 산山' 자를 옆으로 뉘인 형상이 된다. 풀이하기를 지금은 어렵지만 차츰 경제적으로 흡족하게 된다고 푼다. 또 '밭 전田' 자를 조만간에 무너질 것을 방비해야 한다고도 푼다.
- '누를 황黃' 자 같은 것은 21일 뒤에 싹이 튼다고 푼다. 혹은 21일 동안 쓰면 기쁨이 있게 된다[여기서 21일은 황자의 머리가 卄+一이기 때문이다]고도 푼다. 또 말하기를 "위에는 한 덩어리의 풀[艹]을 이고 있고, 중간에는 한 가지의 대들보[一]가 버팀목이 되어 있으니, 장차 여덟 명으로 인해 죽는다[由+八]"라고도 푼다.
- '말씀 언言' 자는 '꾀를 쓸謀'이라고 할 수도 있고 '믿음信'이라고 할 수도 있으니, 풀같이 유약한 것을 자라게 해서 나무가 된다고도 풀고, 마음이 정해지지 않았다고도 푼다.
- '마음 심心' 자는 심자를 쓰는 세 점이 이어진 구슬과 같아서 초승달같으면 맑고도 기이한 형상이다. 혹자는 천한 사람의 심

정이라고 하여 소인의 형상으로 보기도 한다. 마디 촌寸자 또한 마음 심자와 통용하는데, 1촌은 10분分이므로 10분의 소망이 있는 사람으로 꾀하고 바라는 일에 분부分付를 기다리는 것으로 푼다. 또 촌자를 一+十으로 보기도 한다.
- '매울 신辛' 자는 육칠일 내에 본다고 푼다[六+七 =辛]. 또 신辛자를 "서서 먼데 있는 것을 간절히 구한다[立+干]고 보면 61일로 볼 수도 있다[六+十+一]. 혹자는 辛자를 재상을 이룬다고도 본다['재상 宰' 자의 아래를 구성하고 있다].

11) 각종 예

- 혼인을 물음 : 모든 일에 글자의 획이 서로 끈끈한 면[粘]이 있으면 일을 이루기 쉽다. 또 세로로 그은 획이 대칭을 이루고 있어도 일을 이루기 쉽다. 글자가 성기고 사이가 벌어졌으며 끈끈히 이어지지 않으면 이루기 어렵다. 또 가로로 그은 획이 대칭을 이루지 못하고 한쪽이 길거나 짧아도 이루기 어렵다.
- 일반적으로 혼인점의 글자에서 튀어나온 획은 흉하게 보고 모양이 정제된 것을 좋게 보니, 네 귀퉁이가 모두 가지런한 것을 가장 길하게 본다. 글자에서 위는 짧고 아래는 길다면 시일이 지나면 성공하게 되고, 건괘 방향에 흠이 있으면 아버지가 좋아하지 않고, 곤괘 방향에 흠이 있으면 어머니가 좋아하지 않는다. 왼쪽 변이 길면 남자쪽 집안

이 순조롭고, 오른쪽 변이 길면 여자쪽 집안이 순조롭다.
- 관청의 일 : 혹 '글월 문文' 자를 보았는데 삐져 나온 획이 있었다면, 예를들어 'ㅡ, ノ, 、, ヽ' 등 같이 쓰여졌으면 부숴지는 운이고, 획이 끊어졌다면 곤장을 맞는 등 책임을 져야 할 일이 생긴다. '소 우牛' 자를 보았다면 감옥[牢]에 들어가는 근심이 생기니, 선비라면 크게 잃게 되는 것이다. 혹 목필木筆에서 입이 열려있다면 또한 곤장을 맞는 등 책임질 일이 생긴다. 글자획이 흩어지고 어지러운 것은 쉽게 끝나게 되고, 혹 'ノ, ヽ' 등이 길면 귀머거리라면 곤장을 맞게 된다. 혹 막대기나 대나무를 보는 것도 매맞는 조짐이 있다. 화의 운을 타고난 사람이 '물 수水' 자를 가지고 묻는다면 관재수가 있는 것이니, 글자에 '초 두艹, 卄' 자가 있으면 초두가 있는 이름을 가진 사람이 힘을 얻는 것과 같은 이치이다.
- 질병점 : 금필이 많으면 심장이나 폐에 염증이 있고 장부에 병이 생기며, 서방이나 금신이 도와주는 신이다. 목필이 많으면 심장이나 기관지의 질병이고 손발에 병이 생기며, 목신이나 숲 등이 좋다. 수필이 많으면 설사 이질 토사곽란의 질병이고, 물귀신이 흉한 것이 된다. 화필이 많으면 조열潮熱과 상한傷寒이 번갈으며 불귀신을 괴이하게 본다. 또한 사지에 통증이 있고 계절병이나 병으로 죽지는 않는다. 토필이 많으면 비장 또는 위에 병이 생기거나 부스럼이 나고, 나그네가 죽어 귀신이 된 것이다. 동통이 일어나는 질병이다. 병으로 죽기까지 한다. '잃을 상喪' 자,

'범 호虎' 자 또는 글자머리에 '입 구口' 자가 둘이 있는 것 등은 모두 낳기가 어렵다.

- 육갑 : '기쁠 희喜' 자, '길할 길吉' 자, '몸 체體' 자를 썼다면 순조롭게 생산한다. 백호白虎를 낀 글자들은 난산을 하고, 자식은 죽는다. 글자가 잘 이어졌으면서도 진하면 쉽게 출산을 하고, 흐리면서도 끊어지면 놀랄 일이 생긴다. 등 사를 띤 글자는 헛되게 놀랄 일이 생기며, 세로로 그은 획이 대칭을 이루고 있으면 여자에게 좋고, 하나만 있으면 남자가 좋다.

- 성패 : 글자의 중간이 성기면 꾀하는 일이 이루어지지 않는다. '꾀할 모謀' 자를 써서 성김없이 꽉차있으면 24~5세 이전에 성공한다. 城, 姓, 謀 자 등 세로로 볼 때 좌우 둘로 나뉘는 글자에서 사이가 벌어지지 않는 것을 좋게 본다. 구할 구求자를 써서 점을 묻는다면 목木의 명운을 타고난 사람은 길하고, 토의 명운을 타고난 사람은 불리하다.

- 행인점 : '다닐 행行' 자로 점을 쳤는데 아래로 내린 획 둘이 짧고 가지런하다면 그 사람이 곧 돌아오나, 가지런하지 못하다면 행인이 돌아오지 못한다. 글자획이 세로획이면서 성기면 행인이 반드시 함정에 빠진 것이고, 글자획이 적으면 곧 돌아오게 된다. 글자의 체와 격국 등을 자세히 살펴야 한다. '사람 인人' 자로 물었다면 먼데서 아직 움직이지 않은 것이고, '일어날 기起' 자로 물었다면 이미 움직이기 시작한 것이다. '올 래來' 자로 물었다면 아직

도달하지는 않은 것이고, '다닐 행行' 자로 물었다면 이 역시 기다려야 한다. 글자 중에 '말씀 언言' 자가 있다면 믿음으로 이를 것이나 아직 이르지는 못함을 뜻한다.

- 관귀官貴 : 써온 글자가 서로 잘 이어졌고 영리한 것은 귀인이 순조롭게 도와주고, 점이 많으면 일이 이루어지지 않는다.
- 실물점 : 점을 치는 글자 자체에 '잃을 실失' 자가 있거나 글자 속에 잃을 실자가 있으면 대체적으로 찾기 어렵다. 주작이 동하면 구설이 있으면서 날이 오래되어도 찾기 어렵다.
- 수명 : '길 장長' 자를 쓰고 수명을 묻는데 글자가 야위어 있다면 수명이 오래갈 것이고, 살지고 씩씩하다면 늙도록 살 것이고, 짧고 급박한 것은 일찍 죽을 것이다.
- 반대로 해석함 : '기쁠 희喜' 자로 물었다면 아직 기쁠 것이라고 말하면 안되고, '혀 설舌:구설수' 자와 비슷하게 해석한다. '경사 경慶' 자로 물었다면 아직 경사가 있다고 말하면 안되고 '근심 우憂' 자와 비슷하게 풀이한다. '별 성星' 자로 물었다면 '날 일日' 자가 위에 있어서 별[星辰]이 보이지 않을 것이므로 병점을 물었다면 흉하게 된다.
- 일반적으로 문인은 '호반 무武' 자를 쓰면 좋지 않고, 무인은 '글월 문文' 자를 쓰는 것이 좋지 않다. 마찬가지로 음인은 '볕 양陽' 자를 쓰는 것이 좋지 않고, 양인은 '응달 음陰' 자를 쓰는 것이 좋지 않으니, 이 모두는 상도常道를 뒤집는 것이기 때문이다.

12) 육신六神필법

- ㇏는 청룡목이고, ㄨ는 주작화이며, ㄱ는 구진토이고, ㅇ는 등사로 정해진 자리가 없다. 几는 백호금이고, ㅿ는 현무수이다.
- 누에의 머리에 제비의 이마처럼 쓴 것이 청룡이고, 양 획을 교차해서 쓴 것이 주작이며, 현무는 다른 획을 겁박해서 끊어지게 하고, 구진은 획을 공굴려서 건괘궁을 겁박한다. 등사는 초서처럼 거듭 공굴려쓴 것이고, 백호는 곤괘궁에서 만나도록 삐친 것이다.
- 육신이 주로 하는 일은, 청룡은 주로 기쁜 일이 생기도록 하고, 백호는 상재喪災를 주관하고, 주작은 관청의 일을, 구진은 일이 지체되게 하고, 등사는 요사스럽고 괴이하게 만들며, 현무는 도적을 주관한다.

4. 오행체의 격식

1) 목식

- 목필
    - Ｉ : 목필이 길면 성품이 총명하다.
    - ｜ : 목필이 짧으면 공명을 세운다.
    - 川 : 목필이 많으면 재주와 학문에 뛰어나다.
    - ╱ : 목필이 기울어졌으면 지탱하기가 어렵다.

- 곧으면서 기울어지지 않은 획을 목획이라고 한다. 만약 의지하거나 기댐없이 상하좌우 어느 방향이든 곧게 뻗은 획을 냉목[차가운 목 : 冷木]이라고 한다. 그러므로 "곧게 뻗고 기댐없는 나무를 냉목이라고 하니, 특별하게 취급하여 본다"고 한다.
- 三 : 이렇게 쓴 것은 습기가 많은 나무라고 한다. 노래에 말하기를 "세 줄로 가로로 쓰되 둘은 짧으며 고리지 않은 것을 습목濕木이라고 하니, 물속에서 흐르는 것으로 토가 변해서 목이 된 것이다. '붓 율聿' 자와 같이 아래로 세 획이 있는 것이나, '봄 춘春' 자와 같이 위가 세 획으로 되어 있는 것이 모두 습목이다. 이렇다 해도 끝에 가서 고리지거나 세 획의 길고 짧음이 불분명한 것은 목으로 치지 않

는다.

- 乙 : 이렇게 쓴 것은 배[舟船]를 만드는 목[출렁이는 목]이나, 형태가 구진과 같아 토에 속하는 것으로 보기도 한다. 소강절선생께서 말씀하시기를 "마음의 갈고리를 잡으니 배를 만드는 나무와 비슷하네/ 그래서 이를 빌려 배를 만드니 배를 만드는 나무다"라하시니, 마치 옛날 물 위에 흙이 출렁이는 것 같고, 일에 있어서는 배를 만드는 나무로 쓰인다. 점을 침에는 구진이라 하여 토에 속하는 것으로 보기도 하니, 변화를 중시해야지 하나로만 보아서는 안될 것이다.

- 乂 : 이 목은 금의 해침을 입었다. 한 편으로는 금에 속하기 때문에 "가운데 한 줄로 그은 파임[오른쪽으로 비스듬하게 그은 선]이 목을 상하게 하였다"고 한 것이다. 점을 쳐서 이러한 목을 얻었다면 쓰이기는 할지라도 다치게 된다. 주인이 힘을 얻지 못하는 경우다.

- 車 : '수레 거車' 자에서 가운데의 한 줄로 내려 그은 선이 위와 아래를 잘 관통하고 긴 획이므로 강하다고 본다. 또 그 선이 흠없이 잘 그어진 것을 양목陽木이라고 하니, 갑목甲木 인목寅木으로 보는 것이다.

- 辛 : '매울 신辛' 자에서 위의 세로획과 아래 세로획이 수레 거車자의 가운데 세로획과는 달리 모두 짧고 약하다. 그래서 이를 음목陰木이라고 하니, 을목乙木 또는 묘목卯木으로 보는 것이다. '수레 거車' 자의 가운데의 세로획이 약하고 짧게 그었다면 역시 음목으로 보기도 한다.

→ 곧고 긴 획을 갑 또는 인으로 보고, 외롭고 구부러진 획은 음목으로 본다.

2) 화식火式

- 화필
    - 丶 : 화필이 무거우면 항상함이 없다.
    - ♭ : 화필이 조급하면 재앙을 만난다.
    - 彡 : 화필이 많으면 심복을 공격한다.
    - ろ : 화필이 가벼우면 옷과 식량이 풍부하다.

- 丿 : 왼쪽으로 삐쳐서 내려그은 획을 짧거나 길거나 상관없이 화로 본다.
- 丿 : 점을 찍은 것 주변에 왼쪽으로 삐쳐서 내려그은 획이 있는 것을 타오르는 불꽃[炎火]이라 하여 화식으로 본다. 다만 점과 삐친 획이 가까이 있어야 한다. 만약 사이가 떨어져 있다면 수水로 보기도 한다.
- 八 : '여덟 팔八' 자도 화식으로 보는데, 힘이 약한 불 즉 타고 남은 불정도로 본다[灬의 반만 있음]. 이때 오른쪽으로 그은 파임이 길면, 왼쪽으로 그은 획은 화로 보고 오른쪽으로 그은 획은 금으로 보기도 한다.
- 灬 : 네 점이 일직선으로 연속되어 있지 않으면 화로 보며 참

된 불[眞火]이다. 만약 네 점이 서로 연속되어 끊어지지 않고 선을 이루고 있다면 수水로 본다.

- 盧 : '농막 려盧' 자에서 왼쪽으로 삐쳐서 내려그은 획이 길면 병화丙火 또는 사화巳火로 본다.
- 從 : '따를 종從' 자는 왼쪽으로 삐쳐서 내려그은 획이 많다. 그러나 그 획들이 모두 짧으므로 정화丁火나 오화午火로 본다.

  ➡ 왼쪽으로 삐쳐서 내려그은 획이 길면 병화丙火고, 짧으면 정화丁火로 본다.

3) 토식土式

- 토필
    - 一 : 토필이 무거우면 근기根基가 좋다.
    - 一 : 토필이 가벼우면 조상의 터를 떠난다.
    - ㄱ : 토필이 막혔으면 전택을 잃는다.
    - 千 : 토필이 가지런 하면 헛된 꾀를 도모하지 않는다.
- ㄱ : 가로로 그은 획 끝에 갈고리진 것을 토로 본다. 이렇게 그은 획에 왼쪽삐침이나 오른쪽 파임이 없는 것[二, 但, 竺 등]을 찬 흙[寒土]으로 보아 수水로 변용해 쓰기도 한다. 이와는 달리 '피 혈血' 자나 '흙 토土' 자 등은 세로획과 서로 이어져 있으므로 토로 본다.
- 十 : 가로획과 세로획이 교차하면 흙이 더욱 심도있게 된다.

가로획 하나가 세로획 사이에 있는 것이 '나무 목木' 자 니, 두텁고 깊은 흙이 아니면 목을 기를 수 없는 것이다.
- 丶 : 한 점이 공중에 떠있는 먼지처럼 주변의 획과 붙어있지 않는 것을 모래흙이라고 하여 토로 본다. '구할 구求' 자나 '창 과戈' 자에 있는 점들이 다 그런 종류다. 그러나 '글월 문文' 자나 '글 장章' 자 등과 같이 옆의 획과 붙어 있는 경우는 수에 속하는 것으로 보고, '서늘할 량凉' 자나 '감출 장藏' 자의 점도 수로 본다.
- 一 : 갈고리짐 없이 한 획으로 주욱 가로로 그은 것도 토로 본다.
- 聿 : '붓 율聿' 자 같은 것은 두 번째 획이 길고 나머지 획은 짧다. 그래서 긴 획으로 양토를 삼고 짧은 획을 음토로 삼는다.
- 求 : '구할 구求' 자의 점은 기토己土로 본다.

  ➡ 가로로 그은 획을 세로획이 받치고 있으면 무토戊土로 보고, 끝이 갈고리처럼 구부린 것은 축토나 미토로 본다. 획이 짧고 가벼운 것으로 기토己土를 삼고, 길고 끈끈한 것은 무토나 진토로 본다.

4] 금식金式

- 금필

  口 : 금필이 방정하면 쓴 사람에게 이롭다.

亻 : 금필이 무거우면 성격이 강한 사람이 많다.
厂 : 금필이 달아나면 신이 감동한다.
巳 : 금필이 닫혔으면 화가 나서 일어서거나 문과 담장을 치고 틀어박힌다.

- 一 : 한 번 휘거나 오른쪽으로 파임을 한 것이 금이 된다. 휠적에는 칼끝처럼 날카롭고 뾰족하여야 금이라고 할 수 있다. 휘기만 하고 뾰족하지 않은 것은 금으로 보지 않는다.
- 乀 : 파임을 할 때는 아래로 급히 떨어져야 금이라고 한다. '달릴 주走' 자나 '갈 지之' 자처럼 완만하게 떨어지는 것은 수水로 본다.
- 口 : '입 구口' 자처럼 작아서 방이나 변이 되는 것을 말한다. '나라 국國' 자, '인할 인囚' 자, '넉 사四' 자 같이 안에 다른 획을 둘 정도로 크게 벌어진 것은 금으로 치지 않는다.
- 目 : 글자 속에 짧은 가로획을 둔 것은 주머니라 하여 금으로 친다. 그러나 에워싼 틀을 벗어나거나 꽉채운 것은 금으로 치지 않고 수로 친다.
- 氵 : '삼 수변氵'을 쓸 때 날카롭게 위로 삐친 것이나 맨 밑의 획 위의 두 점은 물 속의 금이라고 한다.
- 几 : 획의 끝을 치켜 올린 것도 금으로 친다. 금으로 변했다 하여 변금變金이라고 한다.
- 乂 : '다스릴 예乂' 자의 양쪽 획이 각도가 있으면서 왼쪽의 위에 획이 많이 휜 것을 도금淘金되었다 하고 금이 화속에 있는 것으로 본다.

- 喜 : 예를 들어 '기쁠 희喜' 자의 위와 아래에 있는 '입 구口' 자는 모두 양금[庚金이나 申金]으로 보는데, 네모나서 방정한 것에서 금의 상을 취한 것이다.
- 扒 : '뺄 배扒' 자에서 '재방 변扌'의 위로 삐친 것과 '여덟 팔八'의 오른쪽으로 파임한 것을 모두 금으로 본다.
  ➡ ㅁ자는 申金으로 보고, 휘거나 굴곡이 있는 것은 酉金으로 본다.

5〕 수식水式

- 수필
    - O : 수필을 쓴 사람은 성품이 교묘한 사람이 많다.
    - O : 수필을 쓰되 탁한 글자는 혼미한 사람이 많다.
    - ◎ : 수필이 범범하면 마땅하게 행동하지 않는다.
    - 乀 : 수필이 달아나면 동 또는 서로 간다.

- 丶 : 점을 찍었을 때 맑아 보이면 수로 본다. 또 점 하나가 외따로 떨어져 있으면 수로 변한다. 앞의 '불 화灬'의 네 점이 한 획으로 이어져 있어도 수로 본다.
- 川 : 세 개의 세로획이 있어도 수로 보는데, '내 천川' 자의 뜻이기 때문이다.
- 曰 : 이 글자의 중앙의 가로획이 곁의 네모를 꽉 채우면 근원이 없는 수로 본다. 그러나 획이 짧아서 가득차 있지 않으

면 수로 보지 않는다.
- 辶 : '달릴 주走' 자가 평온하게 있는 상이다. 오른쪽의 파임이 아래로 경사지지 않으므로 수로 보는 것이다.
- 灬 : 점들이 서로 이어져 있는 경우로 들의 물[野水]이다. 점들이 일자로 이어지지는 않았지만 서로 이어져 끊어지지 않았으므로 수로 본다.
- 一 : 이러한 획은 토가 변해서 수가 된 것이다. 그렇지만 다른 획에 의지하고 붙어있는 것들은 토로 본다.
- 文 : '글월 문文' 자에서 가로 획[一]을 수로 본다. 특히 계수癸水로 보는데, 계수는 비와 이슬의 근원이 된다. 이 가로 획을 계수癸水로 보는 까닭은, 비와 이슬은 위에 있는 것인데 가로획이 글자의 위에 있기 때문이다.
- 月 : '달 월月' 자의 속에 있는 점을 수로 본다. 특히 자수子水로 보는 까닭은 안에 있기 때문이다. '勹, 自, 等' 자 등의 안에 있는 점들이 그러하다.
- 景 : '볕 경景' 자의 밑에 있는 점을 수로 보는데, 가운데 있는 것을 해수亥水로 보고, 양쪽의 두 점을 임수壬水로 본다. 아래에 있는 점을 음수陰水로 보는 것은 강이나 하천이 아래에 있는 뜻을 취한 것이다.

6) 기타 점을 친 예 옛사람들의 글자점

여기에 실린 네가지 점례는 글자점에 관한 내용이다. 글자점 치는 방법을 엿볼 수 있는 대목이므로 여기에 실었다.

① 사석謝石의 글자점折字

옛적에 사석謝石[10]이 글자점[折字]으로 이름을 떨칠 때, 송宋나라의 고종高宗이 변복을 하고 미행하다가, 우연히 사석을 만나게 되었다.

고종이 흙土 위에다 '한 일一' 자를 쓰고는 "이 글자의 상相을 보라"고 명하였다. 사석이 생각하기를 흙[土]에다가 '一한 일' 자를 더하면 '임금 왕王' 자가 되니 필시 일반 서민이 아닐 것이라고 생각하였다.

황제가 또 '물을 문問' 자를 쓰고는 "글자의 상을 보라"고 하였다. 그런데 울퉁불퉁한 흙 위에 쓴 까닭에 '問' 자의 양쪽 가장자리 획이 기울어져 나부끼는 것 같이 되었다. 사석이 이 글자를 보고는 더욱 놀라 말씀 올리기를 "왼쪽을 보아도 '인군 군君' 자이고, 오른쪽을 보아도 '인군 군君' 자이니, 이는 필시 주상主上이십니다"하고는 땅에 엎드려 절을 하였다. 황제가 "더이상 말을

---

10 사석謝石 : 남송南宋시대 촉蜀땅 사람으로 자는 윤부潤夫다. 글자점을 신묘하게 잘 보았다. 특히 사람들에게 글자 하나를 쓰게 해서 그 글자 하나로 쓴 사람의 의중과 길흉을 다 알았다 한다. 당시 권신인 진회의 미움을 받아 압송 도중 진회의 사주를 받은 호송인에게 맞아 죽었다고 한다.

하지 말라"하자, 사석이 더욱 엎드려 그 은혜에 감사하였다.
　이러한 연유로 관리로 등용된 뒤에, 사석을 편전으로 불러서 '봄 춘春' 자를 쓰고는 글자의 상을 보라고 명하였다. 사석이 아뢰기를 "진나라 진秦자의 윗부분이 너무 무거워 해日를 누르니 빛이 나지 않습니다"고 하자, 주상高宗이 묵묵히 아무 대답도 않고 있었다. 이 때는 진회秦檜[11]가 권력을 손아귀에 쥐고 농락하던 시기였으므로, 진회의 노여움을 사서 결국 변방으로 압송되었다.

　변방으로 가던 중 우연히 한 여자를 만났는데, 이 여자가 글자점을 잘본다고 하였다. 사석이 괴이하게 여기며 말하기를 "세상에서 나같이 글자점을 잘 보는 사람이 없다"고 하면서, 자기 성씨인 '사례할 사謝' 자를 쓰고는 글자의 상을 보라고 하였다.
　여자가 말하기를 "한낱 술사術士에 지나지 않을 뿐입니다." 사석이 되묻기를 "어째서인가?"하니, 여자가 답하기를 "이는 한마디의 말로써 입신하는 사람[12]이기 때문입니다"고 하였다.
　사석이 다시 '가죽 피皮' 자를 쓰고는 상을 보라고 하였다. 여자가 답하기를 "돌[石]이 가죽[皮]을 만나니, 부숴질 것이다.[13] 아마도 압송하는 병사의 성이 피씨皮氏일 것입니다"고 하였다.
　사석이 크게 놀라 감탄하고는, "나 역시 글자점을 볼줄 아니, 네가 글자를 써봐라. 내가 그 상을 보겠다."고 하였다. 여자가 말

---

11 진회秦檜[1109~1155] : 남송南宋의 정치가로 고종때의 재상이다. 금金나라의 힘을 두려워하여 화의를 주장하며 악비岳飛 등의 주전론자를 모살謀殺하였다.
12 謝=寸言의 한 가운데에 身자가 서 있다.
13 石+皮=破 : 사석의 이름이 石인데, 쓴 글자가 皮니 합하면 破다.

하기를 "내가 여기에 있는 것으로 글자를 삼겠으니 상을 보아주십시오"하니, 사석이 말하기를 "한 사람[人]이 산[山] 옆에 서 있으니 '신선 선仙' 자인데, 네가 신선이란 말인가?"라고 하자, 여자가 웃으면서 홀연히 사라졌다.

② 닭은 아직 살찌지 않았고 술은 아직 익지 않았다

배진공裵晉公이 오원제吳元濟를 정벌할 때 땅을 파다가 돌에 글자가 새겨져 있는 것을 발견했는데, 그 돌에는 "鷄未肥酒未熟닭은 아직 살찌지 않았고 술은 아직 익지 않았다"의 여섯 자가 새겨져 있었다.

글자점을 보는 사람이 풀이하기를 "鷄未肥[닭은 아직 살찌지 않았다]는 고기[肉]가 없다는 뜻이니 '몸 기:巴' 자가 남고,14 酒未熟[술은 아직 익지 않았다]은 물[氵]이 없다는 뜻이니 지지 유酉자만 남는다.15 적당을 기유己酉년에 정벌할 수 있을 것이다"라고 하였는데, 과연 그렇게 되었다.

③ 희종僖宗과 황소黃巢

당唐나라의 희종僖宗이 연호를 광명廣明이라고 고치자, 글자점을 보는 사람이 말하기를 "'한 사람이 애산崖山16 아래에서 태어

---

14 '살찔 비肥' 자에서 '고기 육[肉:月]'을 빼면 '몸 기[巴자를 己자로 봄]' 자가 남는다.
15 '술 주酒' 자에서 물[水:氵]을 빼면 유酉자만 남는다.

나 출현하는데, 성은 황黃씨이다. 왼쪽 다리로는 해[日]를 밟고, 오른쪽 다리로는 달[月]을 밟으면 이로부터 천하가 어지러움을 당할 것이다.'라는 말이 전해온다"고 하였다. 과연 이 해부터 황소黃巢가 장안長安에서 난리를 일으켜 세상을 불안하게 하였다.

④ 태종의 연호와 수명壽命

송宋나라 태종太宗이 연호를 태평흥국太平興國으로 고치자 글자점을 보는 사람이 말하기를 "태평太平의 두 글자는 한 사람이 60의 수를 누린다는 뜻이 된다[太平=一+人+六+十]"고 하였는데, 과연 태종이 60세에 붕어하였다.

---

16 애산崖山은 광동성廣東省의 신회현新會縣에 있으며, 애주崖州는 광동성의 경산현瓊山縣의 동남쪽을 말한다. 광廣자에서 애산아래에 황씨성을 가진 사람이 나오며厂[≒崖]+黃=廣, 명명자에서 해[日]와 달[月]이 나온다. 즉 희종이 다스리는 광명廣明을 밟아 어지럽히는 인물이 나온다는 뜻이 된다.

11부. 그 밖의 작괘법

11부. 그 밖의 작괘법

괘를 얻는 방법에는 여러가지가 있다. 주역의 대표적인 작괘법인 설시법揲蓍法을 비롯해 척전법〔擲錢法:동전으로 작괘하는 법〕주사위를 이용한 작괘법, 안면작괘법顔面作卦法, 시간작괘법時間作卦法 등이 모두 괘를 얻을 수 있는 방법이다. 이 중에서 동효가 하나만 나오는 방법에 대해 몇 가지만 소개하고자 한다.

동효가 여럿 나오는 방법은 매화역수법으로 해석하기가 어려우므로 제외한다. 또 이 내용은 「대산주역점해」에 자세히 설명되어 있기도 하다.

1. 안면 작괘법顔面作卦法

1) 안면 건곤법顔面乾坤法

남자는 중천건重天乾괘 여자는 중지곤重地坤괘로 놓고 보는 법

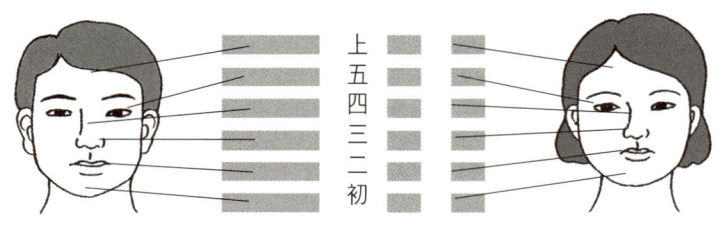

이 방법은 상효는 이마, 오효는 눈, 사효는 코의 윗부분, 삼효는 코의 아랫부분, 이효는 입, 초효는 턱으로 보되, 남자의 얼굴은 중천건괘〔重天乾卦 ䷀〕로 작괘하고 여자의 얼굴은 중지곤괘〔重地坤卦 ䷁〕로 삼는다.

이 때 평상시의 얼굴과 다르게 변한 부위나, 보통 사람 보다 유달리 큰 부분 등 특이한 곳을 동효로 한다. 예를 들어 남자의 얼굴 코 끝에 종기가 났다면, 중천건괘 구삼효가 동한 것, 즉 건지리乾之履라고 괘를 짓는다. 남자의 눈이 유달리 총기가 있다면 중천건괘 구오효가 동한 것, 즉 건지대유乾之大有라고 괘를 짓는다. 또 여자의 얼굴 입술에 점이 있다면 중지곤괘 육이효가 동한 것, 즉 곤지사坤之師라고 괘를 짓는다.

이 방법은 괘를 짓기도 쉽고 판단하기도 쉬우나, 사람마다 있는 특성을 다양하게 표현하기가 어렵다는 단점이 있다. 남자라고 해서 모두 중천건괘의 강건한 특성이 있는 것이 아니고, 여자라고 해서 중지곤괘의 온순한 특성으로만 이루어진 것은 아니기 때문이다. 따라서 이 작괘법은 만나는 사람을 그 자리에서 바로 판단하는데 유용하나, 장기적인 방법으로는 부적절하다.

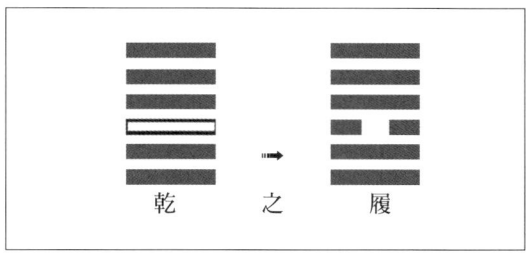

2) 안면 팔괘법顔面八卦法 : 얼굴을 팔괘로 나누어서 작괘하는 법

주역에는 사물을 관찰할 때 가까이는 내 몸에서 그 조짐을 찾고, 멀리는 온갖 사물에서 그 조짐을 찾는 것이 원칙이다. 사람의 얼굴을 팔괘로 나누고, 나아가서 신체 각 부위의 특성을 살려 팔괘로 나누어 괘를 지으면, 당시의 마음에 품었던 의심을 판별할 수가 있다.

① 얼굴을 팔괘에 배당함[1]

- 다음 그림에서와 같이 이마는 건금(乾 ☰), 입은 태금(兌 ☱), 눈은 리화(離 ☲), 턱은 진목(震 ☳), 머리카락은 손목(巽 ☴), 귀는 감수(坎 ☵), 코는 간토(艮 ☶), 뺨은 곤토(坤 ☷)로 나눈

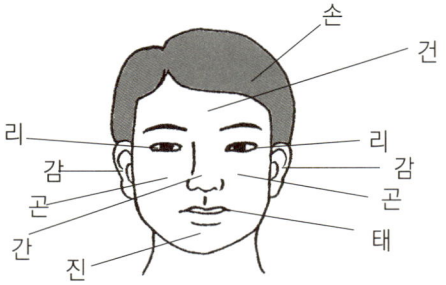

---

[1] 이 방법을 신체에 응용하면 머리는 건금乾, 입은 태금兌, 눈은 리화離, 발은 진목震, 넓적다리는 손목巽, 귀는 감수坎, 손은 간토艮, 배는 곤토坤로 보아 작괘하며, 나아가서 모든 사물을 팔괘에 배속시켜 작괘할 수 있다.

② 얼굴을 보고 상괘와 하괘를 정한다.
- 사람을 보았을 때 제일 먼저 눈에 띄거나 특별히 돋보이는 부위를 상괘와 하괘로 삼아 괘를 짓는다.
- 예를 들어 눈[離 ☲]이 반짝반짝 빛나고 뺨[坤 ☷]에 붉은 화색이 도는 사람은 화지진[火地晉 ䷢]괘로 작괘한다. 또 귀[坎 ☵]가 칼귀이고 이마[乾 ☰]에 상처가 있는 사람은 천수송[天水訟 ䷅]괘로 작괘한다. 이 때 얼굴 부위 중 먼저 눈에 띄는 부위를 상괘로 하고, 그 다음 눈에 띄는 부위를 하괘로 삼는다.

③ 동효를 정한다.
- 이 방법에서 동효를 구하려면 시간수를 합하면 된다. 앞서 화지진괘를 지을 때의 시간이 오후 2시라면 미시未時가 되어 8이라는 숫자가 나온다. 상괘수는 3[三離火]이고 하괘수는 8[八坤地]이므로, 모두 합하면 19[3+8+8=19]가 된다. 19를 6으로 나누면 나머지가 1이 되므로, 화지진괘 초효가 동한 것이 된다.
- 또 천수송괘를 지을 때의 시간이 오전 10시라면 사시巳時가 되어 6이라는 숫자가 나온다. 상괘수는 1[一乾天]이고 하괘수는 6[六坎水]이므로, 모두 합하면 13[6+1+6=13]이 된다. 13을 6으로 나누면 나머지가 1이 되므로 천수송괘 초효가 동한 것이 된다.

2. 시간 작괘법 時間作卦法

시간 작괘법이란 점을 치려고 하는 시점의 시간을 계산해서 괘를 짓는 방법이다. 작게는 당시의 시간과 분 초를 이용해 괘를 짓고, 크게는 연월일시를 이용해 괘를 짓는다. 물론 더 크게는 우주의 한 주기를 원형이정으로 나누어 괘를 지을 수도 있다. 그러나 우주의 주기로 괘를 짓는 방법은 개인의 길흉과는 직접적인 연관이 없고, 소강절선생의 『황극경세』나 야산선생의 「경원력」 등에 이미 선후천을 논해 놓았으므로 여기서는 제외한다.

1) 시계 작괘법 時計作卦法

시간 작괘법의 작은 단위로 괘를 짓는 방법이다. 시계만 있으면 간단히 조짐을 추단할 수 있는 방법으로, 시계의 시침과 분침의 위치로 작괘하고, 초침으로 동효를 삼는다.

① 시간과 분을 팔괘에 배당한다
- 그림과 같이 후천팔괘를 시계에 배치하되, 사정괘四正卦는 두 단위씩 사우괘四偶卦는 한 단위씩 차지한다.
- 즉 리화〔離卦 ☲〕는 11부터 1까지, 진목〔震卦 ☳〕은 8에서 10까지, 감수〔坎卦 ☵〕는 5에서 7까지, 태금〔兌卦 ☱〕은 2에서 4

까지 각기 두 단위씩 배치하고, 손목[巽卦 ☴]은 10에서 11, 간토[艮卦 ☶]는 7에서 8, 건금[乾卦 ☰]은 4에서 5, 곤토[坤卦 ☷]는 1에서 2까지 각기 1단위씩 배치한다.

② 상괘와 하괘를 결정한다

- 짧은 침인 시침이 해당하는 괘를 상괘로 삼고, 긴 침인 분침이 해당하는 괘를 하괘로 삼는다.

③ 동효를 결정한다

- 상하괘와는 관계없이 12에서 2까지의 10초 사이에 초침이 가 있으면 초효 동, 2에서 4까지의 10초 사이에 가 있으면 이효 동, 4에서 6까지의 10초 동안에 가 있으면 삼효 동, 6에서 8까지의 10초 동안에 가 있으면 사효 동, 8에서 10까지의 10초 동안에 가 있으면 오효 동, 10에서 12까지의 10초 동안에 가 있으면 상효 동으로 본다.

④ 시계 작괘법의 예

- 예를 들어 7시 9분 17초라면, 산지박괘〔山地剝卦 ䷖〕육이효 동으로 작괘한다. 또 10시 25분 30초라면 풍수환괘〔風水渙卦 ䷺〕3효가 동한 것으로 본다. 여기서 문제가 되는 것은 동효를 잡을때 초효와 이효 사이의 숫자 2에 초침이 있는 등, 어느 쪽으로도 동효를 잡기 힘든 경우에, 두 효가 동한 것으로 보는 방법2과 한 효만 동한 것으로 보는 두 가지 방법이 있다.

- 여기서는 한 효만 동한 것으로 보아 동효를 잡는다. 즉12에서 2까지의 10초가 초효 동인데, 이때 12는 포함시키지 않고〔상효동으로 봄〕2는 포함시킨다〔초효동으로 본다〕. 그 다음 2효 동도 2는 포함시키지 않고 4는 포함하는 방법으로 계산하는 것이다.

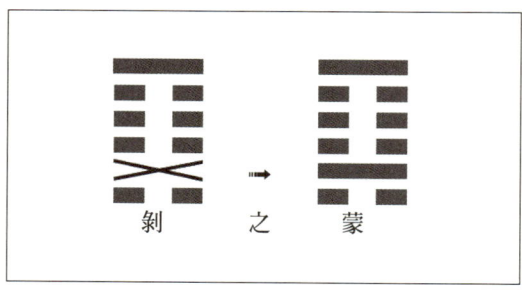

---

2 초침이 숫자 2에 있을 때는 초효와 이효가 동한 것으로 보는 법.

2] 연월일시 작괘법

   시간 작괘법의 큰 단위로 괘를 짓는 방법으로, 점할 때에 해당하는 연월일시를 이용해 괘를 얻는 방법이다. 이 방법은 본문에 자세히 설명되어 있다.

① 상괘를 결정한다
- 점하는 해의 지지地支순서에 월순서와 날짜순서를 합해 나온 숫자를, 8로 나눈 나머지에 해당하는 괘를 상괘로 삼는다.

② 하괘를 결정한다
- 먼저 합산한 연월일 총수에, 시간수〔하루 24시를 12지지로 환산한 수〕를 합해, 8로 나눈 나머지에 해당하는 괘를 하괘로 삼는다.

③ 동효를 결정한다
- 연월일시 총수를 6으로 나누고 남은 수를 동효로 삼는다.

※ 시간 지지地支 숫자 환산표

숫자	1	2	3	4	5	6	7	8	9	10	11	12
시간	23~1	1~3	3~5	5~7	7~9	9~11	11~13	13~15	15~17	17~19	19~21	21~23
지지	자	축	인	묘	진	사	오	미	신	유	술	해

※ 干支 숫자 환산표

환산수	1	2	3	4	5	6	7	8	9	10	11	12
간지	갑자	을축	병인	정묘	무진	기사	경오	신미	임신	계유	갑술	을해
	병자	정축	무인	기묘	경진	신사	임오	계미	갑신	을유	병술	정해
	무자	기축	경인	신묘	임진	계사	갑오	을미	병신	정유	무술	기해
	경자	신축	임인	계묘	갑진	을사	병오	정미	무신	기유	경술	신해
	임자	계축	갑인	을묘	병진	정사	무오	기미	경신	신유	임술	계해

◆ 위 도표에서 첫째칸, 즉 갑자·병자·무자·경자·임자는 그 숫자가 1이다. 다른 칸도 이와 같이 계산한다.

④ 연월일시 작괘법의 예

❖ 1996년 양 6월 16일〔음 5월 1일〕 오전 11시 30분을 기준으로 하여 점을 쳤다면,

㉠ 상괘를 정한다

- 1996년은 병자년이고, 자는 12지지중 첫번째이므로 1이라는 수를 얻는다. 양력으로 6월 16일은 음력으로 5월 1일 이므로, 5월에서 5를, 1일에서 1을 얻는다. 이 세 숫자를 합하면 7〔1+5+1〕이므로 8로 나눌 필요없이 바로 7이 된다. 7은 선천팔괘에서 간토〔七艮山 ☶〕에 해당하므로 상괘는 간토艮土가 된다.

㉡ 하괘를 정한다

- 오전 11시 30분을 12지지의 시로 환산하면 오午시에 해당하고, 「오」는 일곱번째 지지이므로 7이라는 수를 얻는다. 이 7에

다 먼저 얻은 연월일 총수 7을 더하면 14가 되고, 이를 8로 나누면 6이 남는다. 6은 선천팔괘에서 감수[六坎水 ☵]에 해당하므로 하괘는 감수坎水가 된다.

㉠과 ㉡의 결과로 산수몽山水蒙 ䷃괘를 얻는다.

㉢ 동효를 정한다

- 연월일시의 총수 14를 6으로 나누면 나머지가 2가 되므로 2효동이 된다. 즉 작괘한 결과 산수몽䷃괘 2효가 동해서 산지박[山地剝 ䷖]괘를 얻었고, 몽지박[蒙之剝 몽괘가 변해서 박괘가 됨]이라고 읽는다.

상괘	하괘	동효	득괘	호괘 및 변괘
子년 →1 5월 → 5 +1일 → 1 = 7 ∴간 ☶	7+7午시 =14 14÷8=1 나머지 6 ∴감 ☵	14÷6=2 나머지 2 ∴2효동	몽 → 박	외호괘:곤 ☷ 내호괘:진 ☳ 변괘:곤 ☷

3. 대정수大定數 작괘법

　대정수는 황극태정동수皇極太定動數 또는 소옹집성대정론수邵雍集成大定論數라고도 하나, 실제 누가 지었는지는 확실치 않다. 다만 대정수에서 후천변수로 바뀌는 과정으로 미루어 보아, 하夏나라 시대에 썼다는 연산역連山易을 응용한 것이 아닌가 한다.
　대정수 작괘법은 사주의 간지와 팔괘수를 합하여서 여러 가지를 추단하는 것으로, 여기서는 사주를 구한 후「대정수표」에서 해당하는 간지의 대정수를 구해 작괘를 하는 간단한 방법을 설명했다. 또 그 원리에 대해서도 나름대로 설명을 하여 궁금증을 풀도록 노력하였다.

1) 대정수표

　이 대정수표를 보는 방법은 먼저 각기 해당하는 사주생연월일의 간지를 찾은 후, 년일 경우는 네 개의 숫자 중 제일 위에, 월은 그 다음, 일은 그 다음, 시는 제일 아랫수를 하는 식으로 찾는다.

六甲	갑자	을축	병인	정묘	무진	기사	경오	신미	임신	계유
납음오행	海中金		爐中火		大林木		路中土		劍鋒金	
년	31	90	73	28	55	102	97	50	19	64
월	49	106	87	40	65	115	114	65	32	75
일	211	250	213	148	155	232	267	200	149	174
시	1831	1690	1473	1228	1055	1402	1797	1550	1319	1164
六甲	갑술	을해	병자	정축	무인	기묘	경진	신사	임오	계미
납음오행	山頭火		澗下水		城頭土		白鑞金		楊柳木	
년	35	86	71	30	53	108	95	42	17	70
월	49	98	87	44	65	123	108	53	32	83
일	175	206	231	170	173	258	225	152	167	200
시	1435	1286	1671	1430	1253	1608	1395	1142	1517	1370
六甲	갑신	을유	병술	정해	무자	기축	경인	신묘	임진	계사
납음오행	泉中水		屋上土		霹靂火		松柏木		長流水	
년	39	84	75	26	51	110	93	48	15	62
월	55	98	87	36	65	127	108	61	26	71
일	199	224	195	126	191	280	243	178	125	152
시	1639	1484	1275	1026	1451	1810	1593	1348	1115	962
六甲	갑오	을미	병신	정유	무술	기해	경자	신축	임인	계묘
납음오행	沙中金		山下火		平地木		壁上土		金箔金	
년	37	90	79	24	55	106	91	50	13	68
월	55	106	93	36	65	119	108	65	26	79
일	217	250	219	144	155	236	261	200	143	178
시	1837	1690	1479	1224	1055	1406	1791	1550	1313	1168
六甲	갑진	을사	병오	정미	무신	기유	경술	신해	임자	계축
납음오행	覆燈火		天河水		大驛土		釵釧金		桑柘木	
년	35	82	77	30	59	104	95	46	11	70
월	49	94	93	44	71	119	108	57	26	83
일	175	202	237	170	179	254	225	156	161	200
시	1435	1282	1677	1430	1259	1604	1395	1146	1511	1370
六甲	갑인	을묘	병진	정사	무오	기미	경신	신유	임술	계해
납음오행	大溪水		沙中土		天上火		石榴木		大海水	
년	33	88	75	22	57	110	99	44	15	66
월	49	102	87	32	71	127	114	57	26	75
일	193	228	195	122	197	280	249	174	125	156
시	1633	1488	1275	1022	1457	1810	1599	1344	1115	966

1968년 3월 29일음 새벽 2시인 사람의 예를 들면, 만세력에서 1968년은 무신戊申년이고 음력 3월은 병진丙辰월이며, 29일은 병인丙寅일이고, 새벽 2시는 축丑시에 해당하므로[병인일의 축시는 기축己丑시, 아래의 「시 일으키는 법」 참조], 이 사람의 사주는 무신戊申년 병진丙辰월 병인丙寅일 기축己丑시가 된다.

- ① 육갑六甲중 우측으로 다섯번째 아래에서 두번째 칸인 무신戊申란을 찾아 그 년수인 59를 얻는다.
- ② 우측으로 세번째 밑에서 첫번째 칸인 병진丙辰란을 찾아 그 월수인 87을 얻는다.
- ③ 오른쪽에서 세번째 위에서 첫째 칸인 병인丙寅란에서 일수인 213을 얻는다.
- ④ 오른쪽으로 여섯번째 위에서 세번째 칸인 기축己丑란에서 시수인 1,810을 얻는다.
- 이상의 네 수를 합하면 2,169[59+87+213+1,810]가 된다.

※ 시 일으키는 법

일진시	子시	丑시	寅시	卯시	辰시	巳시	午시	未시	申시	酉시	戌시	亥시
甲/己일	갑자	을축	병인	정묘	무진	기사	경오	신미	임신	계유	갑술	을해
乙/庚일	병자	정축	무인	기묘	경진	신사	임오	계미	갑신	을유	병술	정해
丙/辛일	무자	기축	경인	신묘	임진	계사	갑오	을미	병신	정유	무술	기해
丁/壬일	경자	신축	임인	계묘	갑진	을사	병오	정미	무신	기유	경술	신해
戊/癸일	임자	계축	갑인	을묘	병진	정사	무오	기미	경신	신유	임술	계해

　◆ 예를 들어 태어난 날의 간지 중에 천간이 갑甲이나 기己일에 해당하는 사람은, 태어난 시의 지지 앞의 천간이 갑부터 시작한다. 즉 갑자일 인시에 태어났다면 병인시가 된다. 또 병신일 묘시에 태어났다면 신묘시가 된다.

2) 대정수 작괘

① 먼저 대정수를 후천변수로 고친다

- 대정수를 후천변수로 고칠 때는 아래의 도표를 활용한다. 다만 대정수를 모두 고치는 것이 아니라, 1,000단위수와 단단위수를 떼어내고〔去頭截尾〕, 중간에 있는 100단위수와 10단위수 만을 바꾼다.

대정수	1	2	3	4	5	6	7	8	9	0
후천변수	7	2	6	3	4	5	7	8	1	注참조, 또는 2,7

- 위의 예의 2,169에서 1,000단위수인 2와 단단위수인 9를 떼어내면, 중간의 16이 남는다. 이를 후천변수로 바꾸면 1은 7이 되고, 6은 5가 되므로 75가 된다.
- 만약 대정수가 4,321이었다면 1,000단위수와 단단위수를 떼어낸 32를 후천변수로 바꾼다. 3은 6으로 바뀌고, 2는 그대로 2가 된다.

※ 대정수를 후천변수로 바꾸는 것은 아래와 같은 논리에 의한다.

- **천간중 갑甲의 수는 1이다.** : 갑목甲木이 병화丙火를 생하고, 간토〔艮卦〕의 납갑은 병丙이므로 간토의 수는 1이 된다.
- **천간중 을乙의 수는 2이다.** : 을목乙木이 정화丁火를 생하고, 태금〔兌卦〕의 납갑은 정丁이므로 태금의 수는 2가 된다.
- **천간중 병丙의 수는 3이다.** : 병화丙火가 무토戊土를 생하고, 감수〔坎卦〕의 납갑은 무戊이므로 감수의 수는 3이 된다.

- **천간중 정丁의 수는 4이다.** : 정화丁火가 기토己土를 생하고, 리화[離卦]의 납갑은 기己이므로 리화의 수는 4가 된다.
- **천간중 무戊의 수는 5이다.** : 무토戊土가 경금庚金을 생하고, 진목[震卦]의 납갑은 경庚이므로 진목의 수는 5가 된다.
- **천간중 기己의 수는 6이다.** : 기토己土가 신금辛金을 생하고, 손목[巽卦]의 납갑은 신辛이므로 손목의 수는 6이 된다.
- **천간중 경庚의 수는 7이다.** : 경금庚金이 임수壬水를 생하고, 건금[乾卦]의 외괘 납갑이 임壬이므로 건금의 수가 7이 될 것 같지만, 건금[乾卦]은 노양괘로 7이 될 수 없으므로, 만물이 태어나고 죽는 간토[艮]로 돌아가게 된다. 따라서 간토의 수가 7이 되는 것이다. 여기까지가 간토艮의 수 1에서 시작하여 7로 마치는 한 주기가 된다.
- **천간중 신辛의 수는 8이다.** : 신금辛金이 계수癸水를 생하고, 곤토[坤卦]의 외괘 납갑이 계癸이므로 곤토의 수는 8이 된다.
- **천간중 임壬의 수는 9이다.** : 임수壬水가 갑목甲木을 생하고, 건금[乾卦]의 내괘 납갑은 갑甲이므로 건금의 수는 9가 된다.
- **천간중 계癸의 수는 10이다.** : 계수癸水가 을목乙木을 생하고, 곤토[坤卦]의 내괘 납갑은 을乙이므로 곤토의 수가 10이 될 것 같지만, 곤토는 노음괘로 10수가 없고 또 10은 수의 끝으로 지위가 없는 수이므로 1로 돌아간다. 따라서 먼저 1·7·10이 모두 간토艮의 수가 되는 것이다.

이상의 논리는 만물이 간토〔艮〕에서 시작하여 간토〔艮〕로 끝난다는 연산역連山易의 논리와 같다. 즉 1간토〔艮〕에서 시작하여 7간토〔艮〕로 끝나고, 8곤토〔坤〕와 9건금〔乾〕은 만물의 부모로써 하늘과 땅을 나타낸다. 그래서 납갑을 붙일 때도 건금〔乾〕은 천간중 양수陽數의 시작과 끝인 갑과 임을, 곤토〔坤〕는 천간 중 음수의 시작과 끝인 을과 계를 붙여 건금과 곤토가 천간을 통솔한다는 뜻을 밝혔다. 또 장남과 장녀를 나타내는 진목〔震〕과 손목〔巽〕은 끝에서 두번째 천간인 경과 신을〔건금과 곤토가 이미 끝까지 맡았으므로, 진목과 손목은 다시 돌아와야 한다〕, 중남·중녀인 감수와 리화는 천간의 중간에 놓인 무와 기를, 끝으로 소남·소녀인 간토와 태금은 처음에서 두번째 천간인 병과 정을 붙이는 것이다.

② 후천변수로 괘를 짓는다

- 먼저 구한 대정수에서 1,000단위수와 단단위수를 떼어내고〔去頭截尾〕, 중간에 있는 100단위수와 10단위수만으로 작괘하되, 100단위수를 상괘로 10단위수를 하괘로 삼는다. 앞서의 예에서 2169는 후천변수로 고치면 75가 되므로, 산풍고괘〔山風蠱卦 ䷑〕가 된다. 또 4321은 후천변수로 62가 되므로, 수택절괘〔水澤節卦 ䷻〕가 된다.

- 대정수 작괘법에서 가장 문제가 되는 것은, 거두절미하고 남은 중간의 두 수가 0일 경우 어떻게 하느냐 이다. 이에 대해서 논란이 많지만,[3] 이가 없으면 잇몸으로 살아야 되듯이, 100단위

수가 0일 경우는 1,000단위수를 대신 쓰고, 10단위수가 0일 경우는 단단위수를 쓴다. 1,000단위가 0일 경우는 없지만 10단위나 단단위가 0일 경우는 1,000단위수를 끌어 쓴다. 예를 들면 다음과 같다.

	대정수	상괘수	하괘수	괘명
100단위가 0일 경우	1,065	1⇨7	6⇨5	산풍고
10단위가 0일 경우	2,205	2⇨2	5⇨4	택뢰수
100단위와 10단위가 0일 경우	3,008	3⇨6	8⇨8	수지비
100, 10, 단단위 모두 0일 경우	7,000	7⇨7	7⇨7	중산간

3) 대정수의 활용

대정수를 이용해 평생의 괘를 얻을 수 있다. 이 평생괘는 인생의 전체년수를 72살이라고 하면, 이를 6으로 나누어서 각기 초효[1~12]·2효[13~24]·3효[25~36]·4효[37~48]·5효[49~60]·상효[61~72]로 나누어 볼수 있다. 여기에 사주의 운내는 법을 활용하면 더욱 자세히 알 수 있다. 만약 인생을 120살이라고 하면, 한 효당 20살씩 계산하면 된다.

---

3 8로 나눈 나머지, 즉 2로 보아야 한다는 설과, 대정수가 연산역에서 나왔으므로 간토[艮:7]로 보아야 한다는 설이 유력하다

4) 대정수 활용의 예 ①

1960庚子년 2월 2일 자子시생[음력]의 남자를 예로 든다.

① 양남陽男일 경우의 평생괘를 얻는 방법

- ㉠ **사주를 구한다** 사주 중에서 년주 월주 일주는 만세력에서 쉽게 구할 수 있다. 문제가 되는 것은 시주時柱인데, 시주에서 천간은 일주에 따라 바뀌므로 「시 일으키는 법」 도표를 참조해서 구한다. 만세력을 보면 1960[庚子]년 2월 2일 자子시생의 년주年柱는 경자庚子이고, 월주月柱는 무인戊寅이며,[4] 일주日柱는 병술丙戌이다. 도표에 의하면 시주는 무자戊子가 된다.

- ㉡ **대정수를 구한다** 대정수표를 이용하면, 년수는 91경자, 월수는 65[무인], 일수는 195[병술], 시수는 1,451[무자]이 되므로 합하면 1,802가 나온다.[5]

---

[4] 위의 예에서 음력으로 1960년 2월은 만세력에서 기묘己卯월이나, 절기상으로 입춘부터 경칩이 1월에 해당하므로, 2월의 간지를 쓰지 않고 1월의 간지를 그대로 쓴다. 만세력 상에서 보면 1960년의 경칩이 2월8일[음]로 되어 있고, 작은 글씨로 해정亥正이라고 씌어 있으므로, 2월 8일 해시의 한 가운데인 오후 10시가 지나야 다음달인 2월로 계산한다.

[5] 대정수표에서 경자의 대정수는 91, 108, 261, 1791의 넷이 있는데, 이중에서 년수는 제일 위에 있는 91이 된다. 무인의 대정수는 53, 65, 173, 1253의 넷이 있는데, 이중에서 월수는 위에서 두번째 수인 65가 된다. 일수는 병술의 네 숫자 중에서 세번째 수인 195이고, 시수는 무자의 네 수 중에서 마지막에 놓인 1,451이 된다. 이 년수[91] 월수[65] 일수[195] 시수[1,451]를 모두 합하면 1,802가 된다.

- ⓒ **대정수를 후천변수로 고친다** 1,802를 후천변수로 고치면 100단위수인 8은 →8이고, 10단위수는 0이므로 단단위수인 2를 빌려온다. 2는 →2가 된다.

- ⓔ **후천변수를 이용해 괘를 짓는다** 100단위수가 상괘가 되므로 상괘는 곤토〔八坤地 ☷〕가 되고, 10단위수가 하괘가 되므로 하괘는 태금〔二兌澤 ☱〕이 되어, 지택림괘〔地澤臨卦 ䷒〕라는 평생괘를 얻는다.[6] 여기서 동효를 잡고 싶으면, 1,802를 6으로 나누면 된다. 이렇게 하면 나머지는 2가 되므로 2효동이다.

팔괘 숫자 환산표

괘명	오행	숫자	괘명	오행	숫자
건 ☰	陽金	1	손 ☴	陰木	5
태 ☱	陰金	2	감 ☵	水	6
리 ☲	火	3	간 ☶	陽土	7
진 ☳	陽木	4	곤 ☷	陰土	8

가장 보편적인 작괘에 쓰이는 도표로, 선천수 작괘법이나 후천수 작괘법에 모두 쓰인다.

---

[6] 숫자에서 괘를 산출할 때는 「팔괘숫자환산표」를 이용한다.

② 평생괘를 바탕으로 나이에 따른 괘를 얻는 방법[陽男]일 경우

- 평생괘의 대정수에 나이에 해당하는 대운의 대정수를 더하고, 여기에 나이에 해당하는 해의 대정수를 더하면, 나이에 해당하는 대정수를 얻을 수 있다. 이를 다시 후천변수로 고치고, 그 후천변수로 괘를 지으면 나이에 해당하는 운의 괘를 얻을 수 있다.

- ㉠ 대운을 얻는다 대운은 먼저 남녀의 음양을 가린 후,[7] 음양에 따라 미래절과 과거절을 나누어 생일로부터 가장 가까운 절기까지의 날짜를 센다. 이 날짜를 3으로 나눈 나머지를 대운으로 삼고, 10년마다 생월의 간지부터 차례로 세어나가면서 간지를 붙이면 된다.

- 경자생은 양남이므로 미래절이 된다.[8] 생일인 2월 2일부터 미래절인 경칩[2월 8일]까지 총일수가 7일이므로 3으로 나누면[9]

---

[7] 생년을 나타내는 육갑이 양의 간지일 경우는 양남 또는 양녀가 되고, 음의 간지일 경우는 음남 또는 음녀가 된다. 여기서 예로 들은 생년의 간지인 경자는, 경[7번째 천간]과 자[첫번째 지지]가 모두 홀수번째로 자리한 간지이므로 양남이 된다. 천간이나 지지는 음은 음끼리 양은 양끼리 배합되므로 천간이나 지지 중에서 하나만 보면 된다.

[8] 양남이나 음녀는 미래절이 되고, 음남이나 양녀는 과거절이 된다. 미래절일 경우는 생일로부터 바로 다음의 절기[미래절]까지의 날짜를 세어 대운을 계산하는데 쓰고, 과거절일 경우는 생일로부터 바로 이전의 절기[과거절]까지의 날짜를 세어 대운을 계산하는데 쓴다. 이 때의 절기란 입춘 경칩 청명 입하 망종 소서 입추 백로 한로 입동 대설 소한 등의 12절기[節氣]를 말하는 것이고, 우수 춘분 등 12중기[中氣]는 쓰지 않는다.

[9] 여기서 3으로 나누는 것은 한달이 대략 30일이기 때문이다. 대운은 1대운부터 10대운까지 있으므로, 3으로 나누어야 1에서 10까지의 숫자가 나온다.

「2 나머지 1」이므로 2가 대운이다.

- 따라서 태어나서 부터 1살까지는 무인〔戊寅:생월이 무인〕, 2살부터 11살까지는 기묘己卯, 12살부터 21살까지는 경진庚辰, 22살부터 31살까지는 신사辛巳, 32살부터 41살까지가 임오壬午, 42살부터 51살까지는 계미癸未, …. 이런 식으로 10년씩 운이 바뀐다.10

- ⓑ 나이에 해당하는 대운과 년운을 대정수로 고친다 나이에 해당하는 대운의 간지와 해당하는 해의 간지를 대정수표의 년수 태세수에서 찾아서 서로 더한다. 여기에 평생대정수를 합하면 나에에 해당하는 대정수를 얻게 된다.

- ⓒ 나이에 해당하는 년운괘를 얻는다.

---

10 대운은 생월의 간지부터 시작하여 10년마다 간지의 순서대로 바뀌어 나간다. 위의 예에서 생월이 경인庚寅이었다면, 10년후에는 신묘辛卯, 또 10년 후에는 임진壬辰, … 의 순서로 대운이 바뀌어 나간다.

③ 나이에 해당하는 년운괘를 얻는 방법

- ㉠ 앞의 예에서 35세에 해당하는 괘를 얻으려면
- 예문에 의하면 32살부터 41살까지가 임오壬午운에 해당하고, 35세가 되는 해는 1994년이다. 임오운에[11] 94년도 년운인 갑술을 더하고[12], 여기에 평생대정수를 더하면 1,854〔1,802+17+35〕가 된다.
- 100단위순인 8은 →8이고, 10단위수인 5는 →4가 되므로 지뢰복〔地雷復 ䷗〕괘가 된다. 이 지뢰복괘가 94년의 운세가 되는 것이고, 여기서 동효까지 알려면 전체수인 1,854를 6으로 나눈 나머지 6을 동효로 보면 된다.[13]

년운 대정수1994년	후천변수	동효	득괘
평생대정수 : 1802 35살 임오운: 17 + 94년 년운 : 35 1854	8→8 5→4	1854÷6=309 나머지 0 ∴상효 동	復 → 頤

- ㉡ 앞의 예에서 37세에 해당하는 괘를 얻으려면
- 예문에 의하면 32살부터 41살까지가 임오壬午운에 해당하고, 37세가 되는 해는 1996년이다. 임오운에[14] 96년도 년운인 병

---

[11] 대정수표에서 임오의 년운수는 17이다.
[12] 갑술甲戌:대정수표에서 갑술의 년운수는 35다.
[13] 6으로 나누어 떨어지는 경우〔나머지가 0〕는 효수가 모두 6이므로 상효〔여섯번째 효〕가 동한 것으로 본다. 여기서는 지뢰복괘 상육上六이 동한 것으로 보면 된다.
[14] 대정수표에서 임오의 년운수는 17이다.

자를[15] 더하고, 여기에 평생대정수를 더하면 1,890〔1,802+17 +71〕이 된다.

- 100단위순인 8은 →8이고, 10단위수인 9는 →1이 되므로 지천태〔地天泰 ䷊〕괘가 된다. 이 지천태괘가 96년의 운세가 되는 것이고, 여기서 동효까지 알려면 전체수인 1,890을 6으로 나눈 나머지 6을 동효로 보면 된다.

년운 대정수1996년	후천변수	동효	득괘
평생대정수 : 1802 35살 임오운: 17 + 96년 년운 : 71 　　　　　1890	8→8 9→1	1890÷6=315 나머지 0 ∴상효 동	䷊ ䷙ 泰 → 大畜

- ⓒ 앞의 예에서 43세에 해당하는 괘를 얻으려면
- 예문에 의하면 42살부터 51살까지가 계미癸未운에 해당하고, 43세가 되는 해는 2002년이다. 계미운〔대정수표에서 계미의 년운수는 70이다〕에 2002년도 년운인 임오壬午〔대정수표에서 임오의 년운수는 17이다〕를 더하고, 여기에 평생대정수 1,802를 더하면 1,889〔1,802+70+17〕가 된다.
- 100단위수인 8은 →8이고, 단단위수인 8도 →8이 되므로 중지곤〔重地坤 ䷁〕괘가 된다. 이 중지곤괘가 2002년의 운세가 되는 것이고, 동효까지 알려면 전체수인 1,889를 6으로 나눈 나머지 5를 동효로 보면 된다.

---

15 병자丙子 : 대정수표에서 병자의 년운수는 71이다.

년운 대정수2,002년	후천변수	동효	득괘
평생대정수 : 1802 43살 계미운: 70 + 2,002년 년운: 17 1,889	8→8 ☷ 8→8 ☷	1,889÷6=315 나머지 5 ∴오효 동	䷁ → ䷆ 坤 → 比

5) 대정수 활용의 예②

1970〔庚戌〕년 1월 24일 신申시생의 여자를 예로 든다.

① 양녀陽女일 경우의 평생괘를 얻는 방법

- ㉠ 사주를 구한다.
- 만세력을 보면 1970년 1월 24일 신申시생의 년주는 경술庚戌이고, 월주는 무인戊寅이며, 일주는 경진庚辰이고, 시주는 갑신甲申[16]이 된다.

- ㉡ 대정수를 구한다.
- 대정수표를 이용하면, 년수는 95〔경술〕[17], 월수는 65〔무인〕,

---

[16] 「시 일으키는 법」 도표참조.
[17] 경술의 대정수는 95, 108, 225, 1395가 있는데, 이 중에서 년수는 첫번째인 95이다. 무인의 대정수는 53, 65, 173, 1253이 있는데, 이 중에서 월수는 두번째인 65이다. 경진의 대정수는 95, 108, 225, 1395가 있는데, 이 중에서 일수는 세번째인 225이다. 갑신의 대정수는 39, 55, 199, 1639가 있는데, 이 중에 시수는

일수는 225〔경진〕, 시수는 1,639〔갑신〕이 되므로 합하면 2,024가 된다.

- ㉢ 대정수를 후천변수로 고친다
- 100단위수가 0이므로 1,000단위수인 2를 빌려서 고치면 2가 되고〔2는→2〕, 10단위수인 2도 그대로 22는 →2가 된다.

- ㉣ 후천변수를 이용해 괘를 짓는다
- 100단위수가 상괘가 되고 10단위수가 하괘가 되는데, 둘 다 후천변수가 2이므로 태금〔二兌澤 ☱〕이 된다. 따라서 중택태〔重澤兌 ䷹〕괘라는 평생괘가 나온다. 여기서 동효를 잡고 싶으면, 2,024를 6으로 나누면 된다. 이렇게 하면 나머지는 2가 되므로 2효 동이다.

② 평생괘를 바탕으로 나이에 따른 괘를 얻는 방법陽女일 경우

- ㉠ 대운을 얻는다
- 경술생의 여자는 양녀陽女18이므로 과거절이 된다. 생일인 1월 24일부터 과거절인 입춘〔12월 28일〕까지 총일수가 26일이므로 3으로 나누면 「8 나머지 2」이므로 9대운이 된다.19 태어나

끝에 있는 1639이다.
18 경술은 홀수번째 간지이므로 양녀陽女가 된다.

서부터 8살까지는 무인(생월이 戊寅), 9살부터 18살까지는 정축丁丑, 19살부터 28살까지는 병자丙子, 29살부터 38살까지가 을해乙亥, 39살부터 48살까지는 갑술甲戌, …. 이런 식으로 10년씩 운이 바뀐다.

- ⓒ 나이에 해당하는 년운괘를 얻는다

③ 나이에 해당하는 년운괘를 얻는 방법

- ㉠ 앞의 예에서 25세에 해당하는 년운괘를 얻으려면
- 19세부터 28세까지가 병자대운에 해당하고, 25세가 되는 해는 1994년이다. 병자운(대정수표에서 병자의 년운수는 71이다)에 94년도 년운인 갑술(대정수표에서 갑술의 년운수는 35이다)을 더하고, 여기에 평생대정수 2,024를 더하면 2,130(2,024+71+35)이 된다.
- 이를 후천변수로 고치면, 100단위수인 1은 →7이 되고, 10단위수인 3은 →6이 되므로 산수몽(山水蒙 ䷃)괘가 된다. 이 산수몽괘가 94년의 운세가 되는 것이고, 여기서 동효까지 알려면 전체수인 2,130을 6으로 나눈 나머지 6을 동효로 보면 된다.

---

19 대운을 얻을 때 문제가 되는 것은 나머지의 처리이다. 3으로 나누었을 때 1이 남으면 나머지를 무시할 수 있지만, 2가 남을 경우는 이것을 반올림할 것인가 아니면 무시할 것인가에 대한 결정이 남는다. 「26÷3=8.6666」이 되므로, 여기서 몫이 8이고 나머지가 2라는 것은, 젯수 3을 기준으로 볼 때 반이 넘는다는 말이고, 따라서 8보다 9에 가깝다는 뜻이 된다. 여기서는 몫을 반올림하여 9로 하였다.

년운 대정수 1994년	후천변수	동효	득괘
평생대정수 : 2,024 25살 병자운 : 71 +94년 년운 : 35 2,130	1→7 ☶ 3→6 ☵	2,130÷6=355 나머지 0 ∴상효 동	몽 → 사

- ⓒ 31세에 해당하는 년운괘를 얻으려면
- 29세부터 38세까지가 정축丁丑대운에 해당하고, 31세가 되는 해는 2000년이다. 정축운〔대정수표에서 정축의 년운수는 30이다〕에 2000년도 년운인 경진庚辰〔대정수표에서 경진의 년운수는 95다〕을 더하고, 여기에 평생대정수 2,024를 더하면 2,149〔2,024+30+95〕이 된다.
- 이를 후천변수로 고치면, 100단위수인 1은 →7이 되고, 10단위수인 4는 →3이 되므로 산화비〔山火賁 ䷕〕괘가 된다. 이 산화비괘가 2000년의 운세가 되는 것이고, 여기서 동효까지 알려면 전체수인 2,149를 6으로 나눈 나머지 1을 동효로 보면 된다.

년운 대정수 2000년	후천변수	동효	득괘
평생대정수 : 2,024 31살 정축운 : 30 +2000년 년운 : 95 2,149	1→7 ☶ 4→3 ☲	2,149÷6=358 나머지 1 ∴초효 동	賁 → 艮

- ㉢ 앞의 예에서 50세에 해당하는 년운괘를 얻으려면
- 49살부터 58살까지는 계유癸酉대운에 해당하고, 50세가 되는 해는 2019년이다. 계유운〔대정수표에서 계유의 년운수는 64이다〕에 2019년도 년운인 기해己亥[20]를 더하고, 여기에 평생대정수 2,024를 더하면 2,194〔2,024+64+106〕이 된다.
- 이를 후천변수로 고치면, 100단위수인 1은 →7이 되고, 10단위수인 9는 →1이 되므로 산천대축〔山天大畜 ䷙〕괘가 된다. 이 산천대축괘가 2019년의 운세가 되는 것이고, 여기서 동효까지 알려면 전체수인 2,194를 6으로 나눈 나머지 4를 동효로 보면 된다.

년운 대정수2019년	후천변수	동효	득괘
평생대정수 : 2,024 50살 계유운: 64 +2019년 년운: 106 2,194	1→7 ☶ 9→1 ☰	2,194÷6=365 나머지 4 ∴사효 동	대축→대유

---

20 대정수표에서 기해의 년운수는 106이다.

4. 황극조수 작괘법

　소강절선생께서 주역 64괘 384효의 각 효마다 4자리의 고유한 수를 붙여 황극조수皇極祖數라고 이름하셨으니, 이 수만으로도 각 효의 길흉은 물론 그 일의 진행과정까지 자세히 알 수 있다.
　원 책에는 각 효마다 신명가택 응선사환 혼인길흉 등 10개 항에 걸쳐 4언시 형식으로 그 길흉을 적어놓았는데, 여기서는 384효를 일일이 설명하기 보다 대체적인 방법만을 기술하고자 한다.

乾	姤	遯	否	觀	剝	晉	大有
3400	2660	1918	1175	1107	0629	0769	3066
1239	0619	9997	9374	9426	9068	9088	1025
9078	8578	8076	7573	7745	7507	7407	8984
3029	1025	4219	5132	4128	3122	4126	2863
2812	0820	4026	4951	3959	2965	3957	2658
2595	0615	3833	4770	3790	2808	3788	2453

兌	困	萃	咸	蹇	謙	小過	歸妹
2106	1354	0600	1355	1275	0785	0937	1712
0185	9553	8919	9554	9594	9224	9256	9911
8264	7752	7238	7753	7913	7663	7575	8110
4615	1531	4125	3332	2448	1562	2446	4329
4422	1350	3956	3151	2279	1405	2277	4148
4229	1169	3787	2970	2110	1248	2108	3967

離	旅	鼎	未濟	蒙	渙	訟	同人
2300	1536	2302	1535	1443	1897	1917	2658
0379	9735	0381	9734	9762	0096	9996	0617
8458	7934	8460	7933	8081	8295	8075	8576
6537	3333	0379	1532	0768	1534	2298	6943
6344	3152	0186	1351	0599	1353	2105	6738
6151	2971	9993	1170	0430	1172	1912	6533

震	豫	解	恒	升	井	大過	隨
0934	0158	0936	1715	1611	2077	2109	1352
9253	8597	9255	9914	9930	0276	0188	9551
7572	7036	7574	8113	8249	8475	8267	7750
7403	3119	0765	9732	9088	9734	0378	7929
7234	2962	0596	9551	8919	9553	0185	7748
7065	2805	0427	9370	8750	9372	9992	7567

巽	小畜	家人	益	无妄	噬嗑	頤	蠱
2688	3467	2686	1895	1915	1533	1441	2258
0767	1435	0765	0094	9994	9732	9760	0457
8846	9394	8844	8293	8073	7931	8079	8656
0381	2865	6539	7932	8456	7930	7406	9735
0188	2660	6346	7751	8263	7749	7237	9554
9995	2455	6153	7570	8070	7568	7068	9373

坎	節	屯	既濟	革	豐	明夷	師
1274	2074	1272	2075	2107	1713	1609	0784
9593	0273	9591	0274	0186	9912	9928	9223
7912	8472	7910	8473	8265	8111	8247	7662
0767	4331	7405	6132	6536	6130	5726	0001
0598	4150	7236	5951	6343	5949	5557	9844
0429	3969	7067	5770	6150	5768	5388	9687

艮	賁	大畜	損	睽	履	中孚	漸
1444	2256	3070	2255	2299	2657	2685	1898
9763	0455	1149	0454	0378	0616	0764	0097
8082	8654	9228	8653	8457	8575	8843	8296
2449	6133	2699	4332	4616	4902	4618	3335
2280	5952	2506	4151	4423	4697	4425	3154
2111	5771	2313	3970	4230	4492	4232	2973

坤	復	臨	泰	大壯	夬	需	比
9958	0782	1608	2435	2491	2861	2877	0472
8517	9221	9927	0634	0570	0820	0956	8911
7076	7660	8246	8833	8649	8779	9035	7350
2115	6879	4045	2532	2696	2862	2698	3121
1970	6722	3876	2351	2503	2657	2505	2964
1825	6565	3707	2170	2310	2452	2312	2807

1) 원회운세론

4자리 수를 1000단위는 원이라 하고, 100단위는 회라 하며, 10단위는 운이라 하고, 단단위는 세라고 명명한다. 앞의 도표에서 건괘乾卦 오효의 원조수는 1239이다. 여기서 1이 원이고, 2는 회이며, 3은 운이고, 9는 세의 숫자가 된다.

원은 1000자리인데, 지금 시작하려고 준비하는 것이고, 할아버지 등 조상이 되고, 조상의 터가 되며, 자신이 나온 출신지가 된다. 만물이 배태되는 때가 되고, 하늘이 되고, 임금이 되고, 고위관리가 되고, 봄이 되며, 신체에서는 머리가 된다.

회는 100자리인데, 일의 시작이 되고, 부모와 형제특히 형가 된다. 만물이 생겨나 형체를 갖추는 초기가 되며, 신하가 되고, 친구가 되며, 하급관리가 되고, 여름이 되고, 신체에서는 가슴부위가 된다.

운은 10자리인데, 일이 한창 진행됨이 되고, 자기자신 또는 처와 첩이 되며, 재산이 된다. 만물의 형체가 온전히 갖추고 활동하는 시기다. 산 또는 가옥이 되고, 가을이 되고, 하루를 주관한다. 신체에서는 허리와 배가 된다.

세는 1자리가 되는데, 일이 끝난 시점이 되고, 자손 또는 후배 아랫 사람이 되며, 자신의 수명 등이 된다. 만물이 결과를 이룬 시기다. 물길[溝洫]이 되고, 2시간을 주관하고, 신체에서는 발에 해당한다.

	원:1000자리	회:100자리	운:10자리	세:1자리
친척	조상	부모 형제, 친구	자신, 처첩	자손, 아랫사람
지위	임금, 고위관리	신하, 하급관리	재산	자신의 수명
사시	봄	여름	가을	겨울
일의 상태	할 것인가 말것인가를 결정하고 계획함 만물이 배태되는 때	일의 시작 만물이 생겨나 어느 정도 형체를 갖춤	진행되는 일 만물이 형체를 온전히 갖추고 활동함	일이 끝남 만물이 결과를 이룬 시기
신체	머리	가슴	허리 배	발
장소	조상의 터, 산소, 방안	둔덕, 방의 문	평지, 마을 또는 가옥, 뜰	분지, 물이 지나가는 낮은 곳, 대문 밖
사물	하늘	땅	만물고등	만물열등
연월일시	1년	1월	하루	1시진2시간

2] 점을 칠 때

① 원회운세의 기간
  원은 1년의 운세고, 회는 1개월의 운세며, 운은 1일의 운세고, 세는 2시간의 운세가 된다.

② 원회운세의 생극
  원회운세 각자리의 생극작용에 의해 길흉을 점치는데, 각자리에 0이 오는 것을 가장 좋지 않게 본다.

③ 점치는 사람의 상태
  효를 풀이할 때에 앉아있으면 일이 더디고, 누워있으면 더 더디고, 다니고 있으면 급하게 응하고, 서있으면 보통이다.

④ 육효의 동변
  초효가 동하면 경영하기 전에 일에 대해 가부를 따지며 할 것인가 말 것인가를 계획하는 것이고, 이효가 동하면 일이 이미 결정되어 장차 움직이게 되는 것이며, 삼효가 동하면 일이 행해지는 것을 보는 것이며, 사효가 동하면 행함이 급하게 된다. 오효가 동하면 일이 이미 이루어진 것이고, 상효가 동하면 일이 지나가 버렸거나 혹 일이 행해지지 않는 뜻이 있다.

⑤ 생수와 성수
  1·2·3·4·5는 생수이고 6·7·8·9·10은 성수로 모두 길하게 볼

수 있으나, 다만 5는 생수 중에서 극수이고, 10은 성수 중에서 극수이므로 좋지 않게 본다. 또 1·2·3·4는 위로부터 아래로 내려오는 것으로 순이라 하고, 9·8·7·6은 아래로부터 위로 올라가는 것으로 역이라 한다. 적은데로부터 많아지는 것을 나아간다라 하고, 많은 것으로부터 적어지는 것을 물러난다라고 한다.

위가 아래를 극하면 재물이 되고, 아래가 위를 극하는 것을 귀鬼라고 한다. 운[10단위]은 체가 되고 안이 되며, 세[단단위]는 용이 되고 바깥이 된다.

12지지가 서로 합하면 길함이 되고, 세가 운을 극하거나 운이 세를 생하면 좋지 않다.

월령이 세를 돕고 운을 극하면 정해진 일이 빠르게 다가온다. 중천건 중지곤 등 8중괘는 모두 동하는 것이 된다.

⑥ 수와 오행

1과 6은 수이고, 2와 7은 화이며, 3과 8은 목이고, 4와 9는 금이고, 5와 10은 토이다. 수는 목을 생하고, 목은 화를 생하며, 화는 토를 생하고, 토는 금을 생하며, 금은 수를 생한다.

수는 화를 극하고, 화는 금을 극하고, 금은 목을 극하고, 목은 토를 극하고, 토는 수를 극한다.

3) 황극조수 구하는 법

황극조수는 ①양효는 36의 책수를, 음효는 24의 책수를 곱해서 괘책수를 얻는다. ②괘책수에 동효수와 괘수를 곱한 뒤 ③여기에 괘책수를 더하고 ④상괘수와 하괘수와 동효수를 더하여 얻는다. 단 괘의 책수에 동효수와 괘수를 곱할 때, 상괘가 동했다면 '동효수×10×괘책수+괘수×1×괘책수'를 해서 얻고, 하괘가 동했다면 '괘수×10×괘책수+동효수×1×괘책수'를 해서 얻는다.

이렇게 해서 얻는 수가 1000자리를 넘으면 1000자리까지만 남기고 그 위의 10000자리는 원조수에서 제한다. 예를 들어 13397을 얻었다면 3397만 남기고 10000자리의 1은 제하는 것이다.

① 예를 들어 화뢰서합괘 이효가 동했다면,
- ㉠ 양효가 셋[초효,사효,상효]이고 음효가 셋[이효,삼효,오효]이다. 따라서 괘책수는 36[양효책수]×3+24[음효책수]×3=180이다.
- ㉡ 이효가 동했으므로 하괘가 동한 것이다. 하괘인 진의 괘수는 4다. 따라서 4×10×180+2×1×180=7560이다.
- ㉢ 괘책수는 180이다.
- ㉣ 상괘인 리괘의 수는 3이고, 하괘인 진괘의 수는 4이며, 동효수는 두 번째 효가 동했으므로 2다.
- 그러므로 ②+③+④=7560+180+9[3+4+2]=7749를 얻는다.

이것이 화뢰서합괘 2효가 동한 황극조수이다.

② **예를 들어 화천대유괘 상효가 동했다면,**

- ㉠ 양효가 다섯초효,이효,삼효,사효,상효이고 음효가 하나오효이다. 따라서 괘책수는 36[양효책수]×5+24[음효책수]×1=204이다.
- ㉡ 상효가 동했으므로 상괘가 동한 것이다. 상괘인 리의 괘수는 3이다. 따라서 6×10×204+3×1×204=12852이다.
- ㉢ 괘책수는 204이다.
- ㉣ 상괘인 리괘의 수는 3이고, 하괘인 건괘의 수는 1이며, 동효수는 여섯 번째 효가 동했으므로 6이다.
- 그러므로 ②+③+④=12852+204+10[3+1+6]=13066을 얻는다. 여기서 만자리의 1을 제한 3066이 화천대유괘 상효가 동한 황극조수이다.

③ **신해년 8월 15일 신시라면,**

- ㉠ 해년에서 12수를 얻고, 8월에서 8수를 얻으며, 15일에서 15수를 얻으므로 모두 합하면 35수를 얻게된다. 8로 나누면 나머지가 3이 된다[8×4=32+3]. 3은 선천팔괘의 리괘에 해당하고 상괘가 된다.
- ㉡ 연월일의 합수 35에 신시의 9수를 더하면 44가 된다. 8로 나누면 나머지가 4다[8×5=40+4]. 4는 선천팔괘에서 진괘에

- ⓒ 먼저 얻은 리괘와 합하면 화뢰서합괘가 된다. 연월일의 합수에 시간수를 합한 44를 6으로 나누면 나머지가 2다[6×7=42+2]. 따라서 화뢰서합괘 2효가 동한 것이 된다.
- ⓔ 화뢰서합괘 2효를 도표에서 찾으면 7749의 원조수를 얻는다. 원에 해당하는 1000자리가 7이고, 회에 해당하는 100자리가 7이며, 운에 해당하는 10자리가 4고, 세에 해당하는 1자리가 9다.
- 7은 화에 해당하고[2와 7은 화] 동시에 성수[6,7,8,9,10]며, 4와 9는 금에 해당하고 4는 생수[1,2,3,4,5]고 9는 성수다.

원조수	원	회	운	세
	7	7	4	9
오행	화	화	금	금
생수·성수	성수	성수	생수	성수
생극	운과 세를 극함	운과 세를 극함	원과 회의 극을 당함	원과 회의 극을 당함
동효	화뢰서합괘 2효동:일을 이미 결정하여 장차 움직이려 함			

④ 경술년 1월 24일 미시라면,

- ㉠ 술년에서 11수를 얻고, 1월에서 1수를 얻으며, 24일에서 24수를 얻으므로 모두 합하면 36수를 얻게 된다. 8로 나누면 나머지가 4가 된다[8×4=32+4]. 4는 선천팔괘의 진괘에 해당하고 상괘가 된다.
- ㉡ 연월일의 합수 36에 미시의 8수를 더하면 44가 된다. 8로

나누면 나머지가 4다[8×5=40+4]. 4는 선천팔괘에서 진괘에 해당하고 하괘가 된다.

- ⓒ 먼저 얻은 진괘와 합하면 중뢰진괘가 된다. 연월일의 합수에 시간수를 합한 44를 6으로 나누면 나머지가 2다[6×7=42+2]. 따라서 중뢰진괘 2효가 동한 것이 된다.
- ⓔ 중뢰진괘 2효를 도표에서 찾으면 7234의 원조수를 얻는다. 원에 해당하는 1000자리가 7이고, 회에 해당하는 100자리가 2이며, 운에 해당하는 10자리가 3이고, 세에 해당하는 1자리가 4다.
- 7은 화에 해당하고[2와 7은 화] 동시에 성수[6,7,8,9,10]며, 2도 화에 속하지만 생수이며, 3은 목에 속하면서 생수이고, 4는 금에 해당하면서 생수다.

원조수	원	회	운	세
	7	2	3	4
오행	화	화	목	금
생수·성수	성수	생수	생수	생수
생극	운이 생해줌, 세를 극함	운이 생해줌, 세를 극함	원과 회를 생해줌, 세의 극을 당함	원과 회의 극을 당함, 운을 극함
동효	중뢰진괘 2효 동:일을 이미 결정하여 장차 움직이려 함			

4) 신명가택

　신명이라는 것은 1년의 길흉을 말한다. 원〔1000자리〕은 조부모 또는 분묘〔산소〕고, 회〔100자리〕는 형제 또는 재산이고, 운10자리은 자기자신 또는 처와 첩이고, 세〔1자리〕는 자손과 노복을 뜻한다.

　원이 0이면서 여러 신들이 충을 하면 윗사람에게 근심과 어려움이 있는 것이고, 회가 0이면서 여러 신들이 충을 하면 형제 친척들에게 재물을 잃는 환난이 있을 것이며, 운이 0이면서 여러 신들이 충을 하면 자신과 처첩에게 환난이 있을 것이고, 세가 0이면서 여러 신들이 충을 하면 자손과 노복에게 환난이 생긴다.

　원은 분묘〔또는 방안〕에 해당하니, 0이면서 여러 신들이 충을 하면 가택이 편안하지 않고, 회는 방의 문에 해당하니, 0이면서 여러 신들이 충을 하면 집을 고치고 바꾸는 일이 생긴다. 운이 0이면서 여러 신들이 충을 하면 집안에 사람이 없게 되는 형국으로 사람이 죽게 되고, 세는 대문의 밖을 뜻하니 0이면서 여러 신들이 충을 하면 밖의 물건들이 들어오지 못하고, 우환이 끊이지를 않는다.

　또 집〔원〕이 사람을 극하면 집에 오랫동안 거처할 수 없는데, 금이 극을 하면 시신에게 해를 미쳐 뼈를 상하게 되고, 수가 극하면 음탕하게 만들어 이별하게 하며, 목이 극을 하면 괴물이나 귀신으로 인한 해가 있고, 화가 극하면 녹에 영향을 주어 관운 또는 문서상의 해를 주며, 토가 극하면 질병과 토지로 안한 동티가 있게 된다. 나를 극하는 것은 약해야 좋고, 나를 돕는 것은 왕성해야 좋다.

초효가 동했다면 초구 안의 네 글자와 변효의 글귀중에 밖에 있는 네 글자를 합해서 본다. 괘를 얻은 사람이 부모가 없다면 분묘로써 일을 판단해야 한다. 괘사가 비록 길하다고 해도 여러 신들이 충을 하면, 충에 따라 괘사를 바꿔서 살핀 뒤에 판단을 해야 한다.

- 위의 화뢰서합괘로 예를 들면, 조부모에 해당하는 1000자리가 7화이고, 형제 또는 재산에 속하는 100자리도 7화인데, 자신에 해당하는 10자리는 4금이다. 아직 어린 4금[생수]이 성한 화성수의 극을 받으니 명리를 얻기 어렵고 우환이 많다.
- 특히 화가 성해지는 사巳의 연월일과 오午의 연월일에는 조심해야 한다. 자손과 노복에 해당하는 1자리의 9금도 역시 화의 극을 받아 힘을 쓰지 못하는 상태다. 특히 화에 해당하는 문서 쪽으로 약하다. 그래도 다행한 것은 10자리나 1자리가 0이 아닌 것이다.

5) 응선사환

원은 임금이고, 회는 재상이고, 운은 나 자신이며, 세는 맡은 임무이다. 운이 원을 극하거나 원이 운을 극하면 임금의 은혜를 입을 수 없고, 회가 운을 극하거나 운이 회를 극하면 고급관리가 되기 어렵다. 운이 세를 극하거나 세가 운을 극하면 녹을 받음이 심히 박하니, 풍요롭지 못한 읍을 관리하는 정도다.

운이 0이면 그릇된 일이이서 혹 참수를 당하며, 혹은 죽게 된다. 세가 0이면 안에서 하는 일을 맡아야지 밖에서 하는 일[외무, 군사 등]은 맡지 말아야 하며, 원이 0이면 임금이 없게 되니 [죽거나 임금자리를 빼앗김], 좋은 신하가 되어 나라를 지탱할 수도 있고 혹은 물러나 숨을 수도 있다. 회가 0이면 친한 벼슬아치가 자신을 돕거나 혹은 내조가 없다. 서로 돕고 서로 생해주면 길하고, 서로 충하거나 서로 극하면 그릇되게 된다.

원은 시험보는 장소고, 회는 시험을 주관하는 관리며, 운은 과목科目을 주관하고, 세는 같이 학업을 닦은 사람이다. 회와 운이 서로 극을 하면 일을 이룰 수 없고, 운과 세가 서로 극하면 문자文字에 좋지 않다.

각 자리가 0이 되면 불길한데, 원이 0이면 행사를 그르치고, 회가 0이면 관직을 바꾸게 되며, 운이 0이면 병을 얻게 되고, 세가 0이면 행사가 어렵다.

3과 8은 이름을 날리고, 2와 7은 문명文明하니, 괘사가 비록 길하다 하더라도 여러 신이 충을 하면 길하다고 논하지 않는다. 여러 신이 돕는다면 흉하다고 판단하지 않는다.

6) 천시

원은 하늘이 되고 회는 땅이 되며 운은 비가 되고 세는 구름과 안개가 된다. 천시를 알려고 한다면 수리를 살펴야만 한다. 수에는 홀수와 짝수가 있고, 하늘에는 맑음과 흐림이 있으며, 천기가 하강하면 비가 되는 것은 원이 회를 생하는 것과 같다.

원이나 회가 0이라면 큰 비가 내리고, 운이나 세가 0이라면 오랫동안 구름끼지만 비가 오지는 않는다. 수[1과 6]는 비를 뜻하고, 화2와 7는 가뭄을 뜻하며, 목[3과 8]은 바람이며, 금[4와 9]은 구름끼는 것이고[雯], 토[5]는 안개를 뜻한다.

원회운세의 네 자리에 수가 없다면 회[100자리]가 비를 주관하게 된다. 회가 생왕生旺하면 비가 오고, 고장庫葬이 되면 맑게 된다. 비를 극하는 수數가 고장일에 들어오면 반드시 비가 오고, 비를 극하는 수가 생왕일에 들어오면 반드시 개게 된다.

괘를 얻었을 때 구름이 남방에서 일어나면 자일子日에 반드시 비가 오고, 구름이 북방에서 일어났다면 오일午日에 반드시 비가 오며, 구름이 동방에서 일어났다면 유일酉日에 반드시 비가 온다는 식으로 본다.

제비가 진흙을 머금고 있으면 비가 오고, 까치가 꼬리를 흔들면 바람이 불며, 파리가 검은 혀를 내밀면 안개가 일어나고, 닭이 날아가는 소리를 내면 구름이 모여들며, 개미가 구멍을 봉하면 비가 오고, 새매[鴟]가 울면 바람이 불며, 꿩이 울면 맑게 개이고, 개가 짖으면 달이 뜨며, 소가 울면 비가 달다. 금빛이 수면 위에 가득하면 큰 비가 곧 올 것이다.

아침 구름이 개같이 해를 감싸고 있으면 3일 안에 큰 비가 내리며, 밤 구름이 활같이 달을 둘러싸고 있으면 4일 안에 큰 비가 내린다. 또 저녁구름이 일몰하는 해를 실같이 두르고 있으면 2일 안에 큰 비가 내린다. 달이 기수箕宿를 따르면 바람불고 비오며, 해가 질 때 붉은 구름이 둘러싸면 반드시 비가 오고, 해가 뜰 때 붉은 구름이 둘러싸면 반드시 가뭄든다.

달이 질 때 검은 구름이 둘러싸고 있으면 반드시 비가 오고, 달이 뜰 때 자색 구름이 둘러싸면 반드시 맑게 된다. 북두칠성에 구름이 껴서 밝지 못하면 반드시 비가 오고, 필수畢宿에 구름이 껴서 잘 보이지 않으면 폭우가 내린다. 방수房宿가 동쪽에 떴는데 마치 새가 나는 것같은 형세를 하고 있었다면 우레와 바람이 크게 일어날 것이다.

네 자리에 1과 6이 없으면 비가 오기 어렵고, 바닷새가 풍랑에 목욕을 하면 반드시 비가 올 형상이고, 산새가 일찍 둥지로 돌아가면 바람이 불 상이다. 개구리가 배 위로 오르면 물가의 집은 반드시 바다 풍랑에 휩싸여 죽은 자가 많게 될 것이다.

원이 회를 극하면 하늘이 비내리기를 꺼려하는 것이고, 회가 원을 극하면 땅이 비내릴 것을 꺼려하는 것이다. 운이나 세가 원이나 회를 극하면 구름과 안개가 일어나지 않고, 원이 회를 생하면 천기가 하강하는 것이며, 회가 원을 생하면 지기가 상승하는 것이다.

　원회와 운세가 서로 비화하면 하늘과 땅이 교합하는 것으로, 구름과 비를 불러들이는 것이고, 운세가 원회를 생하는 것은 구름과 안개가 상승하는 것이다. 원회와 운세가 비화하면 구름이 비가 되고 안개가 장마가 된다.

　원과 회는 화이고 운과 세는 수라면 아침에는 맑고 저녁에 비오는 것이며, 원과 회는 수고 운과 세는 화라면 아침에 비오고 저녁에 맑은 것이다. 운에 수가 있다면 비올 것이고, 목이 있다면 바람불고, 화가 있다면 가뭄들고, 토가 있다면 장마지고, 금이 있다면 급한 비가 내린다.

　운자리가 0인 것은 햇빛을 보지 못하고, 세자리가 0인 것은 달빛을 보기 어렵다.
　회의 자리에 2 또는 7이고, 세의 자리가 1 또는 6이면 아침은 맑고 저녁에는 비온다.
　원의 자리가 3 또는 8이고 운의 자리가 5 또는 10이면 아침에는 바람불고 저녁에는 구름낀다.
　또 동효로 가깝고 먼 기일을 결정한다.
　오랫동안 맑은데 0을 만나면 조금있다가 비가 오며, 오랫동안 비오는데 0을 만나면 조금있다가 구름이 걷힌다.
　1 또는 6이 음효를 만나면 비가 오랫동안 오더라도 개이지를 않고, 2 또는 7이 양효를 만나면 오랫동안 가물어도 비가 오지않

는다.

　3과 진괘가 만나면 우레치고 벼락치며, 8과 손괘가 만나면 바람불고 서리내린다.
　4와 태괘가 만나면 장마지고, 9와 건괘가 만나면 맑게 된다.
　5와 곤괘 10과 간괘가 만나면 그늘지고 어둡다.

　건괘 태괘 감괘가 있으면서 원이 회를 생하면 비내리고, 리괘가 있으면서 원이 회를 생하면 먼저는 맑았다가 나중에 어둡다.
　진괘와 손괘가 있으면서 원이 회를 생하면 맑기는 하지만 혹 우레칠 수가 있다.
　건괘와 태괘가 있으면서 회가 원을 생하면 그늘지고 비온다.
　리괘가 있으면서 회가 운을 생하거나 회가 세를 극하면 비가오지 않는다.
　간괘가 원을 극하면 비가 그치게 되고, 감괘가 원을 극하면 그늘지다 개인다.
　건괘가 원을 극하면 비오지 않으면 바람불고, 곤괘가 원을 극하면 가는 비가 내린다.
　진괘나 손괘가 원을 극하면 비오지 않으면 바람불고,
　1또는 6이 원을 극하면 비가 북쪽에서부터 오고, 3또는 8이 원을 극하면 바람이 동쪽으로부터 불어온다.
　지천태괘와 수천수괘는 혼몽한 상이고, 천지비괘와 수지비괘는 검게 어두워질 조짐이다.
　리괘가 계속되면 여름에 가뭄들고, 감괘가 계속되면 겨울에 춥다.

기제괘와 미제괘는 바람과 비를 예측할 수 없고, 중부괘와 대과괘는 삼동에도 비오고 눈온다. 수산건괘와 산수몽괘라면 반드시 우산을 들어야 하고, 지풍승괘와 풍지관괘는 배를 타서는 안 된다.

　　리괘가 곤괘 아래에 있으면 저녁에 비오고 아침에 개며, 리괘가 진괘아래에 있으면 저녁에 맑고 아침에 비온다.

　　손괘가 리괘 아래에 있으면 무지개가 보이고, 손괘 또는 리괘가 감괘 아래에 있으면 조화가 같지 않다. 진괘와 리괘는 우레가 되고 번개가 되며, 감괘는 서리가 되고 눈이 된다.

7) 공명

　원은 조정이 되고, 회는 재상 등 고관이 되며, 운은 자기자신이 되고, 세는 맡은 바 임무가 된다.
　만약 공명을 묻는다면 모름지기 수와 체를 살펴라

윗 수와 아랫 수가 서로 거역하지 않고
내괘와 외괘가 공을 맞지 않았으며
나아가는 수면 높이 승진하고
물러나는 수면 강등된다

위가 아래를 극하면 관장의 책무를 맡게 되고
외괘가 내괘를 생하면 백성이 화락하게 된다

리괘와 손괘는 문서[문관]가 되고
건괘와 태괘는 큰 벼슬을 하거나 외국에 사신으로 가며
원은 5이고 운은 2면
성군을 만나 가까이 모시는 상이고
상괘는 건괘고 하괘는 곤괘면 출장입상의 조짐이다

1 또는 6수는 감의 빠지는 괘고
2 또는 7수는 리괘의 밝음일세
3 또는 8수는 성명을 날리고
4 또는 9수는 아름다움을 가득 이루네

2와 7이 체를 거역하면 문서가 번거롭고
1 또는 6수가 체와 다투면 곤장을 맞아 다치는 재앙이 있다

1자리가 0이면 백성이 불리하고
운의 자리〔10자리〕가 0이 되면 자신을 보존하기 어렵네
1000자리는 임금이 되고 100자리는 재상이 되니 나를 도우면 좋게 되고
100자리가 끊어지고 비게되면 부모에 우환이 있네
원의 자릿수가 0이 되면 먼저 조상께 죄를 얻게 되네

두자리가 비면 불길하고
세자리가 비면 흉함이 많다네
운이 비어 길하지 않은데 벼슬을 구한다면 부임해서 반드시 죽는다네
세자리가 다투고 극을 하면 죄가 있어 즉시 형벌을 받는다
양수가 많으면 문서〔문관〕를 맡고, 음수가 많으면 무관을 한다네

건·곤·감·태는 서북쪽의 자리고
간·진·손·리는 동남쪽에 벼슬한다네
만약 체괘를 생함이 없다면 1자리수로 추단하고
또 1자리가 0이라면 10자리수로 추단하라

8) 가택

　원은 실내가 되고, 회는 재물이 되며, 운은 사람이 되고, 세는 외부가 된다.

　만약 가택에 대해서 묻는다면
　먼저 괘책의 수에 밝아야 한다
　거스르면서 0이 되면 반드시 가난하고
　순하면서 온전하면 반드시 부유하다네

　원과 회가 0이 되면 부모 이상 어른과 형제에게 화가 있고
　운과 세가 비어 있으면 자신과 처자에게 재앙이 있다네

　거듭 극하고 거듭 다투면 환란이 이어지고
　공과 결이 많으면 사망이 줄을 잇네

　가을에 여름의 수를 얻으면 환난이 반드시 오고
　봄에 여름의 수를 얻으면 관재가 반드시 오네

　왕하고 생하면 백가지 복이 다가오고
　세가 운을 극하면 도적이 있을까 두렵네

　안[원과 회, 특히 원]이 밖[운과 세, 특히 세]을 생하면 재물이 흩어지고

밖이 안을 생하면 재화가 많아지네

홀수가 순하면 여자에게 불리하고
짝수가 순하면 남자에게 불리하네

홀수가 많으면 집안에 여자는 적고 남자가 많으며
짝수가 많으면 남자가 적고 여자가 많다네

물러나는 수는 반드시 쇠퇴하고
순하는 수는 반드시 발복하며
생하는 수를 얻으면 길하고
극하는 수를 얻으면 흉하다네

9) 출행

　순수면 가도 좋고, 역수면 가면 안된다. 공 또는 결일 때 출행하면 돌아오지 못하고, 다투고 극하는 괘가 있으면 돌아오기 어렵다.
　원은 가고 오려고 계획하는 때이므로 0이 되면 시작부터 막힘이 있고, 회는 막 출행하려는 때이므로 0이 되면 가도 성공하지 못한다. 운은 출행하여 행하는 때이므로 0이 되면 가는 길이 불안하고, 세는 출행이 끝난 때이므로 0이 되면 간 곳에 액운이 많게 된다. 안을 생하면 이익을 얻고, 안을 극하면 노고만 많게 된다.
　내괘가 생을 받으면 가는 것이 이롭고, 외괘가 극을 받으면 가도 이익이 없다. 체를 생하는 것이 많으면 가면 반드시 이익이 있고, 체를 극하는 것이 많으면 가면 반드시 재앙을 보게 된다.

10) 감여

　체는 주인이 되고 용은 손님이 된다. 감·건·태는 산 위의 혈이고, 특히 감과 태는 물에서 가까운 산소다. 간과 손은 산의 돌출된 곳이고, 곤은 평평하고 양지바른 곳이다. 간은 산 또는 산에 붙어있는 밭이 되고, 진은 길가에 약간 높이 솟은 곳이다. 진과 손은 대나무 또는 일반 나무가 있거나 종소리 등이 들리는 곳이다. 감괘가 손괘에 있으면 물이 동쪽으로 흐르고, 감괘가 건괘에 있으면 서북으로 흐른다. 간이 많으면 산꼭대기에 있고, 손이 많으면 숲속에 있다. 곤이 있으면 밭에 딸려있고, 태가 있으면 못이나 계곡근처에 있다. 진과 손이 없으면 나무가 별로 없고, 건과 태가 있으면 나무가 부러지고 다친 것이 많다.

　건괘와 태괘는 서북향을 말하고, 진괘와 손괘는 동남향임을 말한다. 음괘는 여자의 산소고, 양괘는 남자의 산소며, 건괘는 아버지고 곤괘는 어머니다. 10자리가 0이면 자기몸을 보존하기가 어렵고, 1자리가 0이면 후손이 없다.

　원은 윗사람이고 회는 동년배나 친구고, 운은 부부고 세는 자손이 된다.

　10자리가 극을 당하면 장례를 치른 후가 불안하고, 10자리가 0이면 개가하는 것이 급하게 된다. 네 자리 중에 0이 있으면 좋지 않고 0이외의 수로 차있으면 좋다.

　세와 운이 극을 당하면 해골이 불안하고, 상하가 서로 비화하면 합장후에 편안하게 된다. 세가 체괘를 극하면 자손이 유랑한다.

11) 질병·생산

 아프다는 것은 산과 연못 등이 서로 기운을 통하지 못하고 음과 양이 서로 다툰다는 뜻이다. 원은 천명이고, 회는 숭상하는 바이고, 운은 환자이고, 세는 의사와 약이다. 명이 환자를 극하면 쉽게 차도가 있고, 환자가 명을 극하면 곧 죽는다. 의사와 약이 환자를 극하면 불길하고, 환자가 의사와 약을 극하면 약을 먹어서는 안된다.
 회는 병에 관련해서 숭상하는 바이지만 원이 운을 극하면 조상귀신의 화를 입게 되고, 회가 운을 극하면 형제귀신의 화를 입으니, 재물과 그에 상당하는 귀신의 화를 입는다. 세가 운을 극하면 밖에 나갔다가 병을 얻게 되니 객귀의 해를 입는 것이다.

 회에 금[4 또는 9]이 있으면 한열寒熱과 주색으로 인한 병이고, 수[1 또는 6]가 있으면 정신이 혼탁해서 실신하거나 혹 근심으로 인한 병이다.
 목[3 또는 8]이 있다면 토지신 또는 고목신을 건드려서 얻은 병이니 가슴속에 사연을 담은 병이고, 화[2 또는 7]가 있다면 횟병 또는 도서圖書와 관련된 병이니 문서의 화를 입을 것이고, 부엌 또는 변소를 건드린 재앙이다.
 토5가 있다면 불분명하거나 괴석怪石과 관련된 것이니, 소나 양의 귀신이다. 산천에 제사를 지내다가 얻은 죄에 해당한다.
 원 또는 회가 0이면 부모형제에게 좋지 않고, 운 또는 회가 0이면 자신이나 처첩 자손이 좋지 않다. 1자리인 세가 운과 상비하면 약을 써서 효과가 있고, 극을 당하거나 설기하면 효과가 없는 것은 물론 도리어 해롭다. 아이들 병이라면 주색을 말하지 말고 음식 때문에 그렇다고 판단해야 하니, 사생과 휴왕에 변통이 필요하다.

생산한다는 것은 천지조화의 이치다. 원과 세가 부부가 되고, 회와 운이 자손이 된다. 원과 세가 0수를 얻으면 부모에게 불리하고, 회와 운이 0이면 낙태가 되거나 자라지 못하며 몸에 병이 들어 태어날 조짐이다.

서로 생하면 산모가 길하고 서로 극하면 산모에게 불리하다. 화와 금이 공을 맞으면 태어날 수 있다.

남녀의 구별은 홀수 짝수와 휴왕하는 이치로 판별한다. 혹 네 자리의 수를 합한 뒤에 4로 나누어 나머지가 홀수면 남자고, 짝수면 여자로 판별하기도 한다. 거스르고 극하며 물러나는 수를 얻으면 낙태하거나 거꾸로 태어나기도 하니, 아이를 낳아도 잘 기르기 어렵다.

12) 혼인길흉

혼인은 천지조화의 이치이며 음양 육합의 이치이다. 원이 부모가 되고, 회가 혼처가 되며, 운이 점을 쳐 혼인하는 당사자고, 세가 중매자가 되고 상대방이 된다.

또 본괘에서 얻은 네 자리의 수가 나이고, 변괘에서 얻은 네 자리의 수가 상대방이 된다. 이때는 본괘의 원이 나의 부모고, 회가 나의 재물이며, 운이 나이고, 세가 나의 자손이 된다. 마찬가지로 변괘의 원이 상대방의 부모고, 회가 상대방의 재물이며, 운이 상대방이고, 세가 상대방의 자손이 된다.

부부가 상극하면 백년해로를 하지 못하고, 남편의 수는 홀수가 좋고 여편의 수는 짝수가 좋다. 원이 0이면 부모가 안계시고, 회가 0이면 재산이 부족하며, 운이 0이면 남편이 일찍 죽고, 세가 0이면 자손이 끊어진다. 변괘의 길흉도 같은 방법으로 본다.

남편이 여편을 극하는 것은 그런대로 괜찮으나 여편이 남편을 극하는 것은 좋지 않다. 네 자리에서 0을 얻거나 살殺을 띠고 있으면 비록 혼인이 이루어지더라도 장차 좋지 못한 일이 발생한다. 괘사가 비록 길하더라도 여러 신이 충을 하면 길하다고 판단하지 않으며, 괘사가 비록 흉하더라도 여러 신이 도와주면 흉하다고 판단하지 않는다.

13〕도적·실물

도적은 이치를 거스르는 사람으로, 순음純陰의 성격을 가졌고, 한쪽으로 치우친 성격이다. 밤이 아니면 일을 이루기 어렵기 때문에 쥐나 개도둑에 비유한다. 쥐는 뱀〔巳時〕을 만나면 반드시 죽고, 고양이를 만나기를 꺼리며, 개는 호랑이를 만나면 반드시 죽고 사람을 보면 짖게 된다. 그 성품이 지역을 정해 떠나지 않고 물건을 얻으면 잘 감춘다.

변한 괘가 건괘면 서북방에서 찾고, 혹 관공서의 창고나 누각 등에 서 찾으며, 혹 쇠나 돌 곁에 있고, 혹 둥근 그릇에 있거나 지대가 높은 곳에 있게 된다. 나머지 괘도 이와 같이 유추하여 판단한다.

운이 나 자신이 되고 세는 도적이 된다. 운이나 세가 0수를 얻으면 찾기 어렵다. 운은 0이고 세는 성한 수면 반드시 재앙을 입게 된다. 극해서 들어오면 해롭고 생해서 나가면 재물을 잃게 된다. 물건을 잃은 사람은 세를 살피고, 물건을 얻은 사람은 운을 살핀다.

내괘가 외괘를 생하면 찾지 못하고, 외괘가 내괘를 생하면 쉽게 추리할 수 있다. 2와 7수를 얻으면 난로나 주방에서 찾고, 1과 6수를 얻으면 습기진 곳이나 물가에서 찾는다. 3과 8수는 초목가운데서 찾고, 4와 9수는 쇠나 돌 근처에서 찾는다.

14) 재물을 구함

원은 재물의 뿌리가 되고, 회는 재물이 되며, 운은 자신이 되고, 세는 다른 사람이 된다. 회가 왕하고 세가 0이면 재물을 얻지만 이익이 없고, 원과 회가 운을 생하면 얻은 이익이 두 배가 되고, 원과 회가 운을 설기하면 이익이 없고 재물을 얻어도 곧 잃게 된다.

아랫 수[운이나 세]가 윗 수[원이나 회]를 극하면 재물이 없고, 세가 윗 수들을 생하면 곧 재물을 얻게 되고, 세가 윗 수들을 극하면 재물을 잃게 된다.

0수를 얻으면 재물이 아예 없게 되고, 운을 설기시키면 비용이 많이 든다. 1수와 6수가 생하거나 도와주면 물과 관련된 재물을 얻고, 나머지 수도 오행의 수리에 의해 얻는 재물이 달라진다.

12부. 선천팔괘 총정리

12부. 선천팔괘 총정리

1. 건乾 ☰ : 선천수는 1이며 양금陽金에 속한다.

점을 칠 때 자신과 비화比和관계인 가을이 가장 좋고, 자신이 극을 하는 봄〔金克木〕 또는 생함을 받는 토왕지절土旺之節은 유리하며〔土生金〕, 극을 당하는 여름이나 자신이 생해주어야 하는 겨울점은 좋지 않다.

건乾은 하늘이 되고, 둥근 것이 되고, 임금이 되고, 아버지가 되고, 머리가 되고, 옥이 되고, 쇠〔金〕가 되고, 추운 것이 되고, 어름이 되고, 크게 붉은 것이 되고, 말이 되고, 좋은 말이 되고, 늙은 말이 되고, 마른 말이 되고, 얼룩말이 되고, 나무의 과실이 된다. 구가역九家易에서는 용이 되고, 곧은 것이 되고, 옷이 되고, 언어가 된다고 하였다.

건은 성질이 온유하면서도 강직하고, 서북의 모서리 방향으로 있으니, 자子나 오午방이 아닌 술해戌亥방이다. 따라서 이치에 따른다면 강하고 선善이 되어 밝음이 되지만, 이치에 따르지 않는다면 강한 것이 악이 되어 흉포함이 된다.

구☰·돈☰·비☰·리☰·무망☰·송☰·동인☰의 7괘는 건☰이 상괘에 있으므로 밖으로 강한 것이고, 대유☲·대장☳·쾌☱·수☵·대축☶·소축☴의 7괘는 건☰이 하괘에 있으므로 안으로 강한 것이다.

* 천시天時 : 쾌청하고 한랭함. 얼음. 우박. 싸라기 눈. 눈雪. 아주 맑음. 춥다.
* 지리地理 : 서북방. 서울[首都]. 큰 마을. 명승지. 높은 지형
* 인물人物 : 인군. 아버지. 큰 인물. 어른[長者]. 환관. 유명인[名人]. 고위 공무원. 흉한 쪽으로는 군사. 활쏘는 사람. 도적. 강도. 시체가 머무름이 된다. 관직으로는 중앙정부의 고관. 감찰사. 각 지방의 으뜸 벼슬. 과거 시험장의 시험관이 된다.
* 성격 : 강건하고 용감하며 과단성이 있다. 적극적이다. 정직하다. 존귀하면서도 무게 있게 행동한다. 높은 것을 좋아한다. 전쟁과 움직이기를 좋아한다.
* 일의 뜻 : 상괘에 있으면 전형적이고 훌륭한 가문이요, 하괘에 있으면 흉포한 무리가 된다.
* 신체·동물 : 머리.정수리. 얼굴과 뺨. 광대뼈와 볼때기. 뼈. 폐에 해당. 말. 고니. 백조. 참새. 소리개. 물수리. 붕새. 매. 사자. 코끼리 등.
* 때 : 가을[음력 9월과 10월 사이]. 술戌·해亥 및 끝수가 1·4·9인 연월일시 또는 금요일.
* 물건 : 금金과 옥玉. 보물. 둥근 것. 나무 열매. 단단한 것. 거울. 머리에 쓰는 갓. 둥근 잔. 술따르는 목이 좁은 병. 수정. 옥 고리[허리장식]. 모양이 바른 그릇. 공 모양의 둥근 그릇.
* 가옥 : 공관. 누대. 높은 집. 큰 집. 역사. 서북향 집
* 계절에 따른 집안일 : 가을점…흥성한다. 여름점…재앙있다. 겨울점…쇠퇴. 봄점…이롭다.

* 혼인 : 고관의 친척. 명망있는 집안. 가을점…쉽게 이루어짐. 겨울·여름점 …불리.
* 음식 : 말고기. 진미. 뼈가 많음. 간 또는 폐. 마른 고기. 나무 열매. 머릿고기. 둥근 것. 맵고 아린 맛. 조. 밤. 오이. 콩. 용안육龍眼肉. 여지나무 荔.
* 출산 : 순산한다. 가을점…귀한 자식. 여름점…혹 유산. 서북을 향해 앉을 것
* 취직 : 명성과 권세있다. 높은 직. 법관. 경찰. 군인. 서북방으로 감. 교통관리. 정부나 윗사람의 부름을 받는다. 추천으로 된다. 관직이 올라간다. 의병이나 친위대에 입대한다.
* 소망 : 이룬다. 공적인 일. 움직여 얻음. 단 여름점은 불리하고, 겨울점이면 노고만 많음.
* 매매 : 금과 옥 등 귀한 물건. 쉽게 이룸. 은혜를 주고받는 뜻으로 재화를 교환함. 돈이나 말의 종류. 단 여름점은 불리.
* 재수 : 있다. 금과 옥을 얻음. 공적인 일에 유리. 가을점…대길. 봄점…길하다. 여름점…손재수. 겨울점…얻지 못한다.
* 여행 : 이롭다. 서울 등 큰 도시가 좋다. 서북방. 여름점…불리
* 친교 : 훌륭한 사람〔大人〕을 봄이 좋다. 덕이나 관직에 있는 사람. 원하는 사람을 봄.
* 질병 : 얼굴. 폐. 근육이나 뼈. 상초上焦. 수태양맥手太陽脈이 빠르게 뛴다. 하늘에서 위엄으로 벌주는 것으로 위가 막혀서 눈〔目〕에서 열이 난다. 오한과 열이 난다. 여름점…좋지 않다.
* 약처방 : 둥근 음식물. 떡의 붉은 것. 손으로 만든 떡. 만두. 꾸러미로 싼 것. 돼지머리의 뇌골. 국. 진귀한 음식. 떡과 찐 고기만두.
* 송사 : 승소한다. 귀인의 도움. 가을점…더욱 좋다. 여름점…이치에 어긋난다.
* 분묘 : 서북향이다. 건산乾山기맥이다. 천혈天穴이 있다. 높다. 가을점…귀한 인물이 난다. 여름점…크게 흉하다.
* 색 : 진한 적색. 검은 색〔玄〕.
* 성씨 : 金〔금〕자가 들어 있는 성. 상음商音, 즉 바르고 맑은 소리가 남.

❋ 수 : 1·4·9. 녹祿은 임신壬申에 있음.
❋ 맛 : 맵고 아린 맛.

☰

2. 태兌 ☱ : 선천수는 2이며 음금陰金에 속한다.

점을 칠 때 자신과 비화관계인 가을이 가장 좋고 극을 하는 봄 또는 생함을 받는 토왕지절土旺之節은 유리하고, 극을 당하는 여름이나 자신이 생해주어야 하는 겨울점은 좋지 않다.

태는 못이 되고, 소녀가 되고, 무당이 되고, 입과 혀가 되고, 꺾이고 끊어짐이 되고, 붙어있는 음을 결단함이 되고, 땅에는 단단하고 짠 것이 되고, 첩이 되고, 양이 된다. 구가역에는 집이 되고, 뺨과 볼때기가 된다고 하였다.

봄과 여름에는 말하는 것을 좋아하고, 가을과 겨울에는 웅장한 것을 좋아한다. 태는 기뻐하는 것이 된다. 사악한 말이나 거짓된 행동을 잘하며, 물결과 흐름을 따라 흘러간다. 이치에 맞으면 화순한 것이고, 그렇지 않으면 사악하고 음란한 것이 된다.

❋ 천시 : 비와 이슬. 봄의 안개. 가랑비. 여름과 가을은 짙은 안개. 겨울의 큰 눈. 상괘는 비가 되고 하괘는 이슬이 된다. 초승달. 별〔星〕.
❋ 지리 : 서방. 고여있는 물. 둑. 저수지. 버려진 우물. 샘. 내와 연못. 산이 무너져 파열된 곳. 변방오지.
❋ 인물 : 소녀. 첩. 기생. 악사樂士. 통역관. 무당. 선생. 객지 사람. 기술자. 중개인. 거간군. 아름답다. 관직으로는 학문을 관장하는 관리·장수·

현령·감찰·음악을 관장하는 관리가 되고, 흉한 면으로는 집에서 부리는 사람이 외딴 곳에 숨기는 뜻이 된다.

❈ 성격 : 즐거워하며 말을 많이 함. 남의 말을 함. 정조관념 희박. 먹성이 좋다. 말하고 먹는 것을 기뻐하며, 아름다움을 추구함.

❈ 일의 뜻 : 구설수에 오름. 서로 사기치고 비방함. 부인들이 서로 다툼. 어리석음으로 인한 일.

❈ 신체·동물 : 동물의 혀. 입. 폐. 불구자. 침이나 몸에서 나오는 점액. 양. 방광. 대장. 뺨과 볼때기. 어린 양과 큰 양. 사슴. 원숭이. 승냥이. 표범. 집오리. 물고기. 연못 속에서 사는 것.

❈ 때 : 가을(특히 음8월). 유酉 및 끝수가 2·4·9인 연월일시 또는 금요일.

❈ 물건 : 쇠붙이. 쇠로된 칼. 악기. 흠 있는 그릇. 못쓰는 물건. 철鐵. 동銅. 동전. 그릇. 술잔. 병. 사발에 주둥이가 있는 것. 비단 옷.

❈ 가옥 : 물가에 있는 집. 담벼락이 무너진 집. 흠있는 집. 서쪽을 향한 집

❈ 집안일 : 편치 못함. 구설을 막을 것. 가을점…길하다. 여름점…집안에 우환이 있다.

❈ 혼인 : 기쁜 일이 있다. 주로 혼사에 길하고, 특히 소녀의 혼사에 좋다. 평상적인 가문의 셋째딸로 예쁘고 잘 기뻐함. 여름점…이롭지 못하다.

❈ 음식 : 양고기. 못속에 사는 동물. 잘익은 맛. 맵고 아린맛. 만두. 입안에 음식을 둠. 엿과 떡. 구운 떡. 간과 폐. 밤. 기장. 대추. 오얏. 호도. 석류.

❈ 출산 : 좋지 않다. 혹 태아가 다칠 수도 있다. 여아를 낳는데 달수가 모자름. 기이한 일이 많음. 여름점…불리, 서쪽을 향해 앉을 것.

❈ 취직 : 어렵다. 명성으로 인한 손실. 서쪽으로 가는 것이 좋다. 법조인. 경찰이나 군인. 악사. 통역관

❈ 소망 : 어렵다. 꾀하는 일에 손실있다. 가을점…조금 기쁨이 있다.

❈ 매매 : 불리하다. 구설을 조심하라. 송사가 있을 염려. 특히 여름점은 불리하나 가을점이면 소득이 있다.

❈ 재수 : 이익은 없고 손실만 있다. 주로 입으로 인한 손실이다. 단 가을점이면 좋다.

❈ 여행 : 멀리 가는 것은 좋지 않다. 구설을 조심하라 혹 손실이 따른다. 서

쪽으로 가라. 가을점이면 무해하다.
* 친교 : 서쪽으로 가면 화합한다. 원망하는 말이 있을 수 있다. 모여서 글을 읽음. 벗을 모이게 함. 선생을 모심. 시를 읊고 감상함.
* 질병 : 입·혀·인후·치아에 질병이 있고, 기가 잘못 돌아 천식이 된다. 찬 음식 주의.
* 약처방 : 꺾어서 약을 조제함.
* 송사 : 쟁송이 끊이지 않는다. 옳고 그름이 판단나지 않는다. 공적인 일은 특히 조심하라. 형벌을 당할까 두렵다. 가을점이면 승소한다.
* 분묘 : 서향이다. 혈穴에 물이 들거나 막힘. 물에 가깝다. 여름점은 불리, 혹 혈이 막혔다.
* 성씨 : 상음商音이다. 구〔口〕자나 金〔금〕자가 들어있는 성. 혹은 家·金·釣·口가 들어 있는 성.
* 색 : 흰색.
* 수 : 4·2·9. 녹은 정丁에 있음.
* 맛 : 맵고 아리다.

3. 리離 ☲ : 선천수는 3이며 화火에 속한다.

점을 칠 때 자신과 비화관계인 여름이 가장 좋고 극을 하는 가을 또는 생함을 받는 봄은 유리하고, 극을 당하는 겨울이나 자신이 생해주어야 하는 토왕지절土旺之節은 좋지 않다.

리離는 불이 되고, 해가 되고, 번개가 되고, 중녀가 되고, 갑옷과 투구가 되고, 창과 병기가 되고, 사람에는 배가 큰 것이 되고 눈이 되며, 건괘乾卦가 되고, 꿩이 되고, 자라가 되고, 게가 되고, 소라가 되고, 조개가 되고, 거북이 되고, 나무에는 속이 비고 가지가 마른 나무가 된다. 구가역에는 기르는 소가 되고, 암소가 된다고 하였다.

봄과 여름에는 성품이 밝고, 문채가 있어 잘 판단하고, 가을에 겨울에는 어두워서 밝지 못하며, 시작과 끝이 분명하지 못하다. 리는 해나 달이 하늘에 떠 있는 것이니, 이와 같이 마음을 밝게 살피는 것이며, 부여된 성품이 곧고, 정남쪽에 거한다. 이치에 맞으면 문명한 것이 되고, 그렇지 않으면 그른 것이 된다.

❋ 천시 : 해. 번개. 무지개. 노을. 맑음.
❋ 지리 : 남방. 마르고 높은 지형. 불무질하는 장소. 지나치게 더운 곳. 볕드는 곳. 정남쪽.
❋ 인물 : 중녀中女. 문인文人. 배가 큰 사람. 눈병 있는 사람. 갑옷과 투구를 갖춘 무사. 흉한 면으로는 부인이 도적을 따라 남쪽으로 감(내연 또

는 인질로)이 되고, 관직으로는 한림원의 학자. 가르치는 관리. 정치를 감독하는 벼슬로 주로 남방에서 임무를 행함.

❈ 성격 : 글·그림에 총명. 학문에 소질있다. 일을 명료하게 처리함. 서로 마음을 비우고 만남. 글 쓰는 일.

❈ 일의 뜻 : 근심하고 의심함. 시끄럽게 떠벌림. 크게 울거나 웃음. 성급함. 괜한 근심을 함.

❈ 신체·동물 : 눈. 심장. 상초上焦. 소장小腸. 꿩. 거북. 자라. 게. 달팽이. 갑각류. 새 중에도 깃털이 화려한 것. 소라. 조개. 대합. 매추라기. 학. 나는 새. 암양.

❈ 때 : 여름(특히 음력 5월). 오후 연월일시 및 끝수가 3·2·7인 날 또는 화요일

❈ 물건 : 불. 문서. 문장. 방패. 마른 것 또는 속이 빈나무. 붉은색의 물건. 게·자라·조개·곤충류 등 가운데가 비어 있는 것. 불을 밝히는 기구. 밖은 견실하고 안은 부드러운 물건. 병풍·장막·발 등 물건을 가리는데 쓰는 것. 창. 병기. 갑옷·투구·소반·시루처럼 속이 빈 것. 도요지. 용광로. 찬합. 대바구니. 적색·홍색·자색 등 붉은색 계통의 옷. 아주 오래되어 잊혀졌던 물건을 찾는 것 같이 뜻밖에 생기는 재물.

❈ 가옥 : 남향집. 밝고 깨끗한 집. 빈 집. 크고 화려한 건물. 중앙의 궁전. 처마. 부엌.

❈ 집안일 : 안정되고 평화로움. 단 겨울점은 불안하고, 체體를 극할 때는 화재수가 있음.

❈ 혼인 : 이루어지지 않는다. 중녀일 경우나 여름점일 경우는 이롭다.

❈ 음식 : 꿩고기. 불고기. 마른고기. 숙성시킨 고기. 기장수수과 연뿌리. 밖은 단단하나 안은 부드러운 것. 가시나무의 꽃과 마른 나무가지. 찐만두.

❈ 출산 : 순산한다. 차녀를 낳는다. 성질이 조급하여 울부짖음. 단 겨울점은 불리하다.

❈ 취직 : 성사된다. 남쪽에 직장이 있다. 사무직. 불무질하는 직업도 된다. 정부에서 일을 내림.

❈ 소망 : 성사된다. 문서에 관한 일이다. 전쟁의 승보를 받음.

❈ 매매 : 이루어진다. 문서로써 오고간다. 어음을 받는다.

❉ 재수 : 있다. 남방에서 구하라. 문서에 의한 이익이다. 단 겨울점은 불리.
❉ 여행 : 좋다. 남방으로 가면 좋다. 문서에 따라 행동한다. 겨울점은 불리.
❉ 친교 : 남방사람을 만난다. 가을점이면 문서나 발명에 관한 일. 겨울점 불리.
❉ 질병 : 수족이 심장의 극을 받음. 눈. 심장병. 기운의 조급하고 열이 남으로 인한 병. 상초上焦에 있다. 열병. 발광. 여름점이면 더위먹음. 계절병이다. 정신이 이상해짐.
❉ 송사 : 쉽게 풀린다. 문서로 문제가 된다. 명쾌하게 판별된다.
❉ 분묘 : 남향. 묘앞에 나무가 없는 양혈陽穴이다. 여름점…▸문인文人이 나온다. 겨울점…▸불리
❉ 색 : 붉은색. 자색. 홍색.
❉ 성씨 : 치음徵音이며, 次·효·人·火·日자가 들어간 성.
❉ 수 : 3·2·7. 녹은 기己에 있다.
❉ 맛 : 쓴 맛.

4. 진震 ☳ : 선천수는 4이며 양목陽木에 속한다.

　점을 칠 때 자신과 비화관계인 봄이 가장 길하고 극을 하는 토왕지절土旺之節 또는 생함을 받는 겨울은 유리하며, 극을 당하는 가을이나 자신이 생해주어야 하는 여름점은 좋지 않다.

　진震은 우레가 되고, 용이 되고, 검고 누런 것이 되고, 넓게 펴는 것이 되고, 큰 길이 되고, 맏아들이 되고, 발이 되고, 결단하고 조급함이 되고, 푸른 대나무가 되고, 갈대가 되고, 말에는 잘 우는 말, 흰 말, 발을 자주 움직이는 말, 이마가 흰한 말이 되고, 심는데 있어서는 되살아나는 것이 되고, 궁극에 가서는 굳센 것이 되며, 번성하고 선명한 것이 된다. 구가역九家易에는 왕이 되고, 고니가 되고, 북〔鼓〕이 된다고 하였다.

　봄과 여름에는 성질이 엄하고 강직하여 여러사람이 공경하고 복종하는 바가 되나, 가을과 겨울에는 강해도 위엄이 없고, 능히 물건을 만들 수 없다. 쉬는 것을 좋아하지 않으며, 양효가 아랫쪽으로 치우쳐 있으므로 성격은 한쪽으로 편중되어 있다. 이치에 합당하면 위엄이 있는 것이고, 그렇지 못하면 조급하고 포악하다. 체용으로 나누면 상괘는 나는 것이 되고, 하괘는 달리는 것이 된다.

❋ 천시 : 우레. 무지개. 번개.
❋ 지리 : 동방. 나무. 시끄럽고 번잡한 시장. 큰 길. 대나무 및 초목이 무성한 곳. 주택가. 문지방〔드나드는 곳〕. 정동방正東方.
❋ 인물 : 장남. 상인의 무리. 장수. 공인물건 만드는 사람. 흉한 면으로는 동쪽으로 간 남자 도적이 되며, 관직으로는 감찰사. 군수. 형벌을 주관함. 순경. 법관이 된다.
❋ 성격 : 활동적임. 잘 노함. 자주 움직임. 놀람. 시작에는 강하므로 결단을 잘 하나. 움직이는데 급급하므로 조급해짐.
❋ 일의 뜻 : 옛 일이 중첩되어 이름은 있으나 실제가 없음. 심고 가꿈.
❋ 신체·동물 : 발〔足〕. 간肝. 터럭〔髮〕. 발성기관. 용. 뱀. 벌. 나비. 백로. 학.
❋ 때 : 봄〔특히 음력2월〕. 묘卯 연월일시 및 끝수가 4·3·8인 날. 또는 목요일.
❋ 물건 : 나무. 대나무. 갈대. 나무나 대나무로 만든 악기. 가지가 많은 화초. 나무 그릇. 광주리. 주판. 배와 수레. 군대용 수레. 교각. 그릇. 항아리. 악기. 북. 치마와 허리띠. 허리에 두르는 물건으로 노끈. 명주. 청색 검은색 황색의 비단.
❋ 가옥 : 동향집. 산속에 있음. 누각.
❋ 집안일 : 생각지 않은 놀랄 일이 생김. 봄·겨울점⋯길하다. 가을점⋯불리
❋ 혼인 : 가능성 있다. 유력한 집안. 장남과 결혼. 관료의 집안. 기술자. 여자가 용모는 수려하나 마음이 쉽게 움직임. 가을점⋯이루어지지 않는다.
❋ 음식 : 족발. 야생동물. 물고기. 채소. 나무열매. 분식. 속을 넣은 만두. 술. 제철 음식. 토란. 팥.
❋ 출산 : 놀란다. 태아의 움직임이 불안. 장남을 낳는다. 동향으로 앉을 것. 가을점이면 유산. 놀라고 괴이한 일이 있을 수 있다.
❋ 취직 : 된다. 동방으로 간다. 큰 소리로 호령을 하는 직업. 법 집행관. 교도관. 세무공무원. 혹 큰 시장의 물자담당
❋ 소망 : 가망있다. 마땅히 움직이면서 꾀해야 한다. 허락이 떨어지긴 했지만, 아직 전해지지는 못함. 단 가을점이면 가망없다.
❋ 매매 : 매매하면 이익있다. 산속의 나무나 대나무·차 등이다. 가을점⋯불

리.

❈ 재수 : 산속의 재목 및 대나무. 동방에서 구한다. 움직이는 가운데 얻는다. 음인〔여인이나 소인〕이 돈을 숨겨놓음.

❈ 여행 : 동방이 이롭다. 산으로 간다. 가을점…안가는 것이 좋다. 쓸데없이 놀란다.

❈ 친교 : 서로 만난다. 산속 사람과 맺는다. 명망있는 사람이다. 주연을 즐기고 감상함. 시기를 정해 놓고 모임.

❈ 질병 : 발. 간경肝經이 잘못됐다. 놀램증이다. 기가 적체되어 위를 차게해서 상하게 함. 사지가 권태롭고 피곤함. 몸이 더웠다 추웠다 함. 음식으로 인한 병. 약을 남용함. 족태양足太陽에 생긴 병. 맥박이 가벼우면서도 세게 뜀.

❈ 송사 : 승소한다. 놀랄 일이 있다.

❈ 분묘 : 동향이 이롭다. 산속에 혈이 있다. 가을점이면 불리하다.

❈ 색 : 파란색. 녹색. 푸른색〔碧〕. 드물게 검은색이나 누런색.

❈ 성씨 : 각角음. 木〔목〕자가 있는 성. 혹은 走·竹이 들어간 글자나, 세워진 획이 한쪽으로 편중된 글자를 뜻한다.

❈ 수 : 4·8·3. 녹은 경庚에 있음.

❈ 맛 : 신맛.

5. 손巽 ☴ : 선천수는 5이며 음목陰木에 속한다.

점을 칠 때 자신과 비화관계인 봄이 가장 길하고 극을 하는 토왕지절土旺之節 또는 생함을 받는 겨울은 유리하며, 극을 당하는 가을이나 자신이 생해주어야 하는 여름점은 좋지 않다.

손巽은 나무가 되고, 바람이 되고, 맏딸이 되고, 노끈이 되고, 기술자[工]가 되고, 흰 것이 되고, 백성이 되고, 높은 것이 되고, 나아가고 물러남이 과감하지 못한 것이 되며, 물고기가 되고, 닭이 된다.

사람에는 털이 적은 사람, 이마가 넓은 사람, 눈에 흰자가 많은 사람이 되고, 넓적다리가 되며, 이익을 추구해 가까운 시장에서 세배의 이익을 남김이 되고, 궁극에 가서는 조급한 괘가 된다.

구가역에는 드날리는 것이 되고, 황새가 된다고 하였다.

봄과 여름에는 권세로 호령하며 일을 도모하고, 가을과 겨울에는 강유가 일치하지 않아 물건에 해를 끼친다. 손巽은 들어가는 것이다[入]. 모든 일에 과감하게 물러나고 피하지 못하며, 음한 성질을 받아서 한쪽으로 편중되어 있다. 이치에 맞으면 권도로 일을 잘 꾀함이 되고, 그렇지 않으면 간사한 것이 된다.

❋ 천시 : 바람.
❋ 지리 : 동남방. 초목이 번성한 곳. 꽃·과일·채소 농원. 숲이나 정원. 동산.
❋ 인물 : 장녀. 뛰어난 재주. 과부. 산에서 수도하는 사람. 여자로서 관직을 받은 사람. 약을 파는 노파. 기술을 가진 여인. 흉한 면으로는 하인이 물건을 가지고 달아남이 되며, 관직으로는 형벌을 주관하는 관리, 문서를 검열 교정하는 자리, 중요한 업무를 관장하는 관리. 관직에서 쉬면서 이치를 궁구함.
❋ 성격 : 부드럽고 화합하나, 과단성 및 일관성 없음. 이익에 밝음. 촌스러움. 인색함. 어렵게 헤쳐나감. 울면서 호소함.
❋ 일의 뜻 : 천거됨. 관리가 상급기관에 보고서를 냄. 널리 살핌. 지휘하여 명령함. 명령을 들음〔분부를 실행함〕.
❋ 신체·동물 : 넓적다리. 귀. 눈. 담膽. 털. 수명. 입. 사지〔팔다리〕. 닭. 산속의 새나 벌레. 거위. 오리. 물고기. 상괘는 나는 것이 되고 하괘는 달리는 것이 된다.
❋ 때 : 봄과 여름의 사이〔음3·4월〕. 진辰·사巳 연월일시 또는 끝수가 3·5·8인 날이나 월. 목요일.
❋ 물건 : 나무향. 밧줄. 곧거나 긴 물건. 대나무. 나무로 세공된 그릇. 풀로 만든 그릇. 노끈. 현악기. 악기. 윗옷. 노끈. 실.
❋ 가옥 : 동남향집. 절이나 산속에 있는 집. 망루.
❋ 집안일 : 편안하고 정적인 가운데 이익을 본다〔특히 시장에서〕. 봄점⋯길하다. 가을점⋯편치않다.
❋ 혼인 : 이루어진다. 장녀의 혼인이다. 관직을 받은 부인. 사대부의 여인. 가문이 좋은 집. 혼인을 추진했다가 그침. 단 가을점이면 이롭지 않다.
❋ 음식 : 닭고기. 산에서 나는 음식. 채소. 마蔴. 가루로 된 것. 차. 국수와 가루를 풀어 만든 국. 닭. 물고기. 창자. 배〔肚〕. 신맛이 나는 것. 하괘는 거위와 오리가 된다.
❋ 출산 : 순산한다. 첫딸이다. 피부가 밝고 희다. 가을점⋯태아가 다칠 염려. 동남쪽을 향해 앉는 것이 좋다.
❋ 취직 : 된다. 사무직 또는 풍기담당관이나 세무직. 동남방으로 부임한다.
❋ 소망 : 원하는 바를 이루고, 재물도 얻는다. 단 가을점이면 이루는 바가

적다. 전쟁의 승리를 보고 받음. 임금의 사신. 천거되어 등용됨.

❈ 매매 : 3배 가량의 큰 이익이 있다. 산에서 나는 물건이나 물고기다. 단 가을점은 불리하다.

❈ 재수 : 3배의 이익을 본다. 산속에 이익 있다. 단 가을점이면 꾀하는 바는 많으나 이루는 것은 적다. 조세수입. 요금을 받음. 숨겨진 보물.

❈ 여행 : 좋다. 출입에 모두 이익이 있다. 동남방향이다. 가을점⋯좋지않다.

❈ 친교 : 사귐이 있다. 문인文人. 빼어나게 재주있는 사람. 또는 산속에 있는 사람. 집에서 베푸는 자리. 손님들이 다 오지 않음.

❈ 질병 : 넓적다리. 중풍 등 풍으로 인한 질병. 기맥불순. 오한. 위장병. 물갈이 병. 수족이 30일간 차가와짐. 맥이 유약함. 음식이 위를 상하게 하여 술에 체하여 명치밑이 더부룩함. 나쁜 냄새가 남. 물과 곡식이 맞지 않아 뱃속의 장이 제기능을 못함. 풀로 만든 약으로 다스린다.

❈ 송사 : 화해함이 좋다. 풍기문란으로 걸릴 수 있다.

❈ 분묘 : 동남방향이다. 산속에 혈이 있고 수목이 많다. 가을점이면 불리하다.

❈ 색 : 푸르고 깨끗한 흰색. 청록색.

❈ 성씨 : 각음角音. 艸나 木자가 들어 있는 성. 글자로는 草·木·竹이 있는 글자.

❈ 수 : 5·3·8. 녹은 신辛에 있음.

❈ 맛 : 신맛.

6. 감坎 ☵ : 선천수는 6이며 수水에 속한다.

　점을 칠 때 자신과 비화관계인 겨울이 가장 길하고 극을 하는 여름 또는 생함을 받는 가을은 유리하며, 극을 당하는 토왕지절土旺之節이나 자신이 생해주어야 하는 봄점은 좋지 않다.
　감坎은 물이 되고, 도랑이 되고, 중남이 되고, 귀가 되고, 돼지가 되고, 숨어 엎드린 것이 되고, 굽은 것을 바로잡음이 되고, 활과 바퀴가 되고, 사람에는 근심을 더함이 되고, 심장병이 되고, 귀앓이가 되고, 피가 되고, 붉은 것이 되며, 말에는 아름답게 마른 말, 마음이 급한 말, 머리를 떨군 말, 발꿈치가 엷은 말, 끄는 말이 되며, 수레에는 재앙이 많은 것이 되며, 통通한 것이 되고, 달이 되고, 도적이 되며, 나무에는 굳고 심이 많은 나무가 된다.
　봄과 여름에는 성품이 험한 것을 좋아하여, 망할 것을 고려하지 않고 일을 포악하게 처리하고, 가을과 겨울에는 성품이 정미로우므로 처음에는 어렵고 뒤에는 쉬워져서, 계획을 세우고 의지로 실천한다.
　감괘는 험하나 심지가 굳어 형통하고, 빠지는 성품을 부여받아 북쪽에 거하며, 감의 체는 숨어 있는 물건에 있다. 이치에 맞으면 강한 것이 되고, 그렇지 않으면 험하고 빠지는 것이 된다.
❋ 천시 : 비. 달. 눈. 서리. 이슬. 무지개. 구름.

❀ 지리 : 북방. 강이나 호수. 도랑. 샘이나 우물. 낮고 습한 지형. 해협. 넓은 바다. 화장실. 정북방. 언덕의 묘소. 여우와 토끼의 구덩이 집.

❀ 인물 : 중남中男. 물가에 있는 사람. 뱃사람. 도적. 승려. 도를 닦는 사람. 흉한 면으로는 남의 것을 얻어 탔다가 수난을 당함. 쉽게 패하여 잡힘이 되며, 관직으로는 좋은 운을 만나 승진함. 돈이나 식량을 거두어 운반하는 관리가 된다.

❀ 성격 : 음험하고 모함을 잘하는 천한 성격. 외유내강. 안으로 이익을 챙김. 물결따라 흘러가는 지조 없는 사람. 지혜가 있어 모든 일을 잘 처리함. 찬찬하고 자상함.

❀ 일의 뜻 : 반복해서 머뭇거리며 소인이 사기를 치려고 함. 간사하고 교활함. 도적. 송사가 생김.

❀ 신체·동물 : 귀. 피. 지방질. 신장. 털. 가슴아랫부분. 돼지. 물고기. 물속에 있는 것. 사슴. 코끼리. 새끼돼지. 여우. 제비. 소라.

❀ 때 : 겨울〔음11월〕. 자子 연월일시 및 끝수가 1이나 6인 날 또는 수요일.

❀ 물건 : 물과 관련있는 것. 중심이 단단한 물건. 활. 바퀴. 굽은 물건. 술이나 물을 담는 그릇. 수레. 망가진 수레. 청색이나 흑색의 옷. 송사하여 다툰 재물로. 합의하여 얻음.

❀ 가옥 : 북향집. 물 근처 집. 강가의 누각. 차나 술의 창고. 집의 습기찬 곳.

❀ 집안일 : 불안하고 암울하다. 도적이 있다.

❀ 혼인 : 다른 결혼은 별로나 중남中男의 결혼에 좋다. 부잣집. 술집. 친가에서 함께 삶. 북쪽에서 한다. 진술축미辰戌丑未월은 하지마라.

❀ 음식 : 돼지고기. 술. 찬음식. 해물. 국. 물고기. 피나 뼈가 있는 음식. 물속에서 나는 음식. 짠 음식. 바다에서 나는 물건 중 딱딱하고 견실한 것. 기슭에서 나는 것. 보리. 대추·매실·오얏·복숭아 등 밖은 부드러우나 안은 견실하고 씨가 있는 것.

❀ 출산 : 난산으로 위험하다. 차남일 경우는 좋다. 남아라면 차남이다. 진술축미辰戌丑未월은 특히 위험하다. 외모가 수려함. 북쪽으로 앉는 것이 좋다.

❀ 취직 : 어렵다. 모함이 따르고 함정에 빠질 수도 있다. 북쪽으로 간다. 물고기나 소금 등 물가에서 하는 일 또는 주류업이다.

❀ 소망 : 이루지 못한다. 겨울이나 가을점이면 가망 있다.

❁ 매매 : 매매하면 손해본다. 잃거나 모함에 빠진다. 물가에서 물고기 소금 술 등을 거래한다. 성에 '물 수[水, 氵]'가 있는 사람일 가능성이 높다.
❁ 재수 : 손실이 있다. 물가의 일이나 술 등에 이익이 있다. 잃거나 함정에 빠진다. 원인 모르게 없어지는 것을 주의하라.
❁ 여행 : 멀리 가지 마라. 배를 타고 물을 건넌다. 북쪽이다. 도적을 만나거나 험한 길로 인해 위험에 처한다.
❁ 친교 : 만나기 어렵다. 혹 만난다면 물가 사람이고, 성에 '물 수[水, 氵]' 자가 있다.
❁ 질병 : 귀. 심장. 신장. 위가 차가워져 설사한다. 감기, 혈액으로 인한 고질병. 족태음足太陰의 기에 이상이 생김. 맥이 경화되어 거칠게 뜀. 처방으로는 신장을 보하는 약 또는 술이나 물 등 내리는 약을 씀.
❁ 송사 : 불리하다. 음해가 있다. 잃어버린 것에 대한 송사다.
❁ 분묘 : 북향. 물가에 있다. 장사지내지 않는 것이 좋다.
❁ 색 : 검은색
❁ 성씨 : 우음羽音. 水수[水, 氵]자가 들어있는 성. 글자로는 雨가 윗부분에 들어간 글자. '물 수[水, 氵]'가 있는 글자. 月·小·弓과 관련된 글자.
❁ 수 : 1·6. 녹은 무戊에 있음.
❁ 맛 : 짠맛. 신맛.

7. 간艮 ☶ : 선천수는 7이며 양토陽土에 속한다.

점을 칠 때 자신과 비화관계인 토왕지절土旺之節이 가장 길하고 극을 하는 겨울 또는 생함을 받는 여름은 유리하며, 극을 당하는 봄이나 자신이 생해주어야 하는 가을점은 좋지 않다.

간艮은 산이 되고, 소남이 되고, 손[手]이 되고, 지름길이 되고, 작은 돌이 되고, 문과 대궐문이 되고, 과일과 열매가 되고, 내시가 되고, 손가락이 되고, 개가 되고, 쥐가 되고, 주둥이가 검은 동물이 되며, 나무에는 굳고 마디가 많은 것이 된다. 구가역에는 코가 되고, 피부가 되고, 피혁皮革이 되고, 범이 되고, 여우가 된다고 하였다.

봄과 여름에는 성품이 온화하여 선善을 좋아하고, 가을과 겨울에는 지체되어 항상하지 못하므로 일이 지연된다. 간은 그치는 것이다. 강함과 부드러움이 있으나, 양陽이 한쪽으로 치우쳤으므로 성품이 편벽되었다. 이치에 맞으면 강직한 것이고, 그렇지 못하면 완고하고 막힌 것이 된다.

❉ 천시 : 눈. 안개. 산아지랑이. 별. 연기. 흐릿한 하늘.
❉ 지리 : 동북방. 산의 작은 길. 산성에 가까움. 구릉. 분묘. 종묘. 절. 골목길. 언덕의 정원. 문과 담장. 난간. 궁문. 절. 종묘.
❉ 인물 : 소남少男. 내시. 산속에 있는 사람. 하인. 관료. 보증인. 흉한 면으

로는 아랫사람으로 하여금 사람을 추적하게 하는 것이고, 관직으로는 산고을을 지키는 일로 전근되지 않는다.

* 성격 : 막혀있는 사람. 정적이고 과감하지 못하다. 집에 있기를 좋아한다. 머물러 지체함. 의심이 많음. 근심함. 안으로 강하고 밖으로 약하다.
* 일의 뜻 : 반복·진퇴·거취에 의심이 많음.
* 신체·동물 : 손이나 손가락. 뼈. 코. 등〔背〕. 근육. 비장. 위장. 호랑이. 개. 쥐. 주둥이가 검은 동물. 암소. 새끼소와 어미소. 고니. 송골매. 갈가마귀. 까치. 참새. 집오리. 갈매기.
* 때 : 겨울과 봄 사이〔음 12·1월〕. 축표 연월일시. 끝수가 7·5·10인 날과 달. 토요일.
* 물건 : 흙이나 작은 돌. 오이 등 채소의 열매. 누런 물건. 흙속에서 나는 물건. 가마와 수레. 쟁기. 병기류. 기와를 굽는 가마. 냄비. 병. 옹기. 찬합. 우산. 돈주머니. 자기. 소라모양의 술잔. 그릇. 안은 부드럽고 밖은 강한 물건. 누런 치마. 승려의 옷. 흑색 비단으로 만든 주머니.
* 가옥 : 동북방향. 산에 있고 가까이 돌이 많다. 길가의 집이다.
* 집안일 : 조용하고 평안하다. 모든 일이 막히고, 집안이 화목하지 못하다. 봄점이면 불안하다.
* 혼인 : 막혀서 어렵다. 이루더라도 지체된다. 소남이나 어린 사람의 결혼. 가까운 지역의 혼인이다. 봄점이면 불리하다.
* 음식 : 흙에서 나는 것. 동물의 고기. 콩. 알이 크고 작은 곡식들. 곱게 꾸민 음식. 먹는 바가 여러 가지임. 술과 음료를 섞어 데운 것. 언 음식에 국이 있고 즙이 있는 것. 거위와 오리로 맛을 낸 것.
* 출산 : 난산이다. 어려움이 따른다. 아이를 낳을 때가 됨. 동북쪽으로 앉는 것이 좋다. 봄점이면 더 어렵다.
* 취직 : 막혀서 안된다. 동북방으로 간다. 흙이나 산을 관리한다.
* 소망 : 막혀서 어렵다. 전망이 불확실하다.
* 매매 : 어렵다. 산이나 임야 전답의 일이다. 봄점이면 손실이 있다.
* 재수 : 막혀있다. 산속에 이익이 있다. 봄점이면 더욱 좋지 않다.
* 여행 : 멀리가지 마라. 막힘이 있으니 가까이 육로로 가라.
* 친교 : 막힘이 있어 만날 수 없다. 산속에 사람이다. 항상 즐김. 술을 마심.

　　　　만나서 모임을 가짐.
* 질병 : 손이나 손가락, 또는 오랫동안 묵혀둔 비장이나 위장병이다. 수태 양경手太陽經이 좋지 않다. 맥이 가라앉고 잠김. 습한 땅이나 바위 틈에서 나는 약초로 치료한다.
* 송사 : 귀인이 막혀서 돕지 못한다. 해결이 안된채 지체만 된다.
* 분묘 : 동북향. 산속에 혈이 있고. 가까이 돌이 있다. 봄점이면 불리하다.
* 색 : 누런색이다.
* 성씨 : 궁음宮音. 성에 土자가 들어있다. 글자로는 土·牛·田이 들어간 글자.
* 수 : 5·7·10. 녹은 병丙에 있음.
* 맛 : 단맛.

8. 곤坤 ☷ : 선천수는 8이며 음토陰土에 속한다.

　점을 칠 때 자신과 비화관계인 토왕지절土旺之節이 가장 길하고 극을 하는 겨울 또는 생함을 받는 여름은 유리하며, 극을 당하는 봄이나 자신이 생해주어야 하는 가을점은 좋지 않다.
　곤坤은 땅이 되고, 어머니가 되고, 넓게 펴는 것이 되고, 가마솥이 되고, 배腹가 되고, 인색한 것이 되고, 고른 것이 되고, 소가 되고, 새끼 달린 어미소가 되고, 큰 수레가 되고, 문채가 되고, 무리가 되고, 자루가 된다. 땅에는 검은 땅이 된다. 곤은 후중한 형태나 자리는 편중되어 거처한다.
　서남방에 있으며, 신申에 해당한다. 이치에 맞으면 성현聖賢이 되고, 그렇지 않으면 사악하고 방탕한 것이 된다.

❋ 천시 : 눈. 안개 등 음산하고 습기가 많음. 이슬. 구름. 음산한 날씨.
❋ 지리 : 서남방. 밭이나 들. 마을. 평지. 궁궐. 성읍. 담장과 벽
❋ 인물 : 할머니. 어머니. 농부. 시골 사람. 많은 사람. 배가 큰 사람. 승려. 흉한 면으로는 하인이 궁벽한 곳에 감추어 둠이 되고, 관직으로는 고위공무원, 가르치는 관리, 문자를 상고하여 교정하는 관리가 된다.
❋ 성격 : 인색하고 유순하다. 유약하고 모으기를 좋아한다. 순하고 느려서 일을 기일내에 못한다. 완고하고 둔하여 자애롭지 못하다.
❋ 일의 뜻 : 지체됨. 둔하고 나약함. 간사하고 인색함. 자연스럽고 태연함.

❋ 신체·동물 : 배. 비장. 위. 살肉. 소. 모든 동물. 암말. 갈매기. 참새. 갈가마귀. 집비둘기.

❋ 때 : 진술축미辰戌丑未월(특히 음6·7월). 미未·신申 연월일시. 끝수가 8·5·10인 월과 일. 토요일

❋ 물건 : 모난 물건. 부드러운 물건. 비단이나 베·무명. 오곡. 가마나 수레. 솥. 도자기. 여행채비로 준비한 승려복. 베와 치마. 질그릇. 사냥기구. 사기그릇.

❋ 가옥 : 서남향. 시골집. 밭가운데 있는 집. 작은 집. 토담집. 창고.

❋ 집안일 : 평온함. 음기가 많음. 봄점이면 집안이 불안함.

❋ 혼인 : 혼인하면 좋다. 재산있는 집이나 낙향한 집안이다. 기품있고 예의 바른 집. 장사하는 집. 혹 과부의 집일수도 있다. 생긴 모습은 추함. 졸렬한 성격으로 인색함. 배腹가 큼. 씩씩함. 느리고 둔함. 얼굴이 누렇다. 봄점이면 불리하다.

❋ 음식 : 소고기. 흙속에서 나는 것. 단맛. 오곡이나 들에서 나는 음식. 짐승의 내장이나 폐. 검은 빛의 국. 태워서 빛깔을 내어 얼린 것. 거위. 오리. 큰 제사에 희생犧牲으로 들어온 음식. 엿.

❋ 출산 : 순산. 여아로 살찌고 복스러움. 단 봄점이면 난산하여 태아나 산모에 영향을 준다. 서남방으로 앉는 것이 좋다.

❋ 취직 : 된다. 서남방으로 간다. 농사 등 흙과 연관된다. 봄점이면 안된다.

❋ 소망 : 이룬다. 가까운데서 조용하게 구하라. 혹 여인의 소망이다. 순조롭게 이루어지고 허락을 얻어, 진술축미辰戌丑未 월일月日에 응하게 된다. 봄점은 주의.

❋ 매매 : 이롭다. 토지·오곡·비단·베 등 무겁고 많은 물건이다. 조용한 가운데 이익이 있다. 봄점은 주의.

❋ 재수 : 있다. 조용한 가운데 이루어진다. 봄점이면 재물이 없다.

❋ 여행 : 좋다. 서남쪽 시골행이다. 육로로 간다. 봄점이면 가지 않는 것이 좋다.

❋ 친교 : 사귐이 있다. 시골 사람이나 친척 등 가까운 사람. 혹 여자나 소인일 수도 있다. 봄점이라면 안 사귀는 것이 좋다.

❋ 질병 : 배(특히 비장이나 위). 소화불량이다. 곡식이 몸에 맞지 않는다. 수태음경手太陰經에 병이 있다. 복통. 비와 위의 맥이 막혀서 기운이

가라앉음.
* 송사 : 이치에 순하라. 여러 사람의 동정을 얻는다. 송사가 잘되어 없어진다.
* 분묘 : 서남향. 평지의 양지바른 곳. 밭에 가까운 저지대. 봄점이면 쓰지마라.
* 색 : 누런색. 검은색.
* 성씨 : 궁흠음. 성에 土자가 있다. 글자로는 圭·金·四·牛가 들어간 글자.
* 수 : 8·5·10. 녹은 계유癸酉에 있음.
* 맛 : 단맛. 드물게 쓴 맛. 아주 매움.

부록. 점에 필요한 도본

1) 팔괘의 오행 및 숫자 대응표

괘명	오행	숫자
건	陽金	1
태	陰金	2
리	火	3
진	陽木	4

괘명	오행	숫자
손	陰木	5
감	水	6
간	陽土	7
곤	陰土	8

2) 팔괘의 방위도후천팔괘방위도

3. 팔괘와 오행의 기수氣數

괘상	☰	☱	☲	☳	☴	☵	☶	☷
괘명	건	태	리	진	손	감	간	곤
수	1/4/9	2/4/9	3/2/7	4/3/8	5/3/8	1/6	7/5/10	8/5/10
계절	가을/겨울 사이	가을	여름	봄	봄/여름 사이	겨울	겨울/봄 사이	진/술/축/미월
지지	술/해	유	오	묘	진/사	자	축/인	미/신
요일	금요일	금요일	화요일	목요일	목요일	수요일	토요일	토요일
방위	서북	서	남	동	동남	북	동북	서남
월陰	9/10월	8월	5월	2월	3/4월	11월	12/1월	6/7월
오행	양금	음금	화	양목	음목	수	양토	음토

4. 숫자와 괘의 대응표

괘명	숫자										
건 ☰	1	9	17	25	33	41	49	57	65	73	81	89	…
태 ☱	2	10	18	26	34	42	50	58	66	74	82	90	…
리 ☲	3	11	19	27	35	43	51	59	67	75	83	91	…
진 ☳	4	12	20	28	36	44	52	60	68	76	84	92	…
손 ☴	5	13	21	29	37	45	53	61	69	77	85	93	…
감 ☵	6	14	22	30	38	46	54	62	70	78	86	94	…
간 ☶	7	15	23	31	39	47	55	63	71	79	87	95	…
곤 ☷	8	16	24	32	40	48	56	64	72	80	88	96	…

5. 숫자와 동효의 대응표

동효	숫자											
초효	1	7	13	19	25	31	37	43	49	55	61	67	⋯
2효	2	8	14	20	26	32	38	44	50	56	62	68	⋯
3효	3	9	15	21	27	33	39	45	51	57	63	69	⋯
4효	4	10	16	22	28	34	40	46	52	58	64	70	⋯
5효	5	11	17	23	29	35	41	47	53	59	65	71	⋯
상효	6	12	18	24	30	36	42	48	54	60	66	72	⋯

6. 천간의 오행 및 숫자 대응표

천간	갑	을	병	정	무	기	경	신	임	계
수	1	2	3	4	5	6	7	8	9	10
오행	목	목	화	화	토	토	금	금	수	수
음양	양	음	양	음	양	음	양	음	양	음

7. 지지의 오행 및 숫자 대응표

지지	자	축	인	묘	진	사	오	미	신	유	술	해
수	1	2	3	4	5	6	7	8	9	10	11	12
오행	수	토	목	목	토	화	화	토	금	금	토	수
음양	양	음	양	음	양	음	양	음	양	음	양	음

8. 간지 숫자 환산표

1	2	3	4	5	6	7	8	9	10	11	12
갑자	을축	병인	정묘	무진	기사	경오	신미	임신	계유	갑술	을해
병자	정축	무인	기묘	경진	신사	임오	계미	갑신	을유	병술	정해
무자	기축	경인	신묘	임진	계사	갑오	을미	병신	정유	무술	기해
경자	신축	임인	계묘	갑진	을사	병오	정미	무신	기유	경술	신해
임자	계축	갑인	을묘	병진	정사	무오	기미	경신	신유	임술	계해

9. 시간과 지지의 숫자 대응표

숫자	1	2	3	4	5	6	7	8	9	10	11	12
시간	23~1	1~3	3~5	5~7	7~9	9~11	11~13	13~15	15~17	17~19	19~21	21~23
지지	자	축	인	묘	진	사	오	미	신	유	술	해

10. 숫자와 연월일시의 대응표

숫자	1	2	3	4	5	6	7	8	9	10	11	12	13	...
년	자	축	인	묘	진	사	오	미	신	유	술	해		
월	1월	2	3	4	5	6	7	8	9	10	11	12		
일	1일	2	3	4	5	6	7	8	9	10	11	12	13	...
시	자	축	인	묘	진	사	오	미	신	유	술	해		

11) 64괘의 오행배속표팔궁괘차도

本宮	八純卦	一世 1변	二世 2변	三世 3변	四世 4변	五世 5변	遊魂 6변	歸魂 7변
일건천 금	乾 ④	姤 ⑤	遯 ⑥	否 ⑦	觀 ⑧	剝 ⑨	晉 ②	大有 ①
이태택 금	兌 ⑩	困 ⑤	萃 ⑥	咸 ①	蹇 ⑧	謙 ⑨	小過 ②	歸妹 ⑦
삼리화 화	離 ④	旅 ⑤	鼎 ⑫	未濟 ⑦	蒙 ⑧	渙 ③	訟 ②	同人 ①
사진뢰 목	震 ⑩	豫 ⑤	解 ⑫	恒 ①	升 ⑧	井 ③	大過 ②	隨 ⑦
오손풍 목	巽 ④	小畜 ⑪	家人 ⑥	益 ⑦	无妄 ②	噬嗑 ⑨	頤 ⑧	蠱 ①
육감수 수	坎 ⑩	節 ⑪	屯 ⑥	旣濟 ①	革 ②	豐 ⑨	明夷 ⑧	師 ⑦
칠간산 토	艮 ④	賁 ⑪	大畜 ⑫	損 ⑦	睽 ②	履 ③	中孚 ⑧	漸 ①
팔곤지 토	坤 ⑩	復 ⑪	臨 ⑫	泰 ①	大壯 ②	夬 ③	需 ⑧	比 ⑦

안은 오행배속, ○ 안은 월표시

12) 384효와 황극조수

乾	姤	遯	否	觀	剝	晉	大有
3400	2660	1918	1175	1107	0629	0769	3066
1239	0619	9997	9374	9426	9068	9088	1025
9078	8578	8076	7573	7745	7507	7407	8984
3029	1025	4219	5132	4128	3122	4126	2863
2812	0820	4026	4951	3959	2965	3957	2658
2595	0615	3833	4770	3790	2808	3788	2453

兌	困	萃	咸	蹇	謙	小過	歸妹
2106	1354	0600	1355	1275	0785	0937	1712
0185	9553	8919	9554	9594	9224	9256	9911
8264	7752	7238	7753	7913	7663	7575	8110
4615	1531	4125	3332	2448	1562	2446	4329
4422	1350	3956	3151	2279	1405	2277	4148
4229	1169	3787	2970	2110	1248	2108	3967

離	旅	鼎	未濟	蒙	渙	訟	同人
2300	1536	2302	1535	1443	1897	1917	2658
0379	9735	0381	9734	9762	0096	9996	0617
8458	7934	8460	7933	8081	8295	8075	8576
6537	3333	0379	1532	0768	1534	2298	6943
6344	3152	0186	1351	0599	1353	2105	6738
6151	2971	9993	1170	0430	1172	1912	6533

震	豫	解	恒	升	井	大過	隨
0934	0158	0936	1715	1611	2077	2109	1352
9253	8597	9255	9914	9930	0276	0188	9551
7572	7036	7574	8113	8249	8475	8267	7750
7403	3119	0765	9732	9088	9734	0378	7929
7234	2962	0596	9551	8919	9553	0185	7748
7065	2805	0427	9370	8750	9372	9992	7567

巽	小畜	家人	益	无妄	噬嗑	頤	蠱
2688	3467	2686	1895	1915	1533	1441	2258
0767	1435	0765	0094	9994	9732	9760	0457
8846	9394	8844	8293	8073	7931	8079	8656
0381	2865	6539	7932	8456	7930	7406	9735
0188	2660	6346	7751	8263	7749	7237	9554
9995	2455	6153	7570	8070	7568	7068	9373

坎	節	屯	既濟	革	豐	明夷	師
1274	2074	1272	2075	2107	1713	1609	0784
9593	0273	9591	0274	0186	9912	9928	9223
7912	8472	7910	8473	8265	8111	8247	7662
0767	4331	7405	6132	6536	6130	5726	0001
0598	4150	7236	5951	6343	5949	5557	9844
0429	3969	7067	5770	6150	5768	5388	9687

艮	賁	大畜	損	睽	履	中孚	漸
1444	2256	3070	2255	2299	2657	2685	1898
9763	0455	1149	0454	0378	0616	0764	0097
8082	8654	9228	8653	8457	8575	8843	8296
2449	6133	2699	4332	4616	4902	4618	3335
2280	5952	2506	4151	4423	4697	4425	3154
2111	5771	2313	3970	4230	4492	4232	2973

坤	復	臨	泰	大壯	夬	需	比
9958	0782	1608	2435	2491	2861	2877	0472
8517	9221	9927	0634	0570	0820	0956	8911
7076	7660	8246	8833	8649	8779	9035	7350
2115	6879	4045	2532	2696	2862	2698	3121
1970	6722	3876	2351	2503	2657	2505	2964
1825	6565	3707	2170	2310	2452	2312	2807

이 책의 저자 소옹邵雍 : 1011~1077

중국 북송北宋의 성리학자性理學者며 상수학자象數學者. 자는 요부堯夫, 자호自號는 백원百源, 시호는 강절康節, 안락선생安樂선생이라고 불리웠다. 그의 선조는 범양范陽에서 살았으나, 아버지를 따라 공성[共城 : 지금의 하북성 범양현]으로 옮겼다가 후에 하남河南에서 살았다.

청년시절에 사방을 주유周遊하다가 북해北海의 이지재李之才에게서 도서선천상수학圖書先天象數學을 전수받았다. 역에 정통했으며, 문왕文王이 지은 역을 후천역이라하고, 복희씨伏羲氏가 지은 역을 선천역이라고 하여 선천괘위도先天卦位圖를 작성했다. 주역은 상과 수로 귀결되며, 상수학으로써 우주가 발생하고 자연이 이루어진다고 하였으며, 우주만물의 발생순서를 상수에 의하여 연역演繹하는 원리를 선천학이라고 하였다.

소문산蘇門山의 백원百源 위에서 독서를 하였으므로 그의 학파를 백원학파百源學派라 하며, 그 거처를 안락와安樂窩라고 하였으므로 안락선생이라고 불렸다. 신종神宗때 저작랑著作郎으로 부름을 받아 벼슬길에 오른 것 외에는 평생 관직에 나가지 않았다.

도종度宗 초에 공묘孔廟에 종사從祀되고 신안백新安伯에 추봉되었으며, 명나라 세종世宗 때 선유소자先儒邵子라고 높여 칭하였다.

저서에 『황극경세皇極經世, 관물외편觀物外篇, 어초문답漁樵問答』 외에 시집詩集인 『이천격양집伊川擊壤集』 그리고 선천도先天圖가 있다.

대유학당 출판물 안내

자세한 사항은 대유학당으로 문의해 주십시오.
전화 : 02-2249-5630/ 02-2249-5631
입금계좌 : 국민은행 805901-04-370471   예금주- (주) 대유학당
블로그 https://blog.naver.com/daeyoudang   서적구입 : www.daeyou.or.kr

주역

▸ 주역입문(2017)	윤상철 지음	16,000원
▸ 대산주역강의(전3권)	김석진 지음	90,000원
▸ 주역전의대전역해(상/하)	김석진 번역	70,000원
▸ 주역인해	김수길·윤상철 번역	20,000원
▸ 시의적절 주역이야기	윤상철 지음	15,000원
▸ 대산석과(대산의 주역인생 60년)	김석진 지음	20,000원
▸ 우리의 미래(대산선생이 바라본)	김석진 지음	10,000원

주역 활용

▸ 황극경세(전5권) 2011년 개정	윤상철 번역	200,000원
▸ 초씨역림(상/하) 2017년 신간	윤상철 번역	180,000원
▸ 하락리수(전3권) 2009개정	김수길·윤상철 번역	90,000원
▸ 하락리수 전문가용 CD	윤상철 총괄	550,000원
▸ 대산주역점해	김석진 지음	35,000원
▸ 매화역수	김수길·윤상철 번역	25,000원
▸ 팔자의 시크릿	윤상철 지음	16,000원
▸ 육효 증산복역(전2권)	김선호 지음	40,000원

음양 오행학

▸ 오행대의(전2권)	김수길·윤상철 번역	35,000원
▸ 어디 역학공부 좀 해 볼까?	이연실 지음	20,000원
▸ 천문류초(전정판)	김수길·윤상철 번역	30,000원
▸ 천상열차분야지도 그 비밀을 밝히다	윤상철 지음	25,000원
▸ 태을천문도(2008 개정판)	윤상철 총괄	100,000원
▸ 연해자평(번역본)	오청식 번역	50,000원
▸ 작명연의	최인영 편저	25,000원
▸ 관상학사전	박중환 편저	50,000원
▸ 2023~2025택일민력	최인영 지음	17,000원
▸ 자연풍수입문	정완수 지음	20,000원

분류	도서명	저자	가격
불교 미학	마음이 평안해지는 천수경	윤상철 편저	10,000원
	마음의 달(전2권)	만행스님 지음	20,000원
	항복기심(전3권) 2018년 신간	만행스님 지음	60,000원
	선용기심	만행스님 지음	30,000원
	동양미학과 미적시전	손형우 지음	20,000원
	겸재 정선 연구	손형우 지음	23,000원
기문 육임	기문둔갑신수결	류래웅 지음	16,000원
	이것이 홍국기문이다(전2권)	정혜승 지음	53,000원
	육임입문123(전3권)	이우산 지음	80,000원
	육임입문 720과 CD	이우산 감수	150,000원
	육임상담소 1. 연애와 결혼편	이우산 지음	45,000원
	육임필법부	이우산 지음	35,000원
	대육임직지(전6권)	이우산 지음	186,000원
사서류	집주완역 대학	김수길 번역	25,000원
	집주완역 중용(상/하)	김수길 번역	40,000원
자미 두수	자미두수 전서(상/하)	김선호 번역	100,000원
	실전 자미두수(전2권)	김선호 지음	36,000원
	자미두수 입문	김선호 지음	20,000원
	자미두수 전문가용 CD	김선호/김재윤	500,000원
	중급자미두수(전3권)	김선호 지음	60,000원
	자미심전	박상준 지음	25,000원

손에 잡히는 경전
① 주역점
② 주역인해(원문+정음+해석)
③ 대학 중용(원문+정음+해석)
④ 경전주석 인물사전
⑤ 도덕경/음부경
⑥ 논어(원문+정음+해석)
⑦ 절기체조
⑧~⑨ 맹자(원문+정음+해석)
⑩ 주역신기묘산
⑪ 자미두수 ⑫ 관세음보살
⑬ 사자소학 추구 ⑭~⑯ 시경(1~3)
각권 288~336p 10,000원

족자 & 블라인드
① 천상열차분야지도
② 태을천문도(한문판, 한글판, 우리말판)
③ 42수 진언
④ 신묘장구대다라니

족자(가정용) 120,000
족자(사찰용) 150,000
블라인드(120*180cm) 250,000원
블라인드(150*230cm) 300,000원

공역자 약력

德山 金秀吉(金萬基)

- 41년 충남 공주에서 출생.
- 7세부터 14세까지 伯父인 索源 金學均선생으로부터 千字文을 비롯하여 童蒙先習·通鑑·四書와 詩經·書經 등을 배움.
- 26세부터 41세까지 국세청 근무. 42세~현재 세무사 개업.
- 89년부터 대산선생으로부터 易經을 배움.
- 『周易傳義大全譯解』 책임편집위원.
- 편저에 『周易入門』 編譯에 『梅花易數』, 『동이음부경 강해』, 『하락리수』, 『오행대의』, 『천문류초』, 『소리나는 통감절요』, 『집주완역 대학』, 『집주완역 중용』 등

乾元 尹相喆

- 60년 경기 양주에서 출생.
- 87년부터 대산선생 문하에서 四書 및 易經 등을 수학하면서 『대산주역강해』·『대산주역점해』·『미래를 여는 주역』·『주역전의대전역해』 등의 편집위원.
- 저서에 『후천을 연 대한민국』, 『세종대왕이 만난 우리별자리』, 『주역입문』, 『시의적절 주역이야기』, 『주역점비결』, 번역에 『하락리수』, 『오행대의』, 『천문류초』, 『매화역수』, 『황극경세』, 『초씨역림』 등이 있음.
- 1993년부터 대유학당 출판사 운영.
- 2014년 성균관대학교 철학박사.

매화역수 梅花易數

- 초판발행 1996년 7월 10일
- 전정판 5쇄발행 2023년 7월 13일
- 공역자 김수길 윤상철　- 편집 이연실 김순영
- 발행인 윤상철　- 발행처 대유학당 since1993
- 출판등록 2002년 4월 17일 제305-2002-000028호
- 주소 서울 성동구 아차산로17길 48 SK V1 센터 1동 814호
- 전화 (02) 2249-5630
- 대유학당 블로그 blog.naver.com/daeyoudang 대유학당
- 대유학당 유튜브 대유학당 TV

- 여러분이 지불하신 책값은 좋은 책을 만드는데 쓰입니다.
- ISBN 978-89-88687-70-3 03140
- 정가 25,000원
- 이 책의 내용에 대한 재사용은 저작권자와 대유학당의 동의를 받아야만 가능합니다.
- 문의사항(오탈자 포함)은 저자 또는 대유학당의 홈페이지에 남겨 주세요.

괘환산표

상괘	하괘	괘명	
1	1	중천건	重天乾
1	2	천택리	天澤履
1	3	천화동인	天火同人
1	4	천뢰무망	天雷无妄
1	5	천풍구	天風姤
1	6	천수송	天水訟
1	7	천산돈	天山遯
1	8	천지비	天地否
2	1	택천쾌	澤天夬
2	2	중택태	重澤兌
2	3	택화혁	澤火革
2	4	택뢰수	澤雷隨
2	5	택풍대과	澤風大過
2	6	택수곤	澤水困
2	7	택산함	澤山咸
2	8	택지취	澤地萃
3	1	화천대유	火天大有
3	2	화택규	火澤睽
3	3	중화리	重火離
3	4	화뢰서합	火雷噬嗑
3	5	화풍정	火風鼎
3	6	화수미제	火水未濟
3	7	화산려	火山旅
3	8	화지진	火地晉
4	1	뇌천대장	雷天大壯
4	2	뇌택귀매	雷澤歸妹
4	3	뇌화풍	雷火豊
4	4	중뢰진	重雷震
4	5	뇌풍항	雷風恒
4	6	뇌수해	雷水解
4	7	뇌산소과	雷山小過
4	8	뇌지예	雷地豫
5	1	풍천소축	風天小畜
5	2	풍택중부	風澤中孚
5	3	풍화가인	風火家人
5	4	풍뢰익	風雷益
5	5	중풍손	重風巽
5	6	풍수환	風水渙
5	7	풍산점	風山漸
5	8	풍지관	風地觀
6	1	수천수	水天需
6	2	수택절	水澤節
6	3	수화기제	水火旣濟
6	4	수뢰둔	水雷屯
6	5	수풍정	水風井
6	6	중수감	重水坎
6	7	수산건	水山蹇
6	8	수지비	水地比
7	1	산천대축	山天大畜
7	2	산택손	山澤損
7	3	산화비	山火賁
7	4	산뢰이	山雷頤
7	5	산풍고	山風蠱
7	6	산수몽	山水蒙
7	7	중산간	重山艮
7	8	산지박	山地剝
8	1	지천태	地天泰
8	2	지택림	地澤臨
8	3	지화명이	地火明夷
8	4	지뢰복	地雷復
8	5	지풍승	地風升
8	6	지수사	地水師
8	7	지산겸	地山謙
8	8	중지곤	重地坤

위 표는 작괘를 한 후 상하괘의 숫자를 대입하여 괘를 찾는 방법이다.
예를 들어 상괘가 5, 하괘가 4가 나왔다면, 괘명은 풍뢰익